国家重点档案专项资金资助项目

抗日战争档案汇编

福鼎市档案馆藏抗战档案选编

福鼎市档案馆 编

中華書局

图书在版编目（CIP）数据

福鼎市档案馆藏抗战档案选编 / 福鼎市档案馆编 .
– 北京 : 中华书局 , 2021.4
（抗日战争档案汇编）
ISBN 978-7-101-15118-3

Ⅰ . 福… Ⅱ . 福… Ⅲ . 抗日战争 – 历史档案 – 汇编 –
福鼎 Ⅳ . K265.063

中国版本图书馆 CIP 数据核字 (2021) 第 045057 号

书　　名	福鼎市档案馆藏抗战档案选编
丛 书 名	抗日战争档案汇编
编　　者	福鼎市档案馆
策划编辑	许旭虹
责任编辑	徐麟翔
装帧设计	许丽娟
出版发行	中华书局
	（北京市丰台区太平桥西里38号 100073）
	http://www.zhbc.com.cn
	E-mail:zhbc@zhbc.com.cn
图文制版	北京禾风雅艺文化发展有限公司
印　　刷	天津艺嘉印刷科技有限公司
版　　次	2021年4月北京第1版
	2021年4月第1次印刷
规　　格	开本889×1194毫米　1/16
	印张25½
国际书号	ISBN 978-7-101-15118-3
定　　价	400.00元

抗日战争档案汇编编委会

编纂出版工作领导小组

组　长　李明华

副组长　胡旺林　王绍忠　付　华　刘鲤生

编纂委员会

主　任　李明华

副主任　王绍忠

顾　问　杨冬权

成　员（按姓氏笔画为序排列）

于学蕴　于晶霞　马振犊　王　放　孔凡春　田　洪

付　杰　白明标　邢建榕　刘玉峰　刘新华　许桂清

苏东亮　杜　梅　李华强　李宗春　吴志强　张荣斌

林　真　罗亚夫　郑惠姿　孟玉林　赵国强　赵　深

胡元潮　耿树伟　徐春阳　徐　峰　黄凤平　黄菊艳

常建宏　覃兰花　程　勇　程潜龙　焦东华　谭向文

编纂出版工作领导小组办公室

主　任　常建宏

副主任　李莉娜　孙秋浦

成　员（按姓氏笔画为序排列）

石　勇　李　宁　贾　坤

福建省抗日战争档案汇编编委会

福鼎市档案馆藏抗战档案选编编委会

总 序

为深入贯彻落实习近平总书记「让历史说话，用史实发言，深入开展中国人民抗日战争研究」的重要指示精神，国家档案局根据《全国档案事业发展「十三五」规划纲要》和《「十三五」时期国家重点档案保护与开发工作总体规划》的有关安排，决定全面系统地整理全国各级综合档案馆馆藏抗战档案，编纂出版《抗日战争档案汇编》（以下简称《汇编》）。

中国人民抗日战争是近代以来中国反抗外敌入侵第一次取得完全胜利的民族解放战争，开辟了中华民族伟大复兴的光明前景。这一伟大胜利，也是中国人民为世界反法西斯战争胜利、维护世界和平作出的重大贡献。加强中国人民抗日战争研究，具有重要的历史意义和现实意义。

全国各级档案馆保存的抗战档案，数量众多，内容丰富，全面记录了中国人民抗日战争的艰辛历程，是研究抗战历史的珍贵史料。一直以来，全国各级档案馆十分重视抗战档案的开发利用，陆续出版公布了一大批抗战档案，对揭露日本帝国主义侵华罪行，讴歌中华儿女勠力同心、不屈不挠抗击侵略的伟大壮举，弘扬伟大的抗战精神，引导正确的历史认知，发挥了积极作用。特别是国家档案局组织有关方面共同努力和积极推动，「南京大屠杀档案」被联合国教科文组织评选为「世界记忆遗产」，列入《世界记忆名录》，捍卫了历史真相，在国际上产生了广泛而深远的影响。

全国各级档案馆馆藏抗战档案开发利用工作虽然取得了一定的成果，但是，在档案信息资源开发的系统性和深入性方面仍显不足。正如习近平总书记所指出的：「同中国人民抗日战争的历史地位和历史意义相比，同这场战争对中华民族和世界的影响相比，我们的抗战研究还远远不够，要继续进行深入系统的研究。」「抗战研究要深入，就要更多通过档案、资料、事实、当事人证词等各种人证、物证来说话。要加强资料收集和整理这一基础性工作，全面整理我国各地抗战档案、照片、资料、实物等……」

国家档案局组织编纂《汇编》，对全国各级档案馆馆藏抗战档案进行深入系统地开发，是档案部门贯彻落实习近平总书记重要指示精神，推动深入开展中国人民抗日战争研究的一项重要举措。本书的编纂力图准确把握中国人民抗日战争的历史进程、主流和本质，用详实的档案全面反映一九三一年九一八事变后十四年抗战的全过程，反映中国共产党在抗日战争中的中流砥柱作用以及中国人民抗日战争在世界反法西斯战争中的重要地位，反映国共两党「兄弟阋于墙，外御其侮」进行合作抗战、共同捍卫民族尊严的历史，反映各民族、各阶层及海外华侨共同参与抗战的壮举，展现中国人民抗日战争的伟大意义，以历史档案揭露日本侵华暴行，揭示日本军国主义反人类、反和平的实质。

编纂《汇编》是一项浩繁而艰巨的系统工程。为保证这项工作的有序推进，国家档案局制订了总体规划和详细的实施方案，明确了指导思想、工作步骤和编纂要求。为保证编纂成果的科学性、准确性和严肃性，国家档案局组织专家对选题进行全面论证，对编纂成果进行严格审核。

各级档案馆高度重视并积极参与到《汇编》工作之中，通过全面清理馆藏抗战档案，将政治、军事、外交、经济、文化、宣传、教育等多个领域涉及抗战的内容列入选材范围。入选档案包括公文、电报、传单、文告、日记、照片、图表等多种类型。在编纂过程中，坚持实事求是的原则和科学严谨的态度，对所收录的每一件档案都仔细鉴定、甄别与考证，维护档案文献的真实性，彰显档案文献的权威性。同时，以《汇编》编纂工作为契机，以项目谋发展，用实干育人才，带动国家重点档案保护与开发，夯实档案馆基础业务，提高档案人员的业务水平，促进档案馆各项事业的发展。

守护历史，传承文明，是档案部门的重要责任。我们相信，编纂出版《汇编》，对于记录抗战历史，弘扬抗战精神，发挥档案留史存鉴、资政育人的作用，更好地服务于新时代中国特色社会主义文化建设，都具有极其重要的意义。

抗日战争档案汇编编纂委员会

编辑说明

福鼎地处闽浙边界，是宁德市（俗称闽东）九县（市、区）之一。福鼎人民素有光荣的革命传统，为了抗击日本帝国主义的野蛮侵略，开展了多种形式的民众抗日运动，实行全民抗战。

福鼎市档案馆藏抗日战争档案资料丰富，本书选取相关档案二百二十余件，分为日伪侵犯及福鼎抗战部署，福鼎抗战基点、自卫区防御阵地及游击根据地等建设两大部分，按照时间先后分别排列。

为呈现档案史料的真实原貌，本书选用档案均为本馆馆藏原件全文影印，未作删节；如有缺页，为档案自身原缺。档案中原标题完整或基本符合要求的使用原标题，原标题有明显缺陷的进行了修改或重拟，无标题的加拟标题。标题中人名使用通用名，机构名称使用全称或规范简称，历史地名沿用当时名称。

档案所载时间不完整或不准确的，作了补充或订正；少数采用收文时间，并加以注明。档案时间只有年份、月份的排在该月末，档案无时间且无法考证的标注「时间不详」。

本书使用规范的简化字，对标题中的繁体字、不规范异体字等予以径改。限于篇幅，本书不作注释。

由于时间紧、档案公布量大、编者水平有限，在编辑过程中可能存在疏漏之处，考订难免有误，欢迎方家斧正。

编者

目录

二、福鼎抗战基点、自卫区防御阵地及游击根据地等建设

一、日伪侵犯及福鼎抗战部署

福建省第一区保安司令部关于检发该部于第四扫荡小区的实施计划致福鼎县县长邓宗海的快邮代电
（一九四二年二月二十三日）

福建省第一區保安司令部快郵代電

福鼎鄧縣長機密奉達軍第一〇七師宋師長子友午禮
中[illegible]代電開奉軍長陳袁漾代電節開該師防區增大希
即重新擬訂掃蕩實施計劃具報等因兹擬定掃蕩實施計劃
隨[illegible]頒佈施行除呈報并分令外仰即遵照並妥辦理情
形具報爲要等因附計劃等因准此兹擬定第四掃蕩小區
實施計劃一份除分報外合行檢發該計劃電希遵照并
將辦理情形具報何需代行劉德馨附發福鼎第一區
保安司令部於第四掃蕩小區實施計劃一份

中華民國三十一年二月　日發

附：福建省第一区保安司令部于第四扫荡小区实施计划（一九四二年一月二十九日）

附

福建省第一區保安司令部于第四掃蕩小區實施計劃[illegible]地圖

（甲）方針

本部遵照　師第二掃蕩分區實施計劃之意旨[illegible]本小區掃蕩[illegible]計劃實施以杜絕走私偵探奸宄及防止敵第五縱隊之活動[illegible]鞏固防務完成守備任務

（乙）掃蕩要領（[illegible]每掃蕩要領）

（一）掃蕩分區內各要隘及沿海岸諸要點分別設置盤查哨（每哨兵力一班至一排）其任務如次

1.對于來自敵方或由海岸登陸之商賈小販及命卦與僧道等人物應伺察盤查其身份及其證件如認為可疑者（如身份或手足服裝等與其職業

態度言語等不符者）即予拘訊

2、厲行取締敵貨及販運敵貨者得依政府頒布查禁敵貨各種法令辦理

3、嚴禁包運敵貨犯者如屬軍人除沒收其敵貨外并押解來部依法嚴辦如係人民則送當地司法機關辦理

4、嚴禁物品資敵違者得依照禁運資敵物品條例處理

5、嚴防敵偽偷渡登陸或鑽隙進犯

（二）掃蕩分區內各重要市鎮各種雜場所各交通要隘口地等處隨時派遣便衣巡查隊（另配組織其勤務另行規定）嚴密偵緝奸偽敵探并嚴防敵第五縱隊之潛伏與活動

(三)協同地方政府嚴密保甲組織清查户口訓練民衆并責令重要市鎮口岸之保甲長自户口清查日起其所屬户口如有增加住宿人口無論時間久暫均應報請當地高級机関查核登記

(四)掃蕩分區內擇要設置对空監視哨并在傘兵可能降落之重要地点完成对敵傘兵作戰诸準備尤須利用地方机関團隊学校向民衆隨時宣傳使人人通曉对敵傘兵監視報告及團勤常識以收軍民合作之效

(五)沿海岸各道路均須擇要澈底破壞不使敵鐵騎迂廻困難

(丙)任務及行動

(一)本掃蕩區範围包括福安霞浦福鼎三縣以各該縣界為掃蕩劃分區域

(二)福安縣由高縣長兼指揮官督飭所屬縣自衛隊縣警察隊及區

鄉鎮公所對于轄內全境（除賽岐及縣城由本部直接負責外）實施掃蕩事宜應
特別注意白馬河通海之路除于馬嵐設置盤查哨及下白石通霞浦與寧德之交
通路兩側派遣便衣巡查隊偵緝奸宄杜絕走私及防止敵第五縱隊之活動
外其餘鄉鎮應照掃蕩要領所示斟酌當地交通情形及附近地形居民狀況等努力施
行掃蕩工作而達成任務
（三）霞浦縣由毛縣長阜坤兼指揮官督飭所屬縣自衛隊縣警察隊
警及區鄉鎮公所對于轄內全境實施掃蕩事宜應特別注意該縣沿海
要隘牙城三沙松山后港漁洋溪南塩田各據點設置盤查哨所並于
長春大金閭峽下滸等處派遣便衣巡查隊偵緝奸宄杜絕走私及防
止敵第五縱隊活動外其餘鄉鎮應照掃蕩要領所示斟酌當地交通情形及附近

居民狀況等努力施行掃蕩工作之達成任務

（四）福鼎縣由鄧縣長宗海兼指揮官督飭所屬縣自衛隊、縣警察隊、警察所及區鄉鎮公所，對于轄內全境實施掃蕩事宜，應特別注意該縣沙埕港、秦嶼、硤门港通海之處及桐山、店下、交通要道，除于沙埕、南鎮、秦嶼、硤门、前岐各據点設置嚴查哨，并隨時派遣便衣巡查隊偵緝奸宄，杜絕走私，防止敵第五縱隊活動外，并須注重掃蕩安鎮所示并對於各點交通情形及附近地方居民狀況等努力施行掃蕩工作之達成任務

（五）福安城廂及賽岐附近由本部副司令德馨兼指揮官督飭所屬獨立保安第一大隊及福安縣城廂警察所與賽岐警察所、留門、福安、韓坂鎮、三江鎮、溪坂、湖寬驗等實施掃蕩事宜，除必要時在賽岐

及福安城郊設置監查所及派遣便衣巡查隊偵緝奸宄及防止敵

第五縱隊活動并应特别注重福安城厢及賽岐居民户口之清查

外其餘按遵照掃蕩要領所示努力施行掃蕩工作而達成任务

（六）各縣防空事宜應由各縣防空監視哨担任警報特别注意敵机及降落

傘兵之報告関于空襲警報聯絡事宜統由福安縣防空隊萬隊長

親翔負责

（丁）附記：

一、本實施計劃如有未盡事宜得隨時以命令修改之

二、本實施計劃自頒布日起施行

福鼎县政府关于抄发第四扫荡小区实施计划致该县各自卫中队、警察局等的训令（一九四二年三月一日）

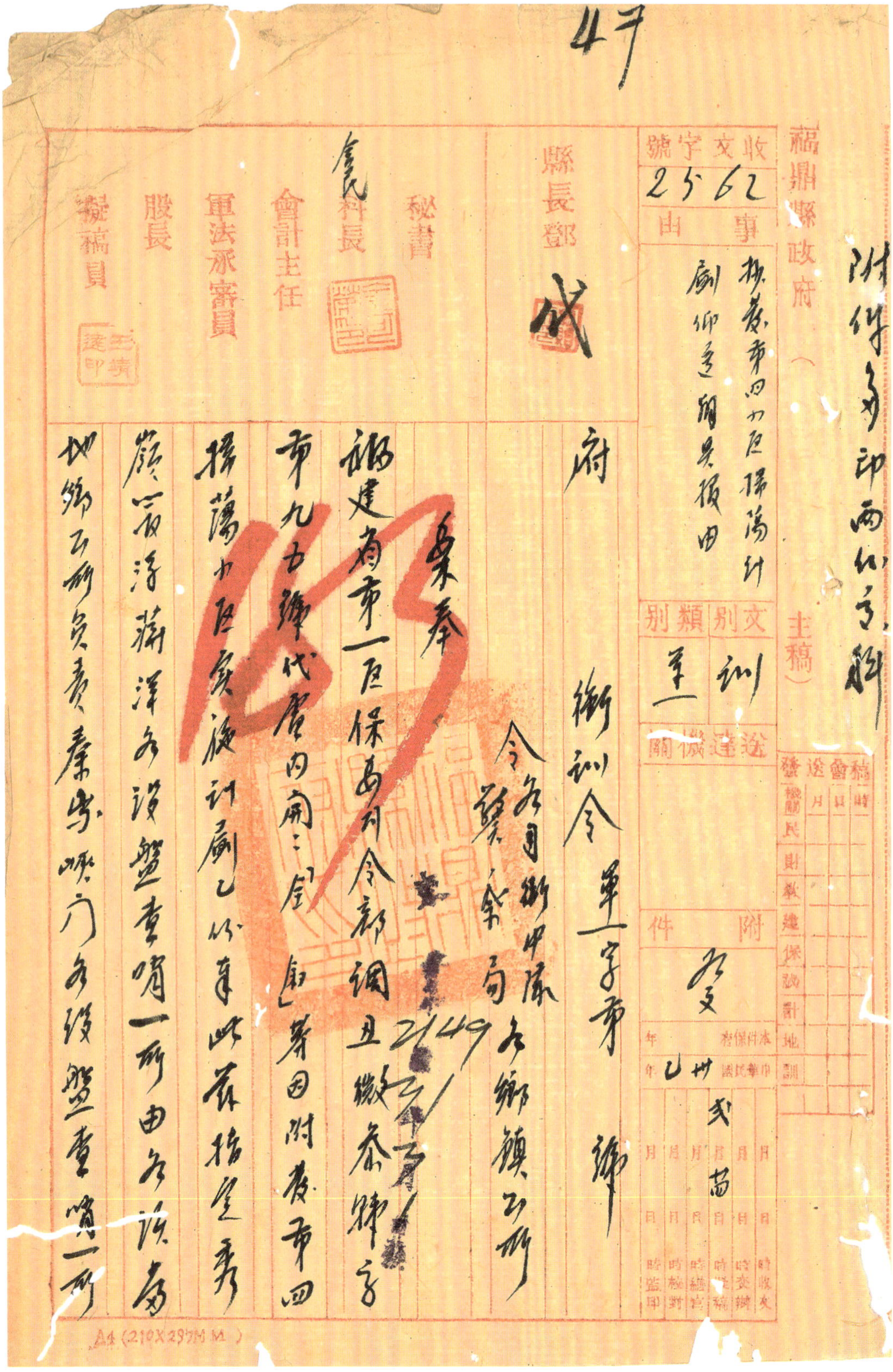

由司衙第一中隊負責沙埕南鎮各段盤查哨一所
由司衙第四中隊負責前岐照湖各段盤查哨一所
由各該地該管警所負責除分令外合行抄同原附
件令仰遵照並將設哨日期及遵辦情形報查以
憑彙轉為要！

此令。

附抄發原計劃乙份

縣長鄭○○

180

福鼎县政府第二区区署关于溪美镇附近发现敌舰活动情况致该县县长的代电（一九四二年五月十一日）

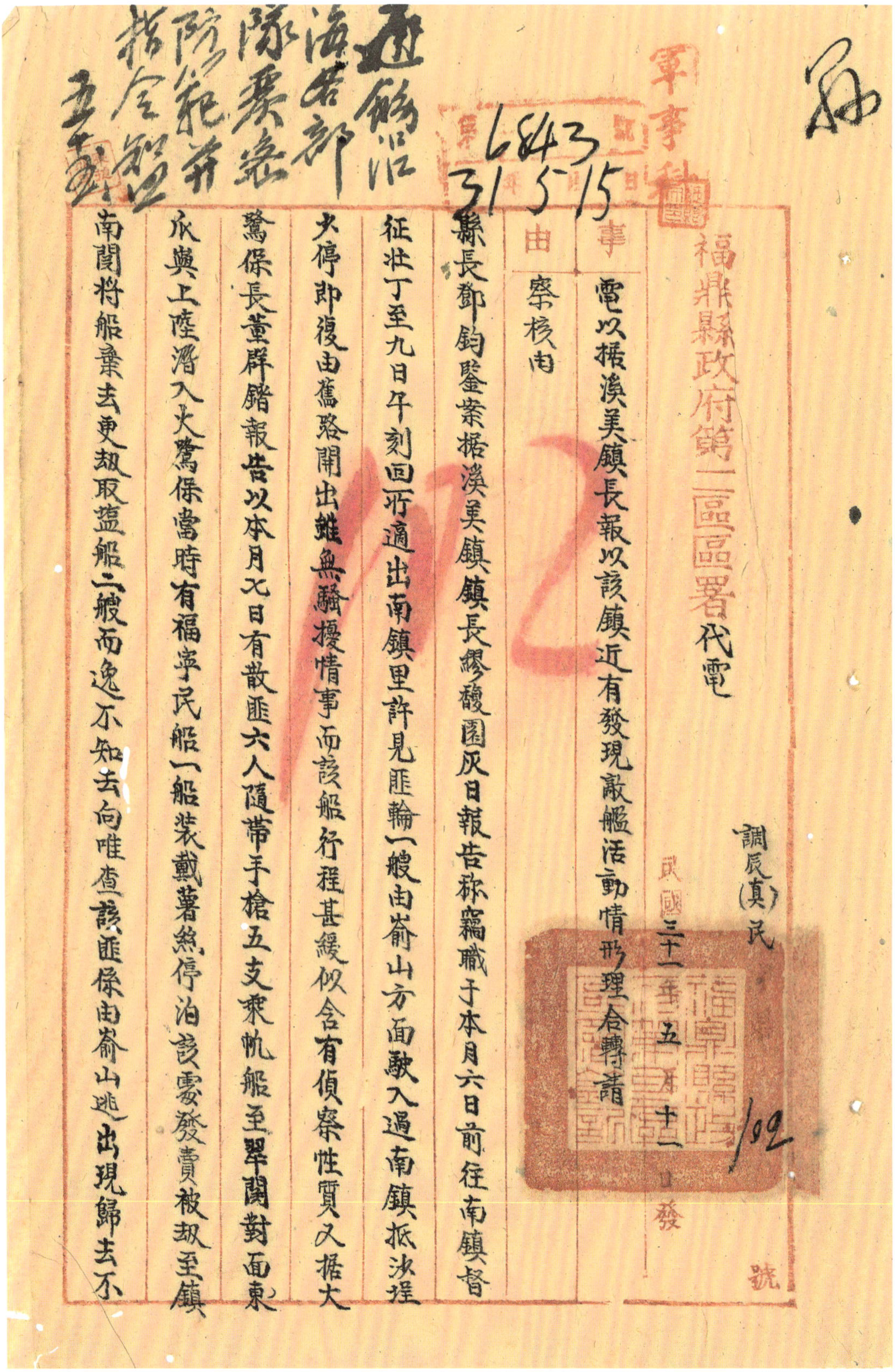

府

軍事科

6843
31 5 15

函飭沿海各部隊嚴密防範并指令知照
五.十五

福鼎縣政府第二區區署代電

事由：察核由

電以据溪美鎮長報以該鎮近有發現敵艦活動情形理合轉請

縣長鄧鈞鑒：案据溪美鎮鎮長繆馥園灰日報告称：竊職于本月六日前往南鎮督征壯丁，至九日午刻回所，適出南鎮里許，見匪輪一艘由崙山方面駛入，過南鎮，抵沙埕火停，即復由舊路開出，雖無騷擾情事，而該船行程甚緩，似含有偵察性質。又据大鶯保長董屛階報告，以本月七日有散匪六人，隨帶手槍五支，乘帆船至翠閬對面東灰與上陸，潛入大鶯保，當時有福寧民船一船，裝載薯絲停泊該處發賣，被刼至鎮南閬，將船棄去，更刼取鹽船二艘而逸，不知去向。唯查該匪係由崙山逃出，現歸去不

調辰（真）民

民國三十一年五月十一日發

號

102

得沿海各保恐時有被其侵擾之虞云云竊事關匪踪來去理合備文報乞轉請
察核等情又據同日報告稱：竊本月十日據小安保長王貞翰報告以午前十時有
敵艇二艘帆船二艘駛入小白鷺港岸同時並據南鎮住民姚和允來所報告以晨刻
有敵巡洋艦一艘駛入鎮南關附近隨即開向崙山方面而去企圖不明等情據此查自
本月六日起迭據沿海口岸各保警報皆有敵偽艦艇發現雖企圖不明然其為游弋
偵探似無疑義除督飭各保長嚴密偵察防範外查本鎮海岸線最長非請派
兵協防實難免有疏忽之虞爲此理合呈乞轉呈察核迅賜派兵協防以免差失無任
公便等情各據此除指令此後如有發現敵盜船艦應用電話或專差馳報一面嚴
密防範并偵察其行動外理合轉請察核辦理第二區署區長林宗貞民印

福鼎县第一区佳阳乡公所关于派员督促各保长准备防范日军侵犯及报送奉文日期事致该县县长的呈（一九四二年六月三日）

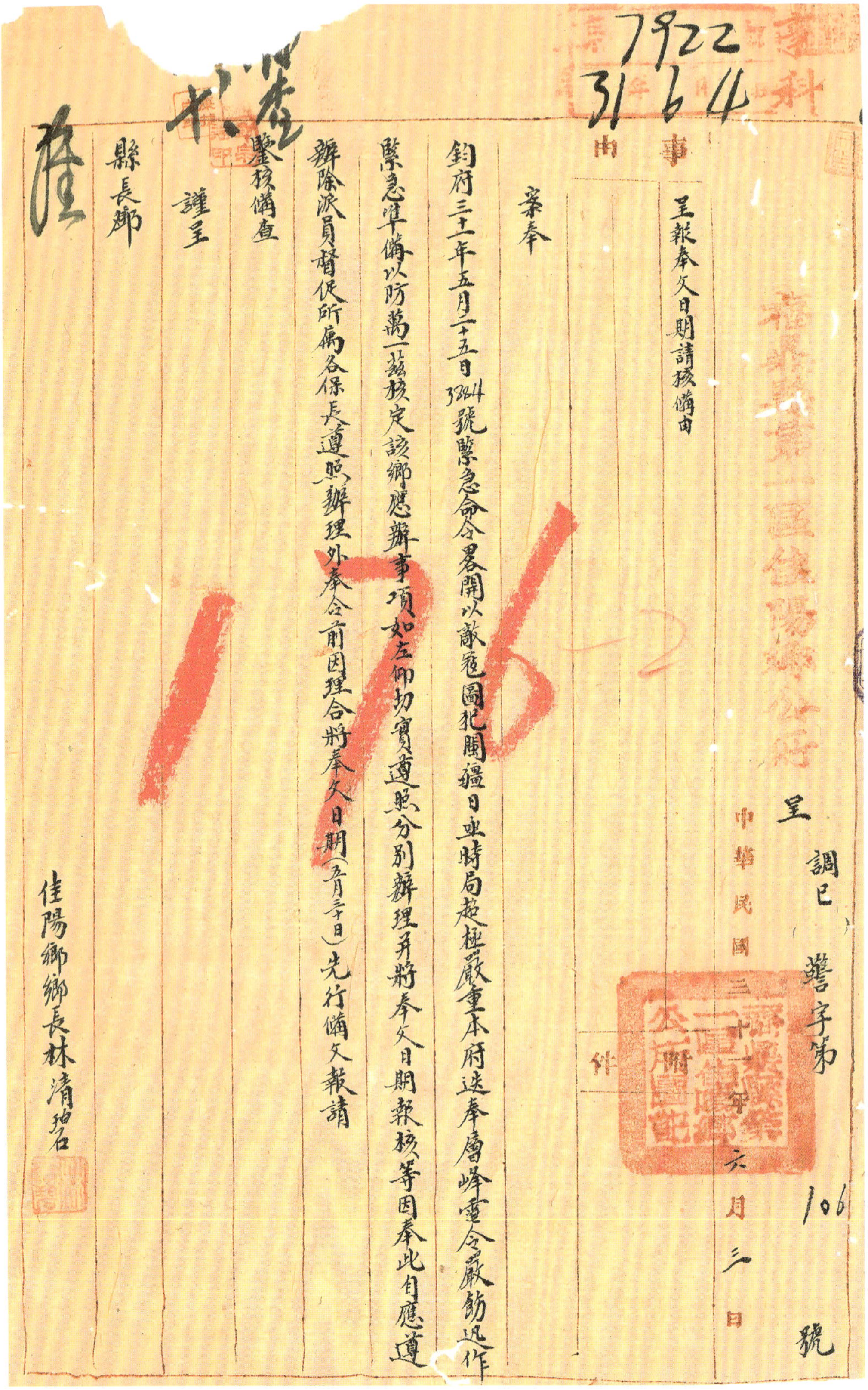
福鼎縣第一區佳陽鄉公所 呈 調已 警字第106號
中華民國三十一年六月三日
事由：呈報奉文日期請核備由
案奉
鈞府三十一年五月二十五日3364號緊急命令略開以敵寇圖犯閩疆日亟時局趨極嚴重本府迭奉層峰電令嚴飭迅作緊急準備以防萬一茲核定該鄉應辦事項如左仰切實遵照分別辦理并將奉文日期報核等因奉此自應遵辦除派員督促所屬各保長遵照辦理外奉令前因理合將奉文日期（五月二十日）先行備文報請
鑒核備查
謹呈
縣長鄭
佳陽鄉鄉長林清增

福鼎县第一区南溪乡公所关于遵照部署维持治安、疏散民众物资及报送奉文日期事致该县县长的呈
（一九四二年六月四日）

福鼎縣第一區南溪鄉公所 呈

事由：為呈復奉文日期報請備查由

調長世警保第 205 號

中華民國 年 月 日

案奉

鈞府調長梗軍総字第五七六五號代電開：

奉第一區保安司令何馬參防電開：奉陳軍長號電本卯敵在川石陸登閩江口外敵艦不斷游弋寧德以北沿海應嚴密警戒力整戰備並廣播敵情與本部電台連絡等因希切實遵照隨時偵報敵情並嚴飭電台與福安台切取連絡當日通報等因奉此自應積極準備如下（一）各機關主管人員應督飭所屬沉着加緊準備工作不得慌張致乱民心（二）沿海區鄉鎮公所自衛二三中隊防空分哨應督屬嚴密監視海面敵偽艦艇企圖行動如有發現應即電告或專差飛報本府并通報各友軍戒備（三）沿海區鄉鎮應速遵照本府前頒空室清野實施辦法之規定所有物資源料尅速切實內遷疏散（四）警察局自衛一中隊搜勦隊及內地各鄉鎮公所

應督飭所嚴密部署加強轄內治安以上四点除分電各部隊各區鄉鎮公所外合行電仰切實遵照并將辦理情形及奉文日期報核為要

等因奉此遵即督飭本所警備班并策動所屬保甲長及壯丁嚴密部署維持境內治安勸導老弱婦孺殘疾之民衆及各種物資迅即準備疏散奉電前因理合將辦理情形及奉文日期報請

鈞長察核備查

謹呈

縣長鄭

南溪鄉鄉長張瓊

福鼎县点头镇公所关于奉令办理准备防范敌军情形及报送奉文日期致该县县长的呈（一九四二年六月五日）

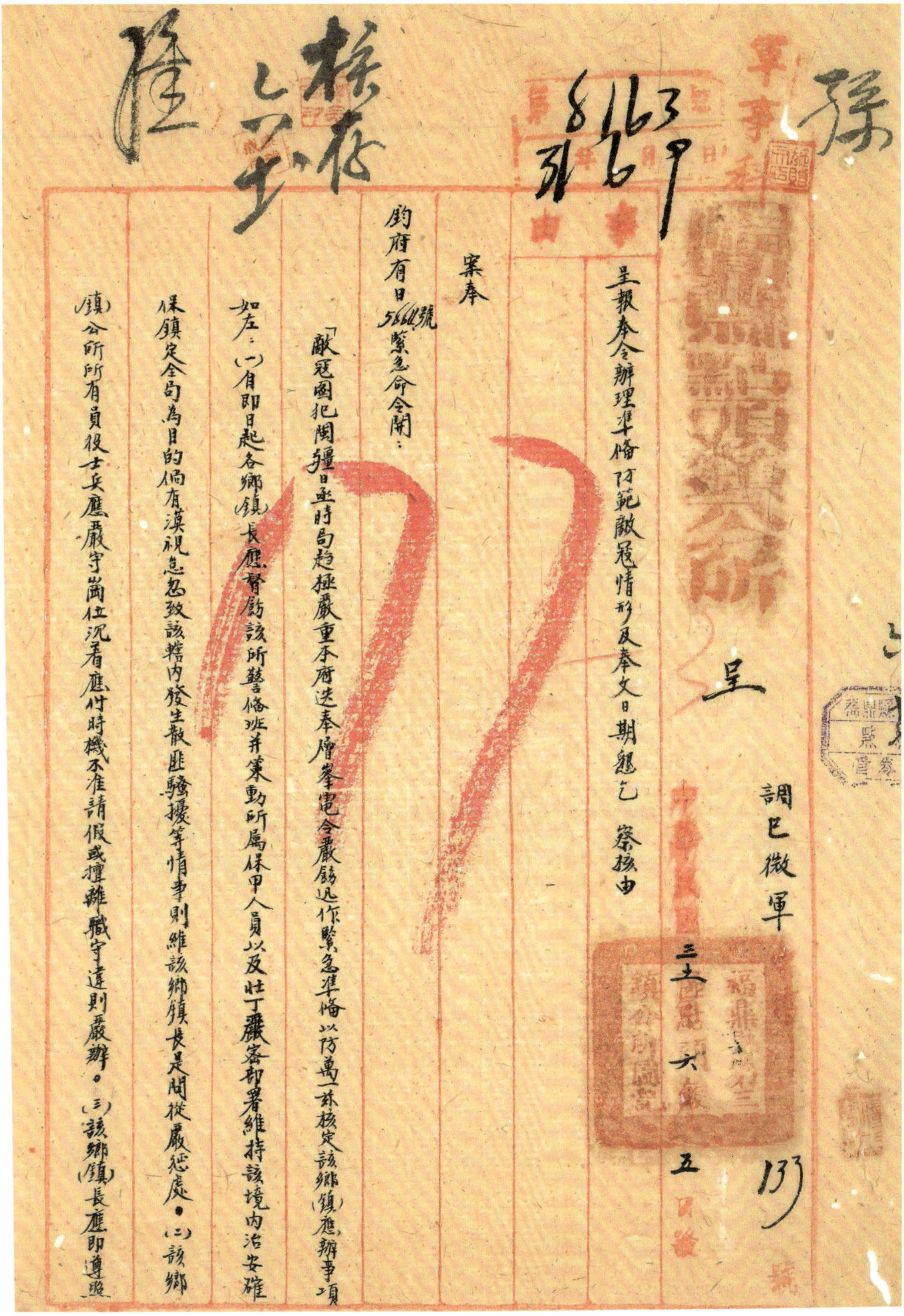
福鼎縣點頭鎮公所　呈

調已徵軍

呈報奉令辦理準備防範敵寇情形及奉文日期懇乞　察核由

案奉

鈞府有日5664號緊急命令開：

「敵寇圖犯閩疆日亟時局趨極嚴重本府迭奉層峯電令嚴飭迅作緊急準備以防萬一並核定該鄉（鎮）應辦事項如左：（一）自即日起各鄉（鎮）長應督飭該所警備班并策動所屬保甲人員以及壯丁嚴密部署維持該境內治安確保鎮定全局為目的倘有漠視忽致該轄內發生散匪騷擾等情事則唯該鄉鎮長是問從嚴懲處。（二）該鄉（鎮）公所所有員役士兵應嚴守崗位沉着應付時機不准請假或擅離職守違則嚴辦。（三）該鄉（鎮）長應即遵照

中華民國三十一年六月五日發

133

本府前頒空室清野實施細則丙丁各條儘量勸導老弱婦孺殘疾之民衆及各種物資迅即向内疏散。以上三點仰

該鄉(鎮)長切實遵照迅即分别辦理仍將辦理情形及奉文日期報核切勿漠忽違延爲要」

等因奉此自應遵照辦理竊查　鈞令於五月二十日下午三時奉到除分别通飭所屬保甲人員以及本所所有員役遵照　鈞令第

一第二兩項規定之條例切實奉行並分别通知轄内民衆遵照空室清野實施細則丙丁各條儘量勸導疏散並鳴鑼週知外理合

將遵辦情形及奉文日期具文呈乞

察核

謹呈

縣長鄧

蓮頭鎮鎮長潘士俊

178

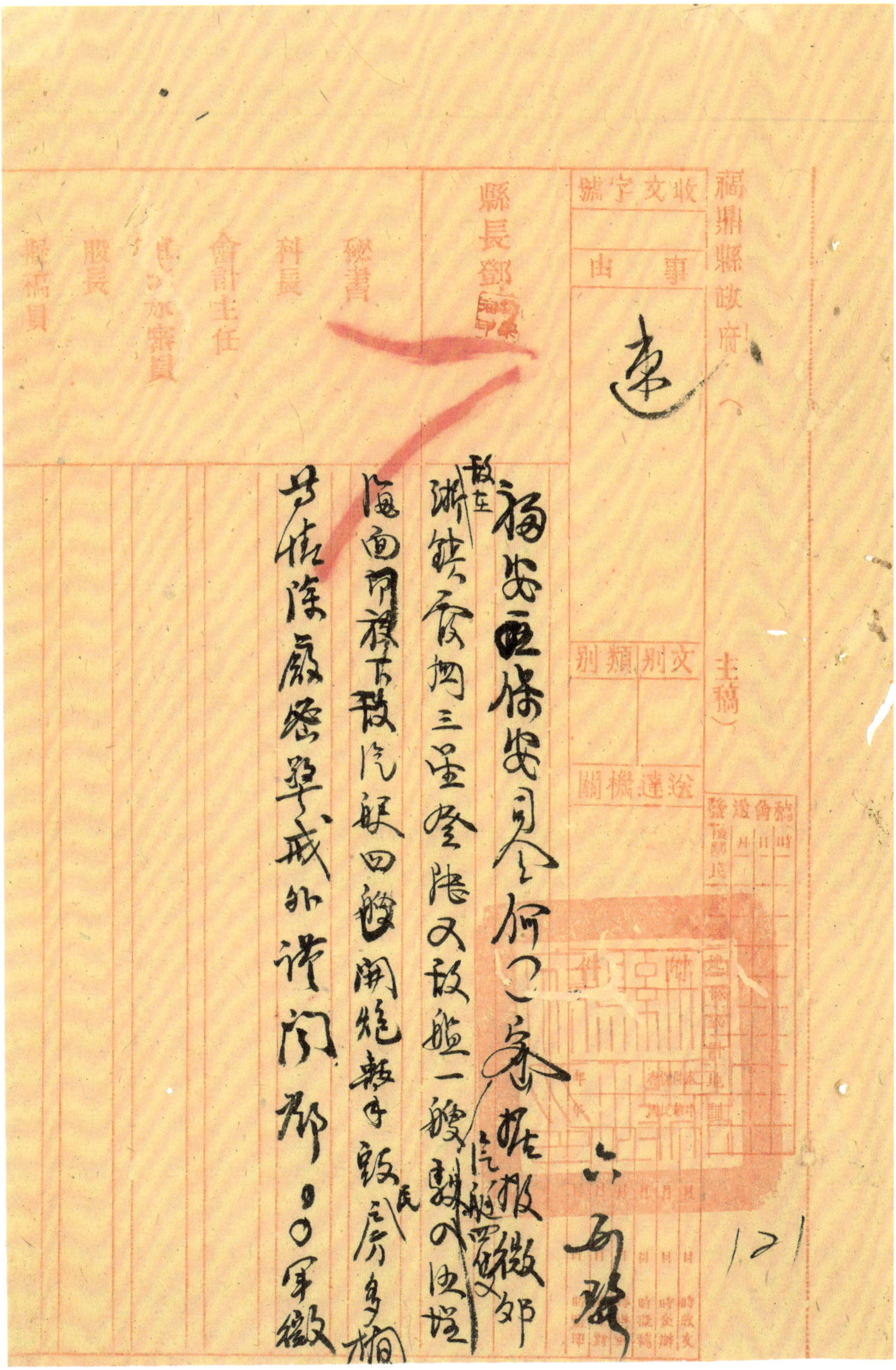
速
福安區保安司令何[illegible]案據報微卯敵在浙鎮霞關三星登陸又敵艦一艘駛入沙埕海面用機下放汽艇四艘開炮轟擊致民房多間毀等情除嚴飭警戒外謹聞鼎○○叩微
六月五發

福鼎县政府关于日军在浙镇霞关、三星登陆及日舰艇驶入沙埕击毁民房致福建省第一区保安司令何震的代电稿（一九四二年六月五日）

福鼎县第一区佳阳乡公所关于日舰艇到流江金屿门巡弋情形致该县县长的紧急报告

（一九四二年六月五日）

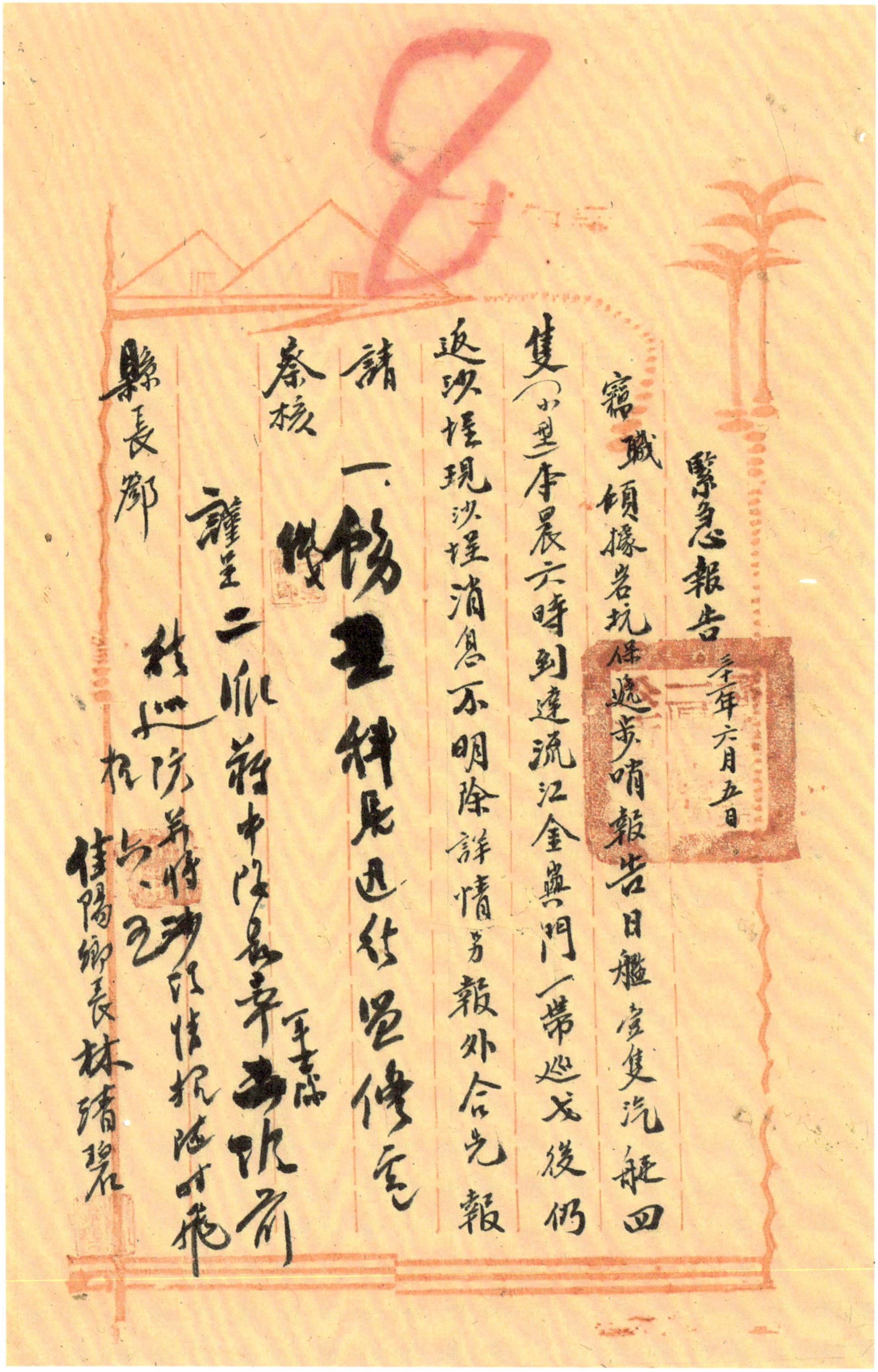

紧急报告　三十一年六月五日

窃职顷据岩坑保巡步哨报告日舰壹只汽艇四只（小型）本晨六时到达流江金屿门一带巡弋后仍返沙埕现沙埕消息不明除详情另报外合先报

请

察核

一、饬王科长迅往[illegible]

二、派蒋中队长率[illegible]前往[illegible]

谨呈

县长郑

佳阳乡长林[illegible]碧

福鼎县第一区前岐镇公所关于日军登陆镇霞关、三星及炮击沙埕致民房起火等情形致该县县长的紧急报告（一九四二年六月五日）

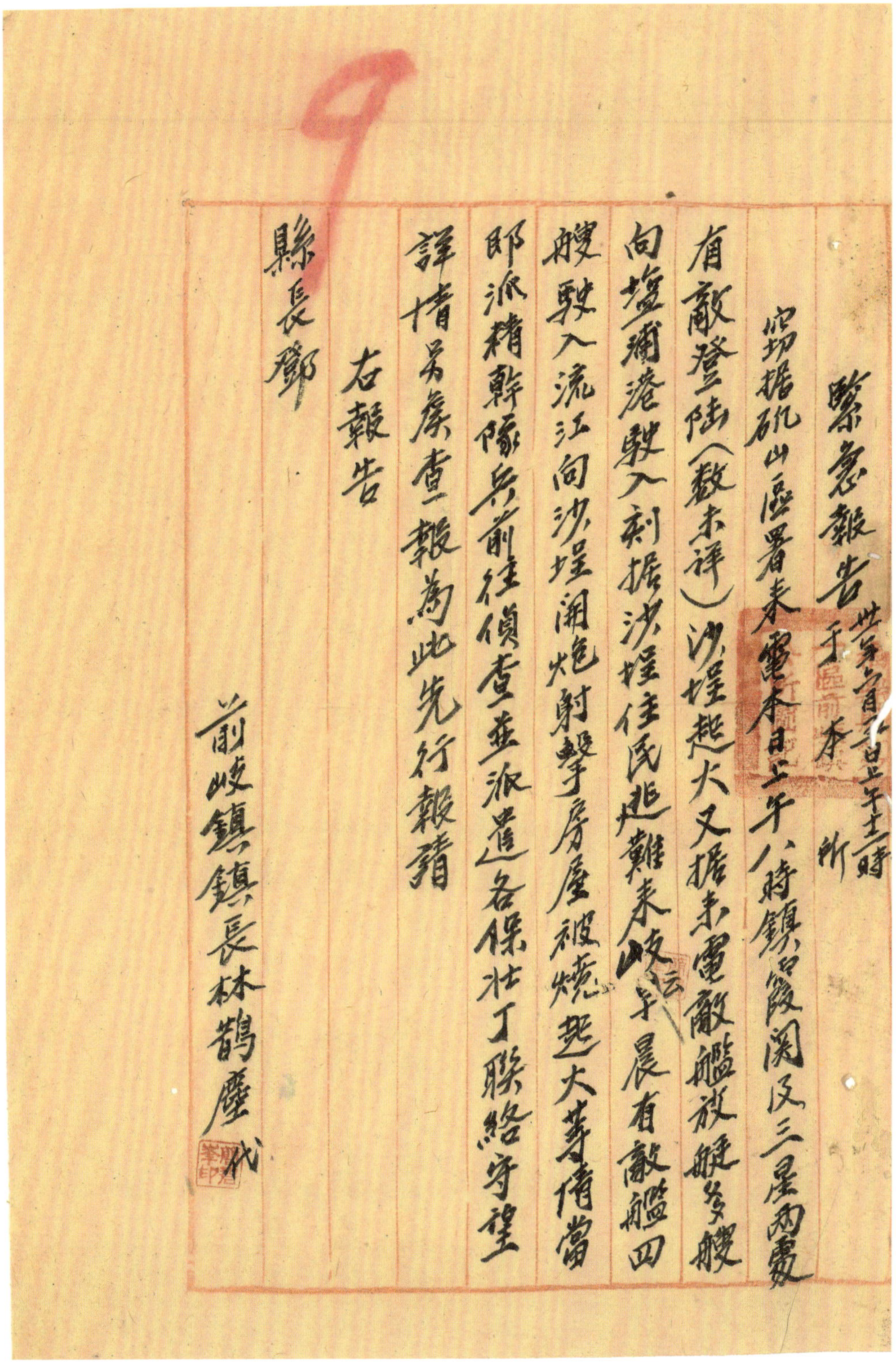
緊急報告　卅一年六月五日上午十二時于本所

竊據砚山區署來電本日上午八時鎮霞關及三星兩處有敵登陸（數未詳）沙埕起火又據來電敵艦放艇多艘向塩礵港駛入刺據沙埕住民避難來岐云本晨有敵艦四艘駛入流江向沙埕開炮射擊房屋被燒起火等情當即派精幹隊兵前往偵查並派遣各保壯丁聯絡守望詳情另案查報為此先行報請

右報告

縣長鄧

前岐鎮鎮長林鶴鏖代

福鼎县第一区前岐镇公所关于日军汽艇驶入沙埕港已派员侦查等情形致该县县长的报告（一九四二年六月五日）

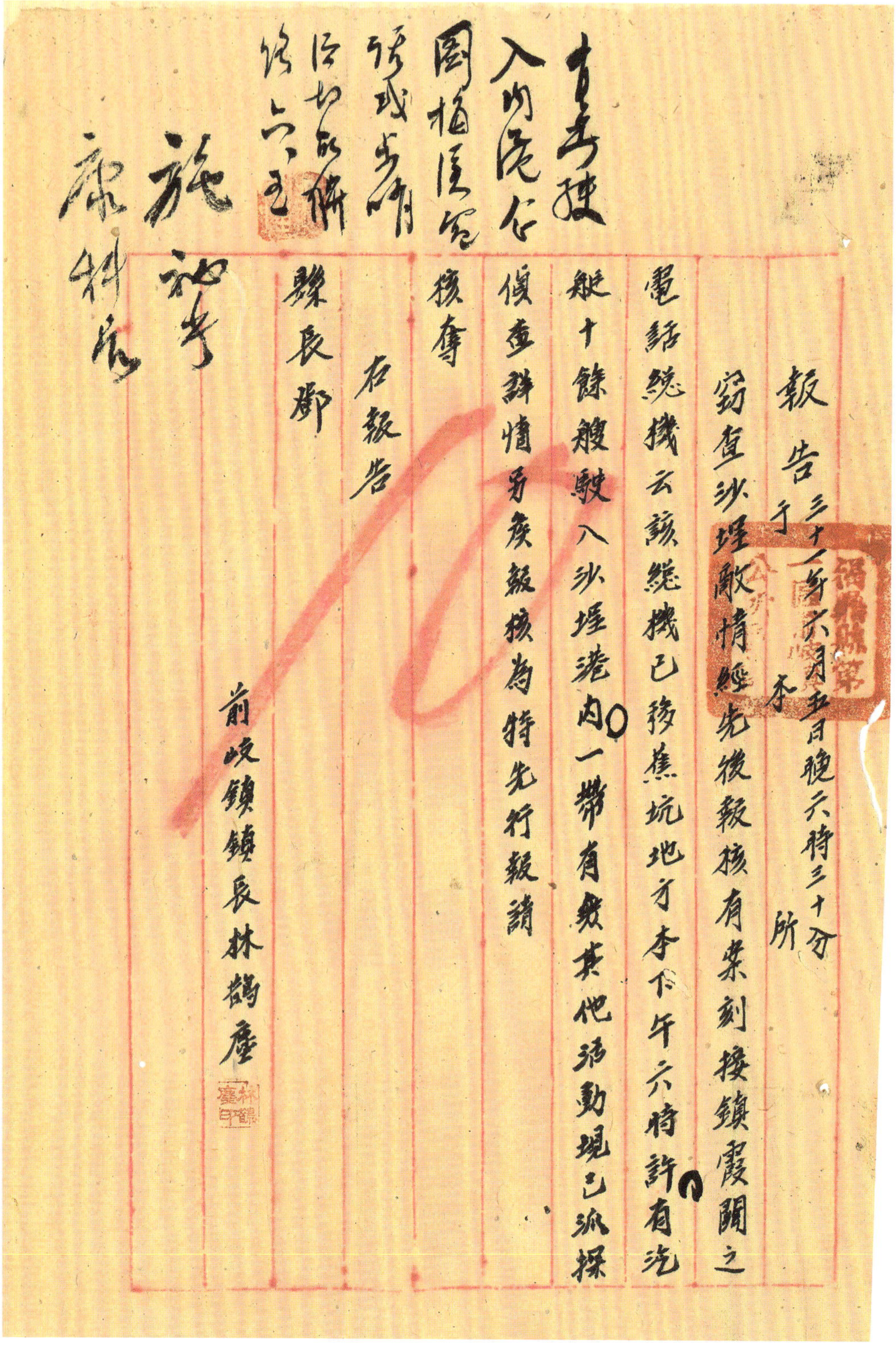

報告 三十一年六月五日晚六時三十分 于 本所

竊查沙埕敵情經先後報核有案刻接鎮霞關之電話總機云該總機已移蕉坑地方本下午六時許有汽艇十餘艘駛入沙埕港内一帶有無其他活動現已派探偵查詳情另候報核為特先行報請

察核

右報告

縣長鄭

前岐鎮鎮長林鶴慶

福鼎县第一区佳阳乡公所关于敌舰驶入沙埕港、镇霞关并登陆焚烧民房扫射居民的紧急报告（一九四二年六月五日）

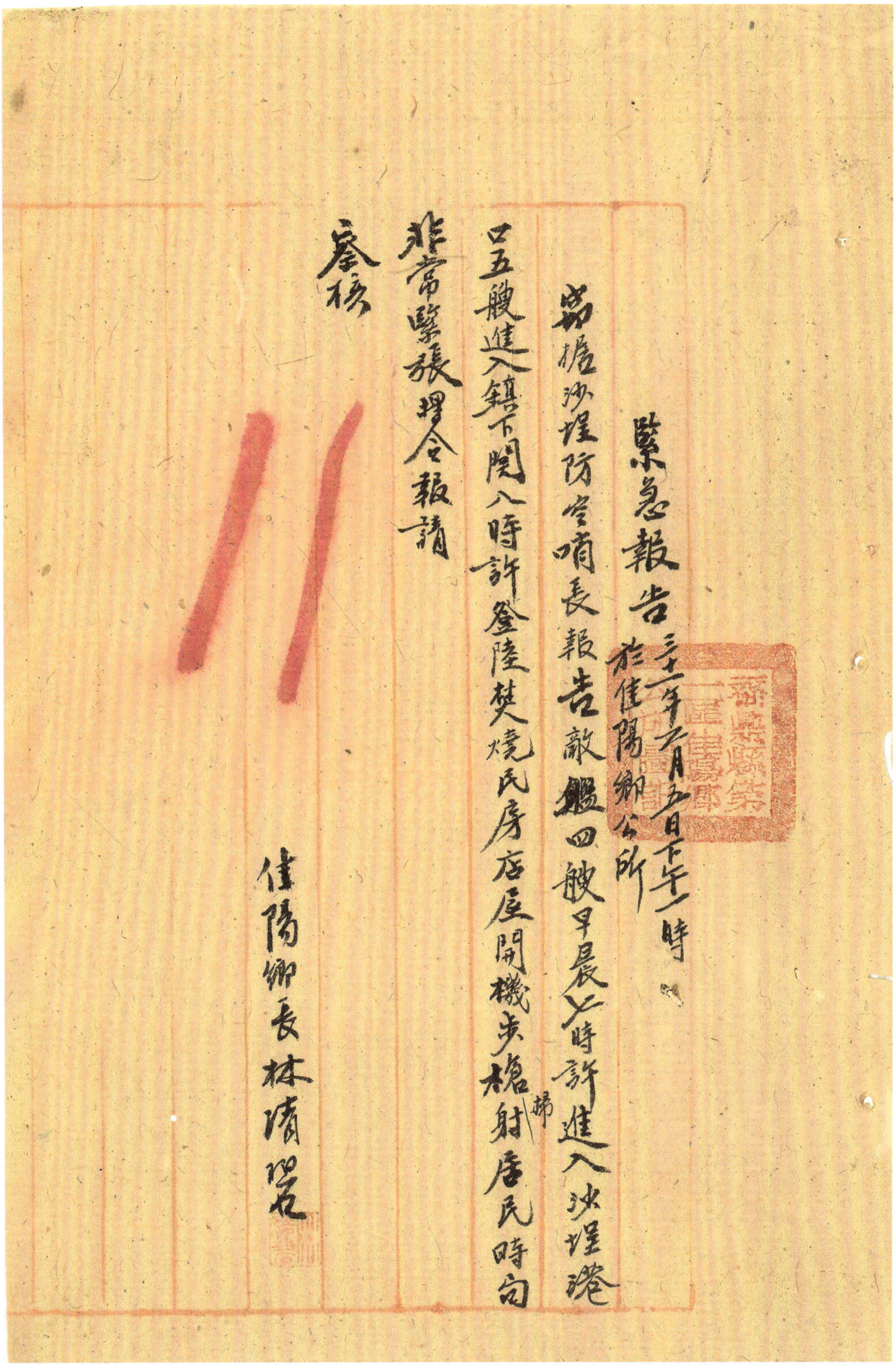

緊急報告
三十一年六月五日下午一時 於佳陽鄉公所
茲據沙埕防守哨長報告敵艦四艘早晨七時許進入沙埕港口五艘進入鎮下關八時許登陸焚燒民房店屋開機步槍掃射居民時向非常緊張理合報請
鑒核
佳陽鄉長林熕呈

福鼎县第一区前岐镇公所关于日舰驶入沙埕、流江并炮击焚毁学校、军营等情形致该县县长的报告
（一九四二年六月五日）

報告　卅一年六月五日下午三時　于本所

頃據沙埕防空哨哨長李啟權來所報称本早晨四時許有敵艦七艘（一等巡洋艦壹艘二等重洋艦三艘三等重洋艦三艘）沙埕港駛入有二等重洋艦二艘橡皮艇四艘直駛至流江汽艇一艘向流江登陸二汽艇向沙埕登陸先以機槍掃射繼而艦裏

開炮射擊後焚燬國民校及駐軍駐所繼燒碑頭協益商店因
該地電話斷絕無從通報故即返報請即轉報縣府為荷等情查
所稱尚屬實在理合將情轉報
核奪
右報告
縣長鄭
前岐鎮鎮長林鵲慶代

福鼎县自卫第三中队关于敌汽艇载伪军占领沙埕及炮击镇霞关、沿浦等情形致该县县长的报告（一九四二年六月五日）

報告

三十一年六月五日上午五時十分
於南鎮中隊部

1. 本晨曉敵汽艇四艘滿載偽軍（約四五百名）進攻沙埕，沙埕分隊抵抗，消息不明，現沙埕烈火發焰，係敵偽縱焚，沙埕被佔領。
2. 敵戰鬥艦三艘、巡洋艦三艘、汽艇十餘艘，戰鬥艦內發炮廿餘發，向鎮霞關及塩浦方向轟擊，本晨約六時敵派汽艇四艘向鎮霞關攻擊。
3. 敵戰艦一艘、軍汽艇二艘攻擊流江，並机轟擊。
4. 現職部隊隊長抵守南鎮，並掩護人民搶救婦

培翔賢

弟：此次揚州當適時報告未聽，因此先撤收未逮，人民

紛亂異常，經費無着，七月份經費望鈞

台設法先發，並請速籌劃人選，經費（附）需要。

謹呈

教長鈞鑒

職 夏威 呈

又本縣縣長已他適，本日全不派來合

福鼎县政府关于驻防南溪等处兵力全部迅速开驻县城归原建制并报查致该县自卫第一中队的命令

（一九四二年六月五日）

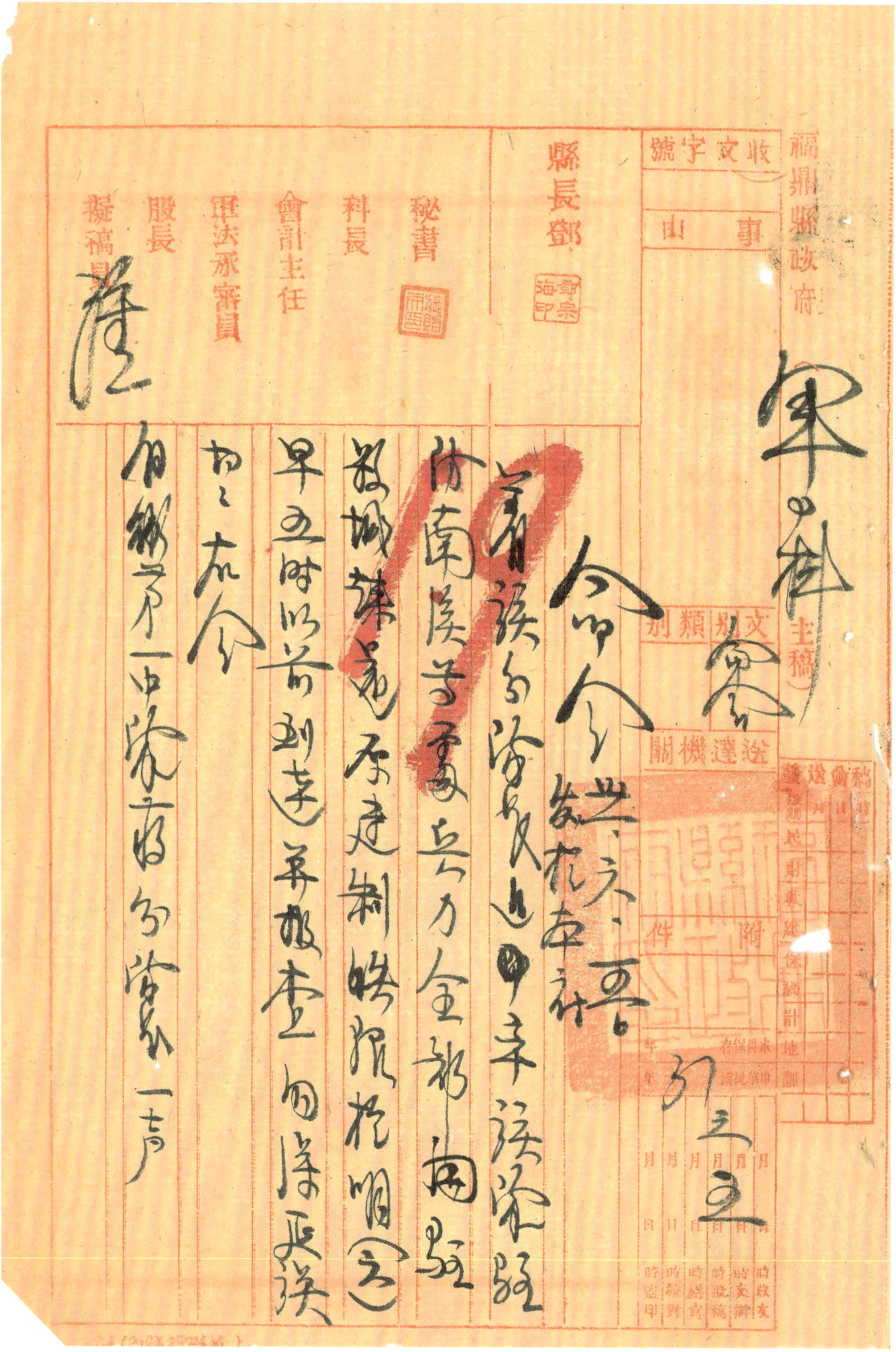

福鼎县政府关于驻防吴羊山全部兵力开回县城归原建制并报查致该县自卫第一中队的命令
（一九四二年六月五日）

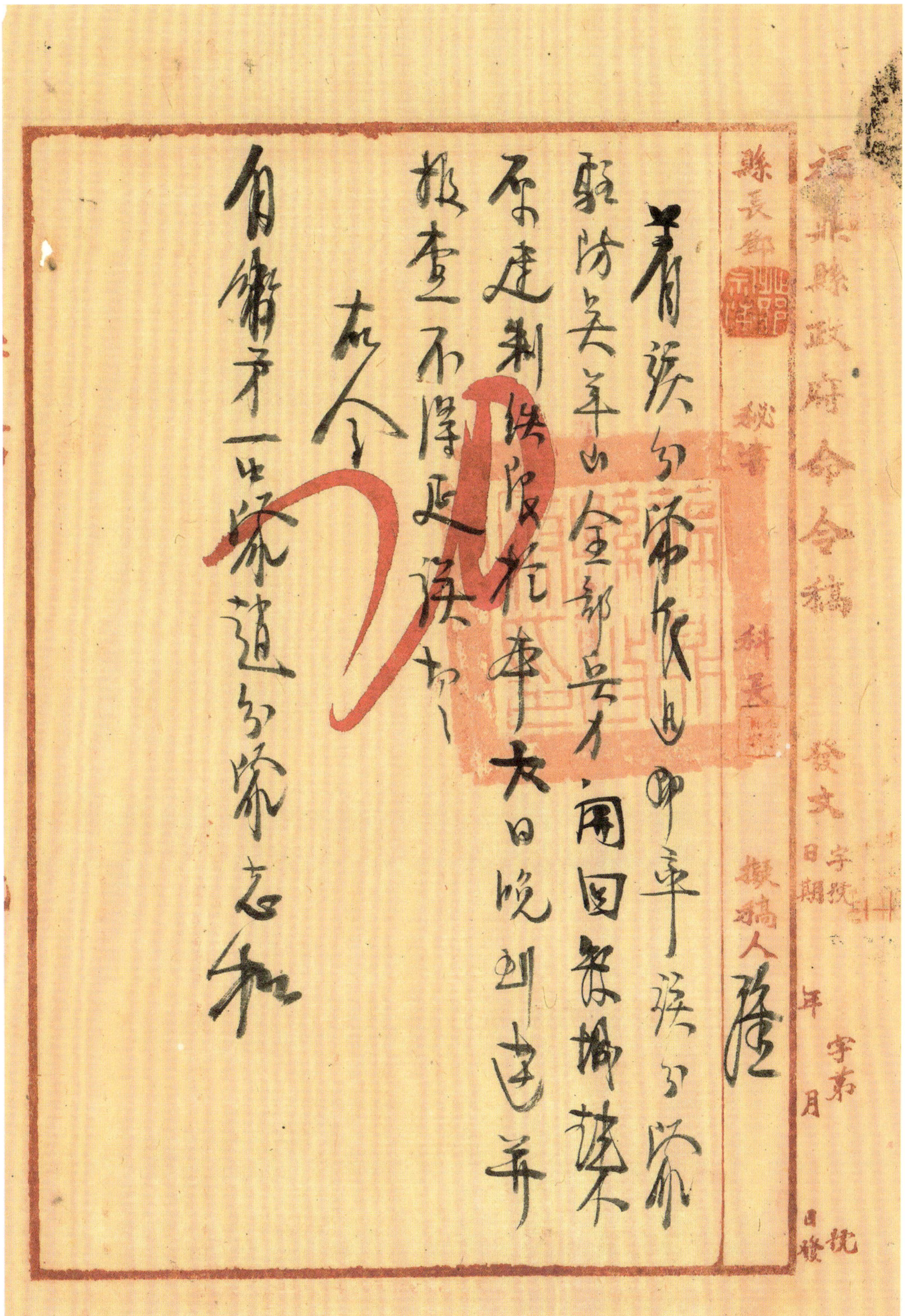
福鼎縣政府命令稿
縣長 秘書 科長 擬稿人
發文 字號 日期 年 月 日發 字第 號

着該分隊長迅即率該分隊
駐防吴羊山全部兵力開回縣城歸
原建制統限於本六日晚到達並
報查不得延誤切切
此令
自衛第一中隊道分隊志和

福鼎县政府秦屿区署关于敌小艇直驶金屿门及巡洋舰停泊南镇海口炮击我方起火等情形致该县县长的代电（一九四二年六月五日）

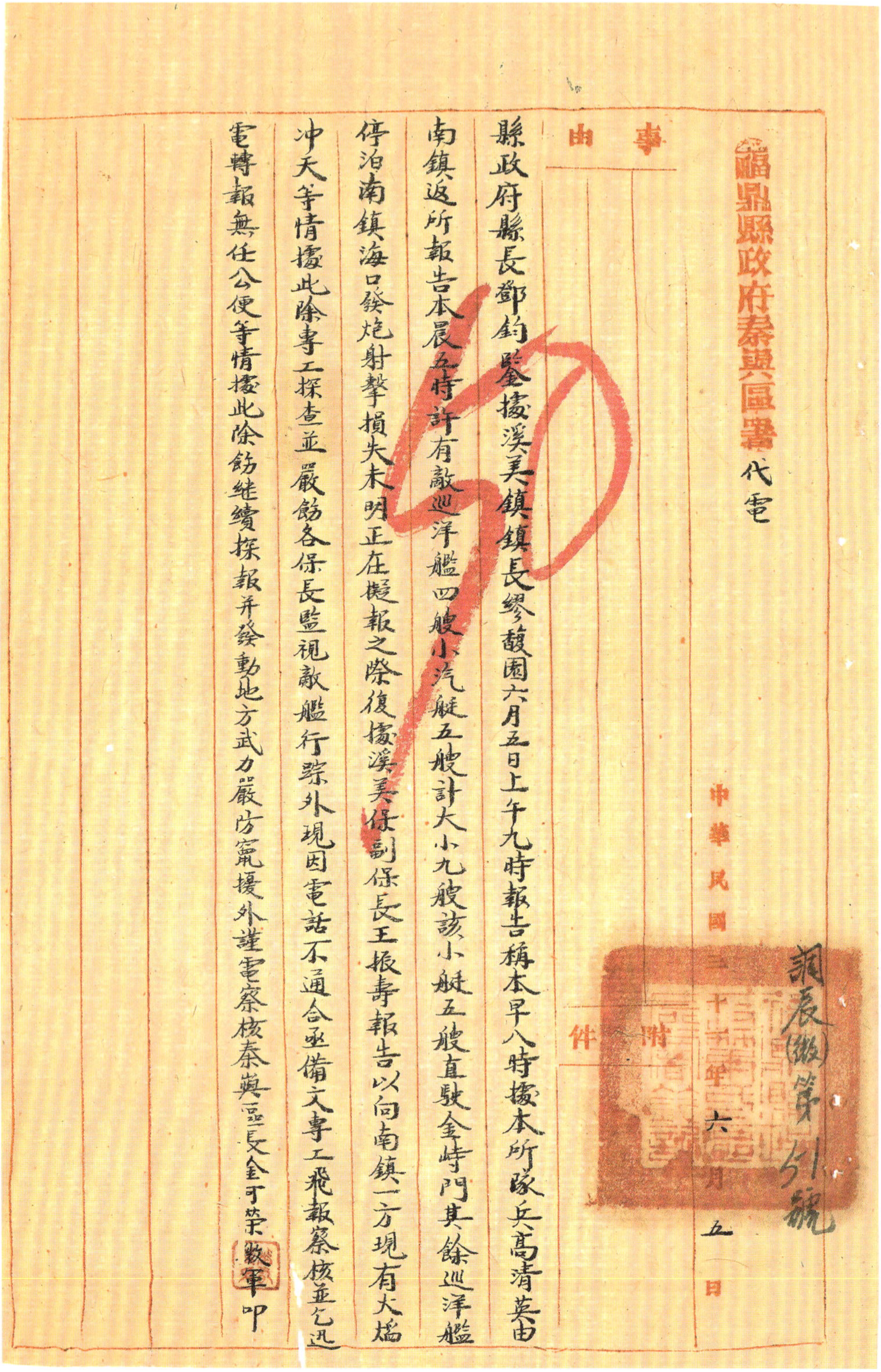

福鼎縣政府秦嶼區署代電

事由

縣政府縣長鄧鈞鑒據溪美鎮鎮長繆馥園六月五日上午九時報告稱本早八時據本所隊兵高清英由南鎮返所報告本晨五時許有敵巡洋艦四艘小汽艇五艘計大小九艘該小艇五艘直駛金峙門其餘巡洋艦停泊南鎮海口發炮射擊損失未明正在擬報之際復據溪美保副保長王振壽報告以向南鎮一方現有大焰沖天等情據此除專工探查並嚴飭各保長監視敵艦行踪外現因電話不通合亟備文專工飛報察核並乞迅電轉報無任公便等情據此除飭繼續探報并發動地方武力嚴防竄擾外謹電察核秦嶼區長金可榮數軍叩

附件

中華民國三十一年六月五日

潤辰（微）第61號

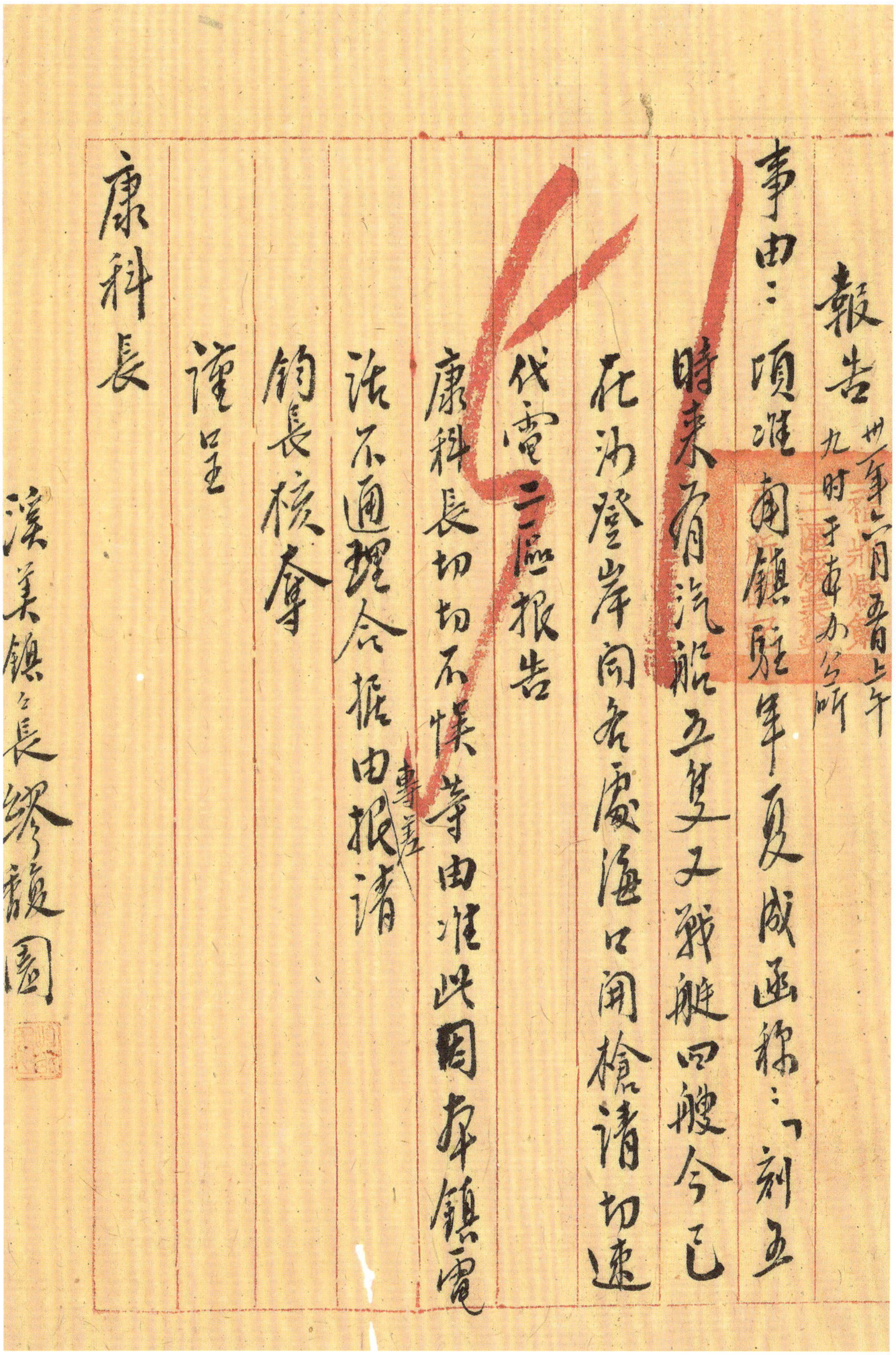

報告 卅一年六月五日上午九时于本办公所

事由：頃准南鎮駐軍夏成函稱：「刻五時來有汽船五隻又戰艇四艘今已在沙埕登岸向各處海口開槍請切速代電二區報告康科長切切不誤」等由准此，因本鎮電話不通理合專差據由報請鈞長核奪

謹呈

康科長

溪美鎮鎮長繆馥圃

福鼎县第二区溪美镇公所关于派人报送敌舰艇在沙埕登岸等情形致该县政府军事科科长康捷成的报告
（一九四二年六月五日）

福鼎县自卫第三中队关于敌舰少数开驻外海大部向北驶离及沙埕、南镇焚毁损失等情形致该县县长的报告（一九四二年六月五日）

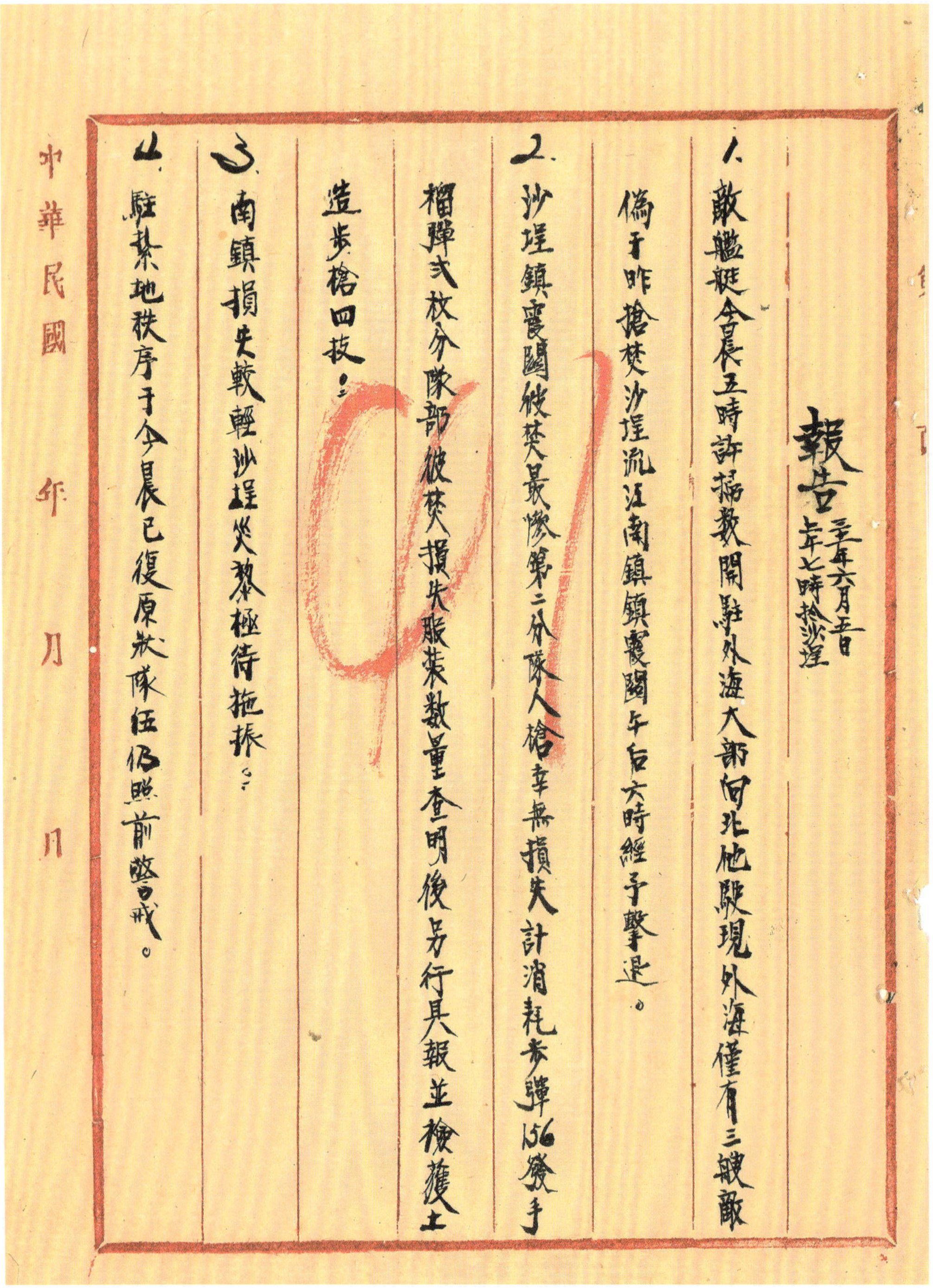

報告　卅一年六月五日上午七時於沙埕

1. 敵艦艇今晨五時許掃數開駐外海大部向北駛現外海僅有三艘敵僞于昨搶焚沙埕流江南鎮鎮霞關午后六時經予擊退。
2. 沙埕鎮霞關被焚最慘第二分隊人槍幸無損失計消耗步彈156發手榴彈弍枚分隊部被焚損失服裝數量查明後另行具報並檢獲土造步槍四枝。
3. 南鎮損失較輕沙埕災黎極待拯振。
4. 駐紮地秩序于今晨已復原狀隊伍仍照前警戒。

中華民國　年　月　日

至沙埕被焚房屋及損失刻正飭保長查明彙報。

謹呈

縣長鄧

職夏成 謹上

李郎樵 六．七

中華民國　年　月　日

福鼎县自卫第三中队关于敌舰炮击南镇防御工事毁坏及该队抵抗等情致该县县长的报告

（一九四二年六月五日）

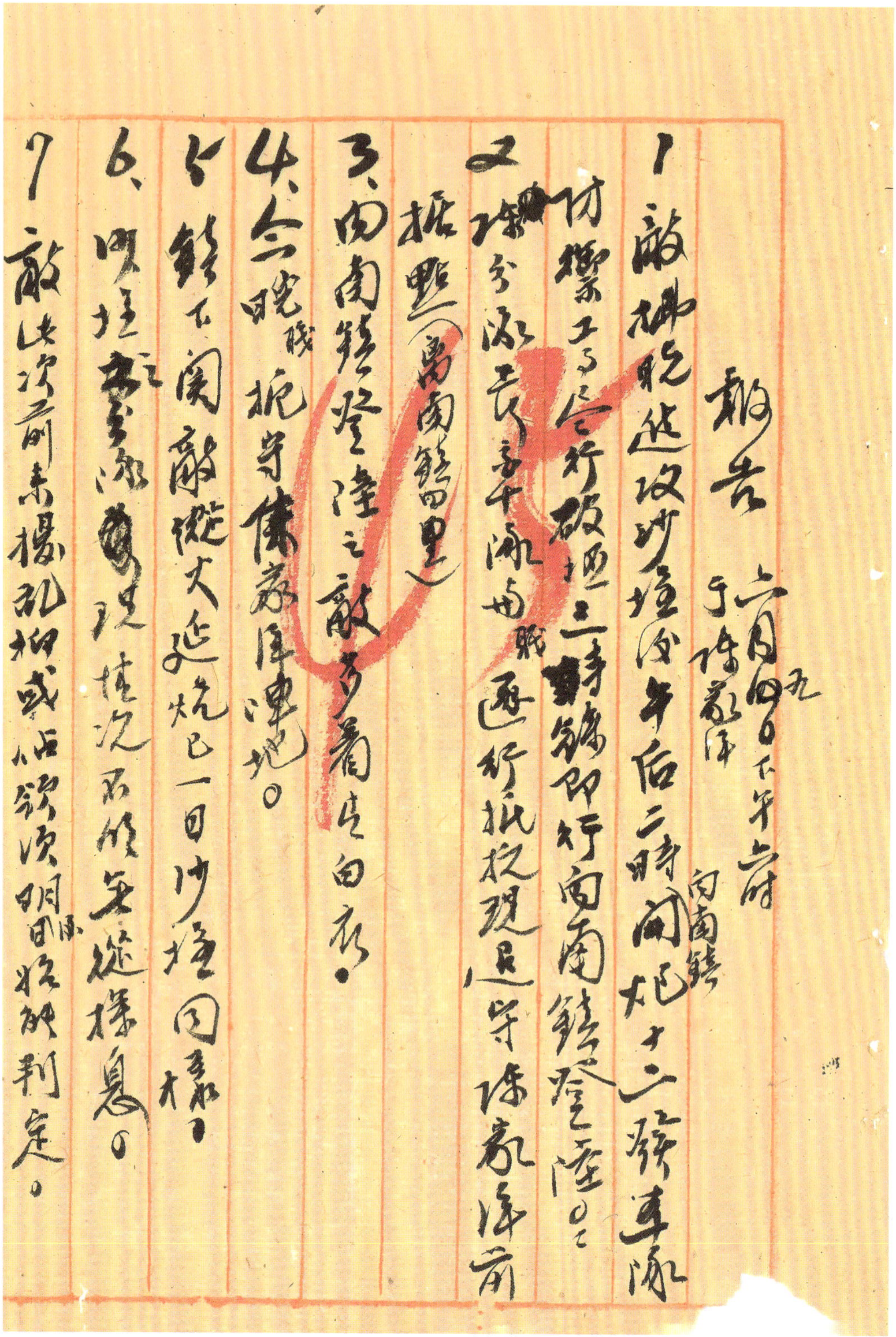
报告　六月五日下午六时 于[illegible]

1 敌舰艇进攻沙埕，约午后二时开炮十二发，集中南镇防御工事，令行破坏。二时[illegible]即行南关镇登陆。

2 本队分派[illegible]率[illegible]迎[illegible]行抵抗，现已退守陈家洋前据点（离南关镇四里）。

3 南关镇登陆之敌约有百余[illegible]。

4 今晚[illegible]扼守陈家洋阵地。

5 镇下关敌纵火延烧已一日，沙埕因[illegible]。

6 现[illegible]近况不能[illegible]探悉。

7 敌此次前来扰乱抑或占领，须明日始能判定。

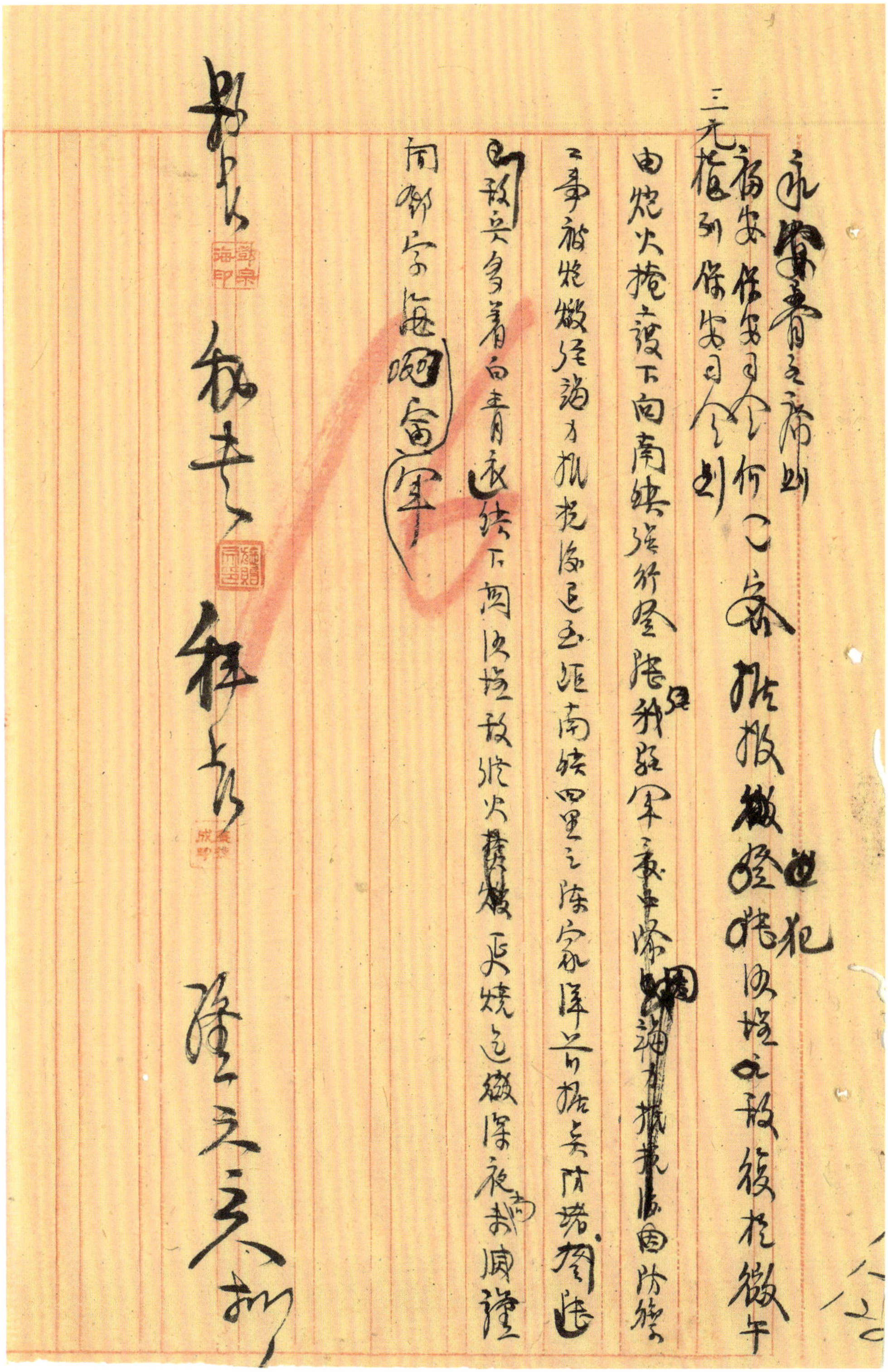

永安省主席刘
福安保安司令何 [illegible] 据报敌[illegible]登犯沙埕之敌復於[illegible]午
三元福州保安司令刘
由炮火掩护下向南镇强行登陆我驻军[illegible]奋力抵抗后因防御
工事被炮毁始[illegible]退至距南镇四里之陈家洋[illegible]据点防堵[illegible]
[illegible]敌兵多着白青衣[illegible]放火[illegible]
[illegible]

福鼎县政府关于敌军登陆南镇纵火及防御工事被毁致福建省政府、福建省第一区保安司令部等的代电

（一九四二年六月六日）

福鼎县政府关于特准乡镇警备任务班扩充名额及所需给养先行借垫等事致该县南溪、秀岭等乡镇长的命令（一九四二年六月六日）

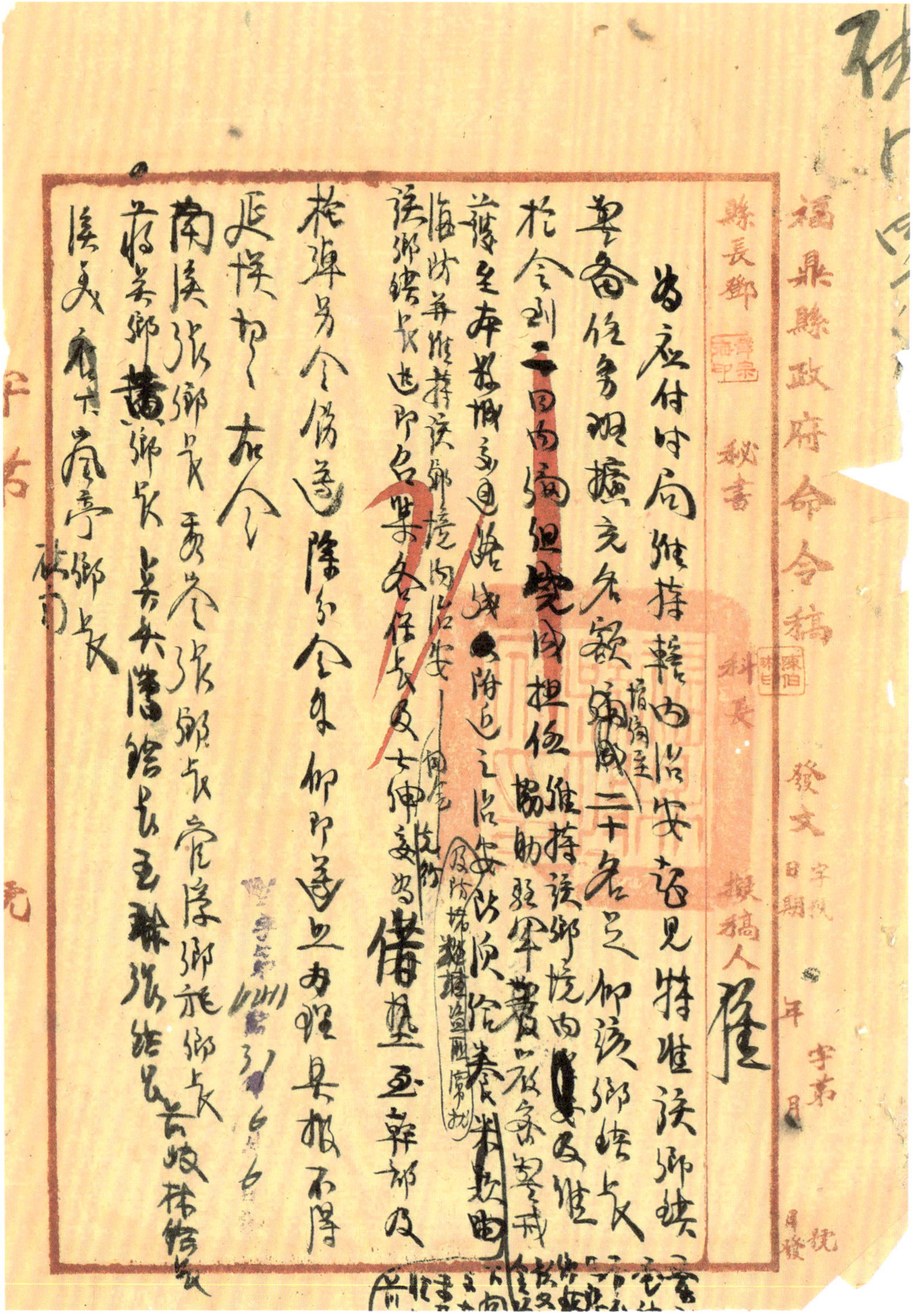

福鼎县政府关于开驻南溪乡公所维持治安及严密防范伪军窜扰等事致该县搜剿队的命令（一九四二年六月六日）

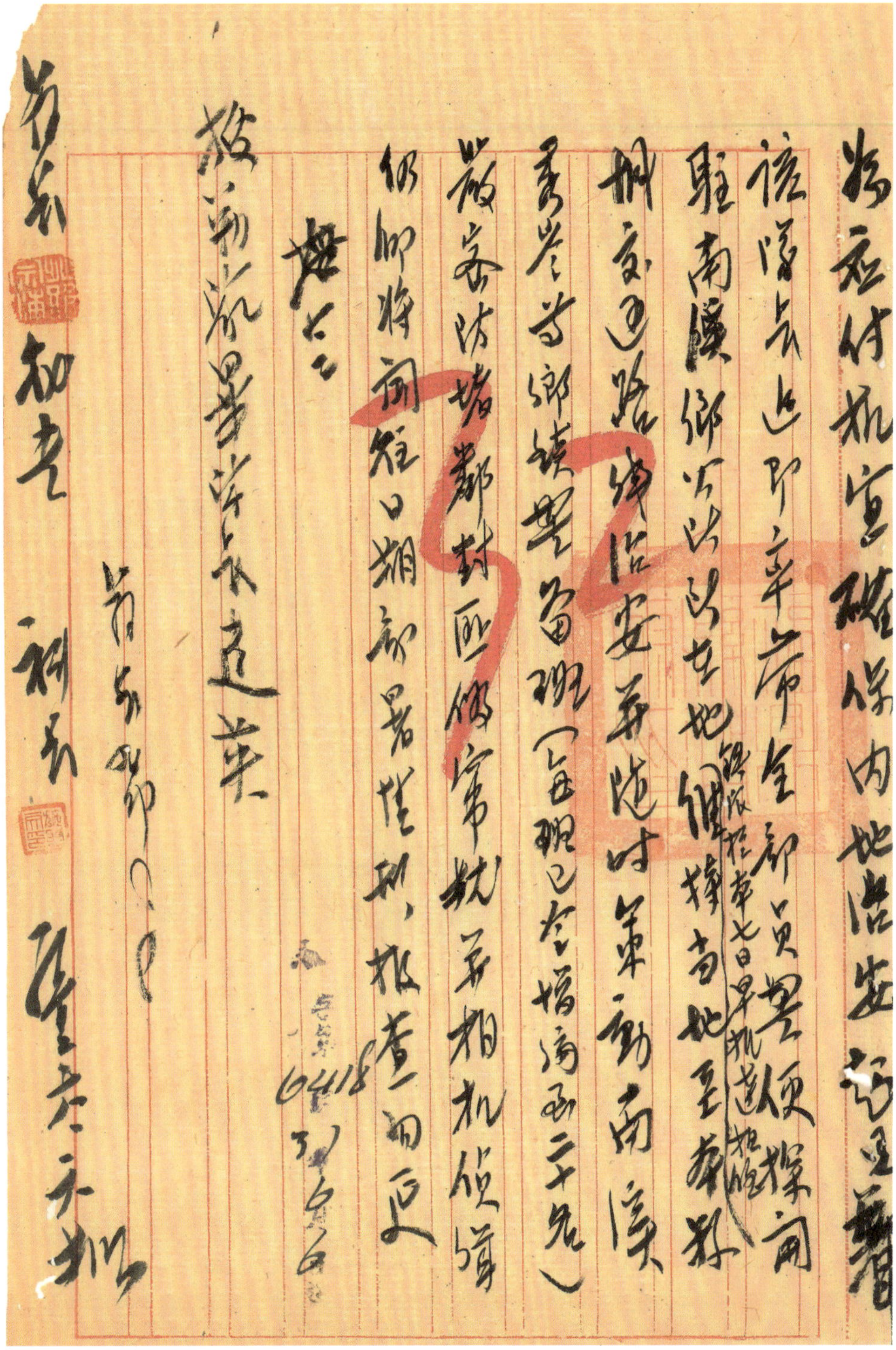

福鼎县第一区前岐镇公所关于扰乱沙埕等处敌舰已全部退出港外致该县县长的报告

（一九四二年六月六日）

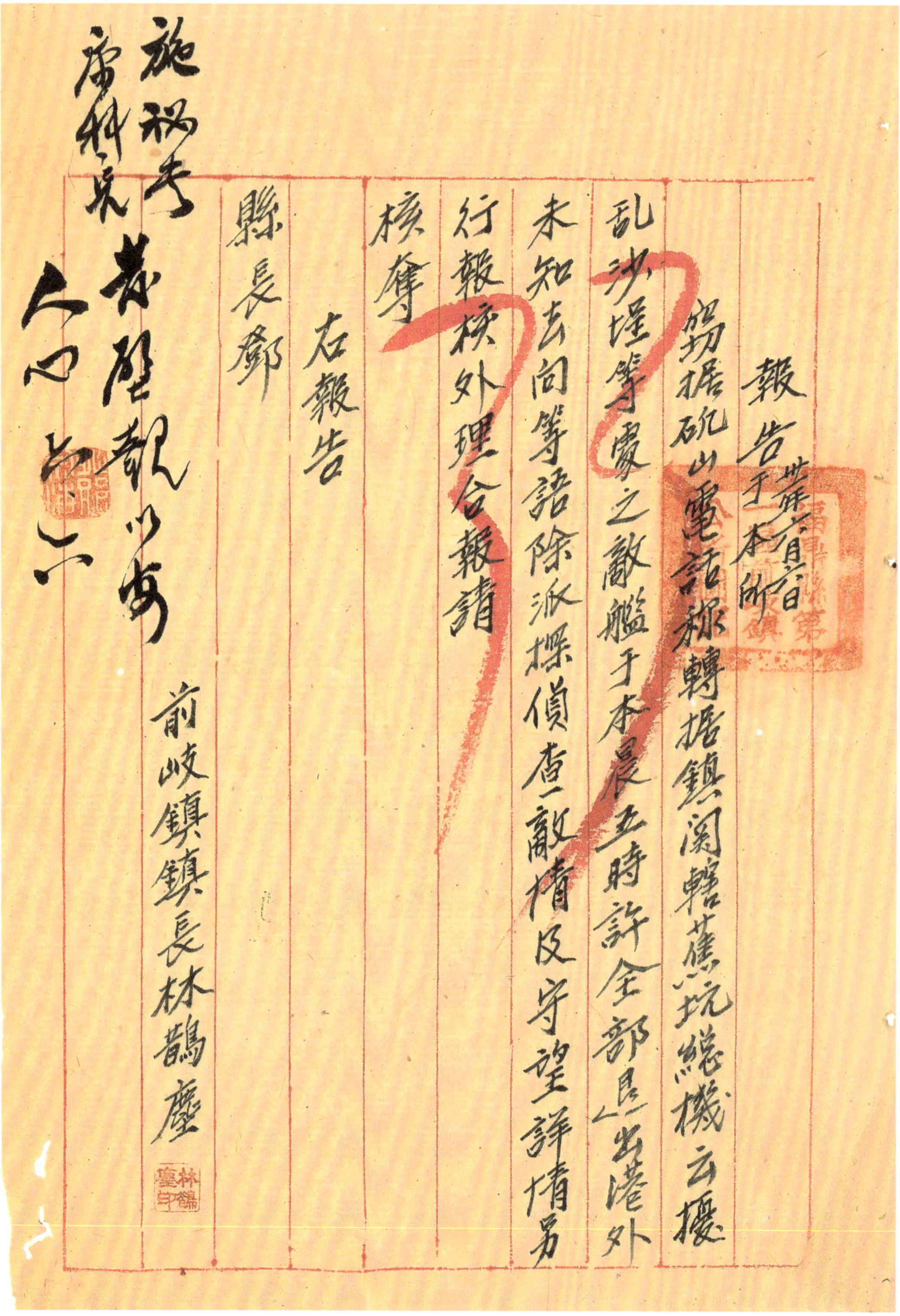

報告 卅一年六月六日于本所

竊據砚山電話稱轉據鎮關轄蕉坑總機云擾亂沙埕等處之敵艦于本晨五時許全部退出港外未知去向等語除派探偵查敵情及守望詳情另行報核外理合報請

核奪

右報告

縣長鄭

前岐鎮鎮長林鵲塵

施秘书 廖科長 抄登報以安人心 六、六

福鼎县第一区佳阳乡公所关于汇报自卫班班长化装赶赴沙埕一带侦察之敌情致该县县长的报告
（一九四二年六月六日）

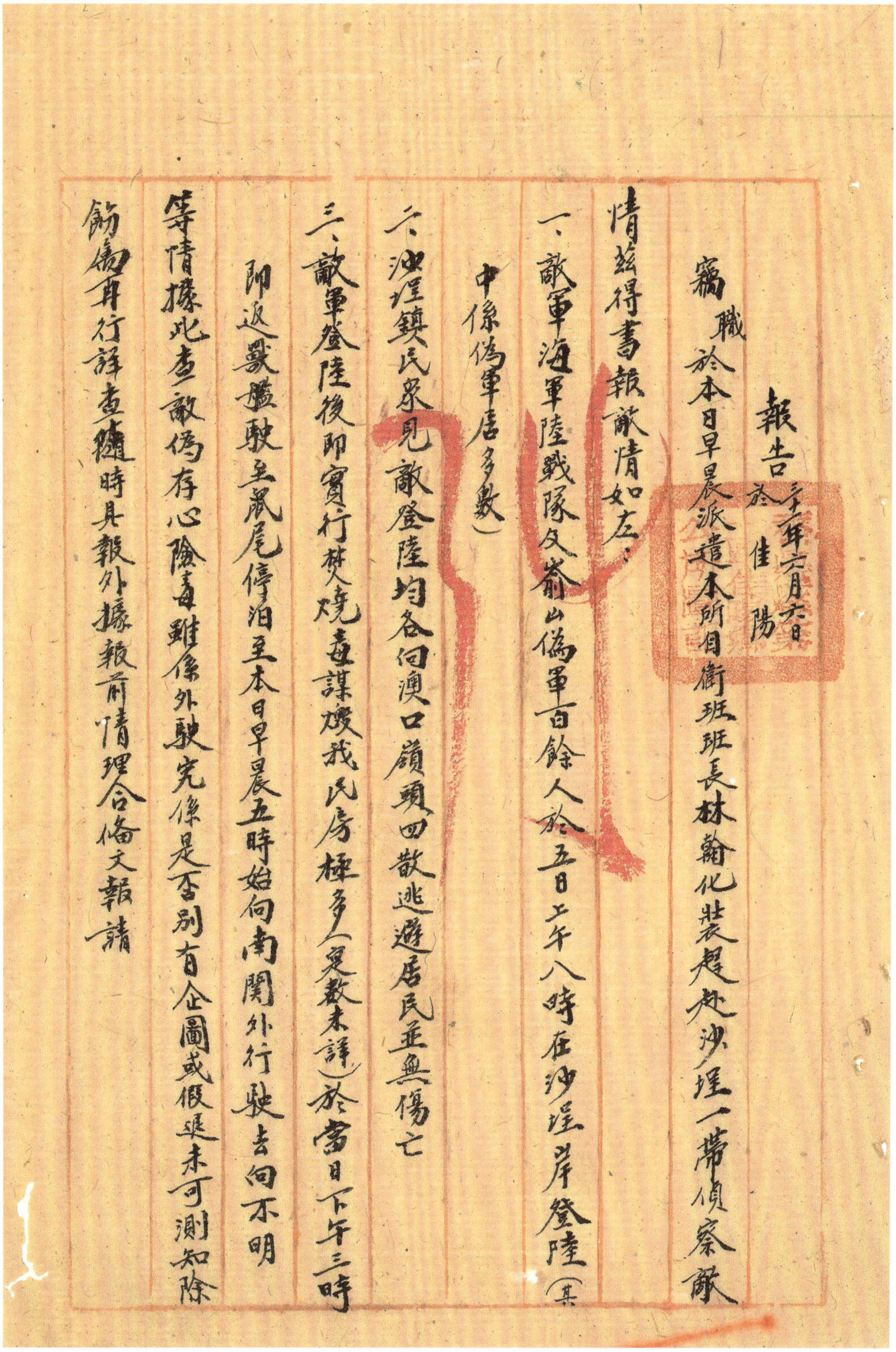

報告 三十一年六月六日 於佳陽

竊 職於本日早晨派遣本所自衛班班長林翁化裝赶赴沙埕一帶偵察敵情茲得書報敵情如左：

一、敵軍海軍陸戰隊及崙山偽軍百餘人於五日上午八時在沙埕岸登陸（其中係偽軍居多數）

二、沙埕鎮民眾見敵登陸均各向澳口嶺頭四散逃避居民並無傷亡

三、敵軍登陸後即實行焚燒毒謀燬我民房極多（是數未詳）於當日下午三時即返艦駛至鼠尾停泊至本日早晨五時始向南關外行駛去向不明

等情據此查敵偽存心險毒雖係外駛究係是否別有企圖或假退未可測知除飭備再行詳查隨時具報外據報前情理合備文報請

鑒核

謹呈

縣長鄭

佳陽鄉鄉長林清炤呈

本件皆係確實 六八

施福壽

康樺宗

福鼎县政府关于进犯沙埕南镇之敌伪全部退去方向不明致福建省第一区保安司令部、福建省保安司令部的代电（一九四二年六月六日）

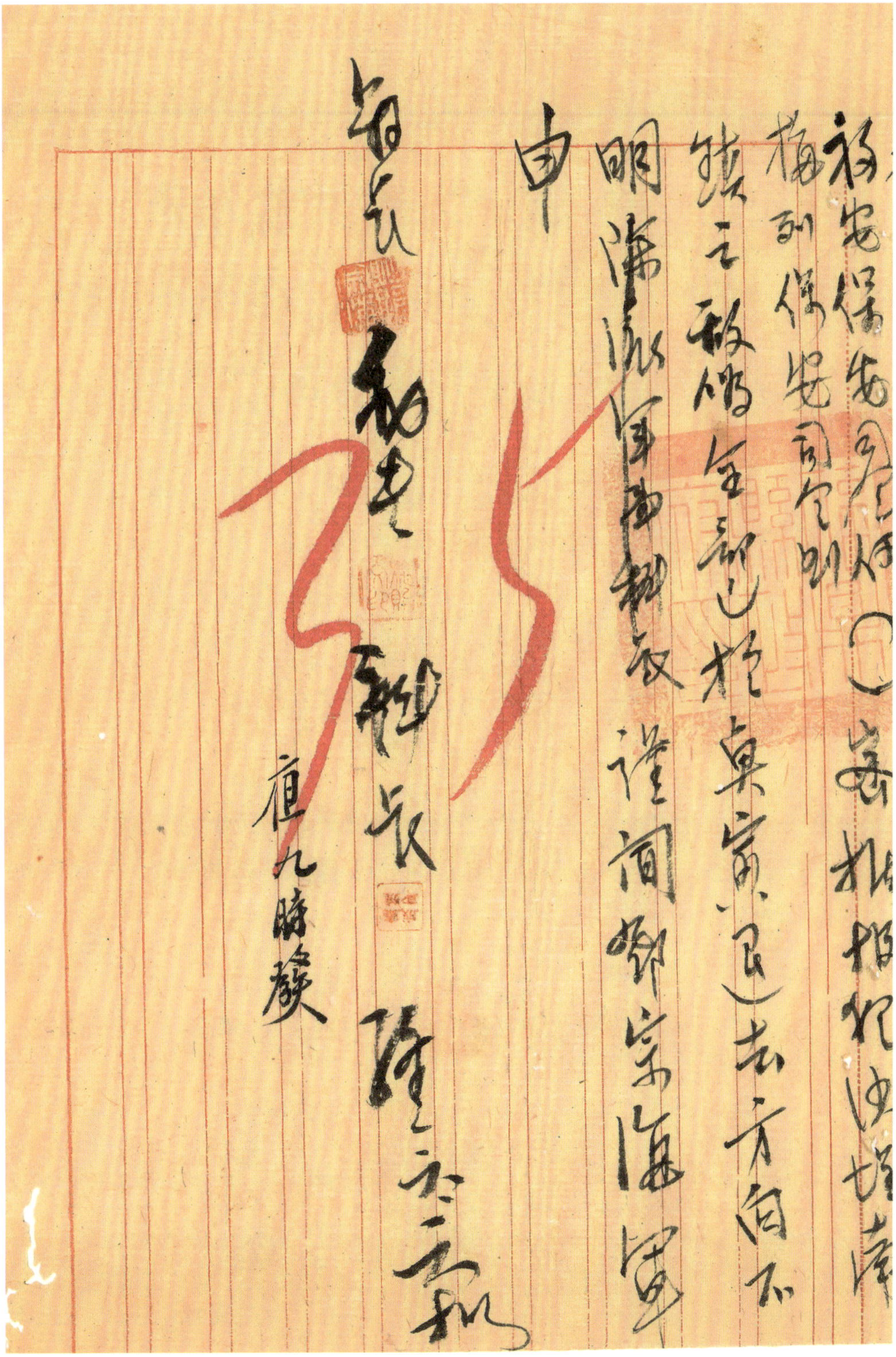
福安保安司令部（　）密。据报犯沙埕南
梅列保安司令部均
镇之敌伪全部已于真寅退去方向不
明。沿海渔船亦被敌掠去。谨闻。福鼎县长陈宗淮寅鱼印
申
省保安司令部 鉴
职 县长
植九时发

福鼎县政府关于敌伪登陆沙埕焚毁民房及自卫队抵抗后情况不明等情形致福建省政府主席刘建绪、福建省第一区保安司令何震等的代电（一九四二年六月六日）

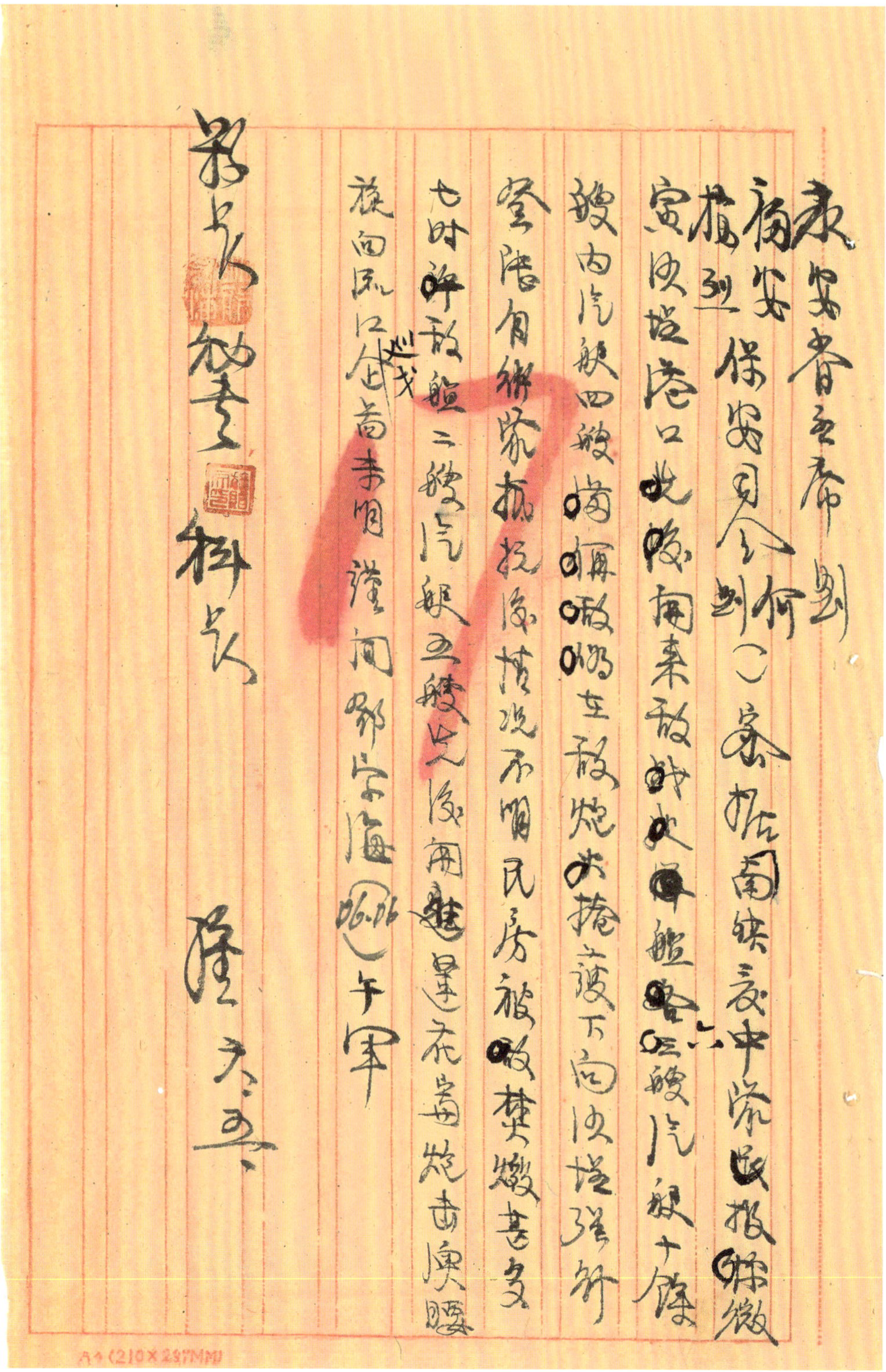
永安省主席刘、福安保安司令刘何（ ）密。据南镇乡中队长报称：微晨到沙埕港口发现闽来敌舰艇二艘、汽艇十余艘，内汽艇四艘掩护敌伪在敌炮火掩护下向沙埕强行登陆，自卫队抵抗后情况不明，民房被敌焚毁甚多。七时许敌舰二艘、汽艇五艘又向南进逼，在岛炮击澳腰，旋向流江窜犯，余未明。谨闻。邵宗海（鱼）午军

秘书长
科长
六五

福鼎县政府关于夜间派壮丁看护县府至梅溪之电话杆线等致该县桐山镇水流美保保长的训令（一九四二年六月六日）

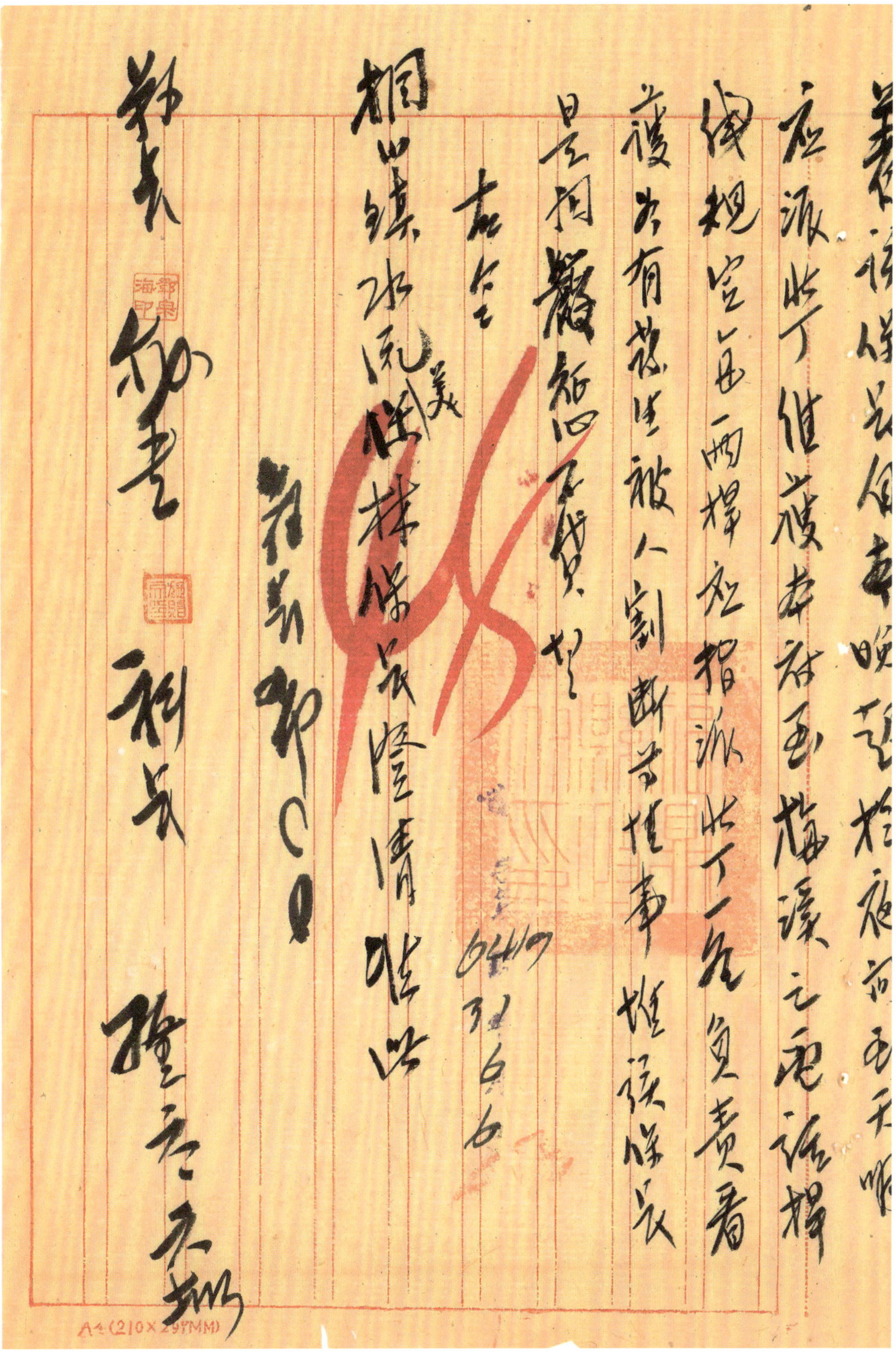

着该保长自本晚起于夜间至天明
应派壮丁继续看护县府至梅溪之电话杆
线，规定每两杆应指派壮丁一名负责看
护，若有发生被人割断等情事，惟该保长
是问，严惩不贷，切切
此令
04417
31.6.6
桐山镇水流美保保长陆清溪
县长郑[illegible]
县长 [illegible]
科长 [illegible]
[illegible]
A4（210×297MM）

福鼎县政府关于报送沙埕等地沿海敌情及强制内迁民众物资等事致该县自卫第三中队的指令

（一九四二年六月六日）

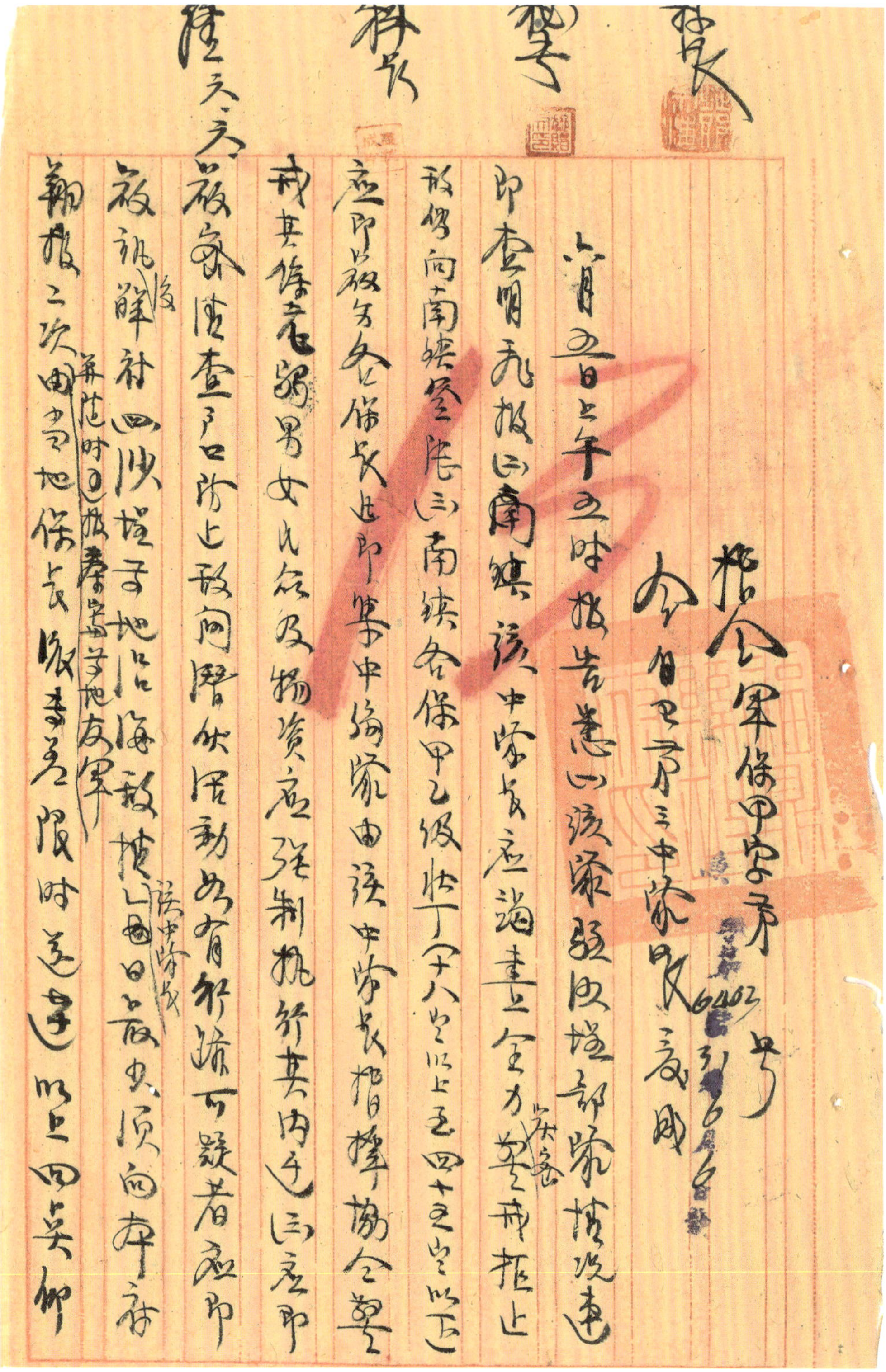

即遵照　此令

梁長卿 8

14

福鼎县政府关于查探自卫第三中队方分队长行踪并迅速向沙埕前进搜索敌伪等事致该县军士训练班、自卫第三中队的训令（一九四二年六月六日）

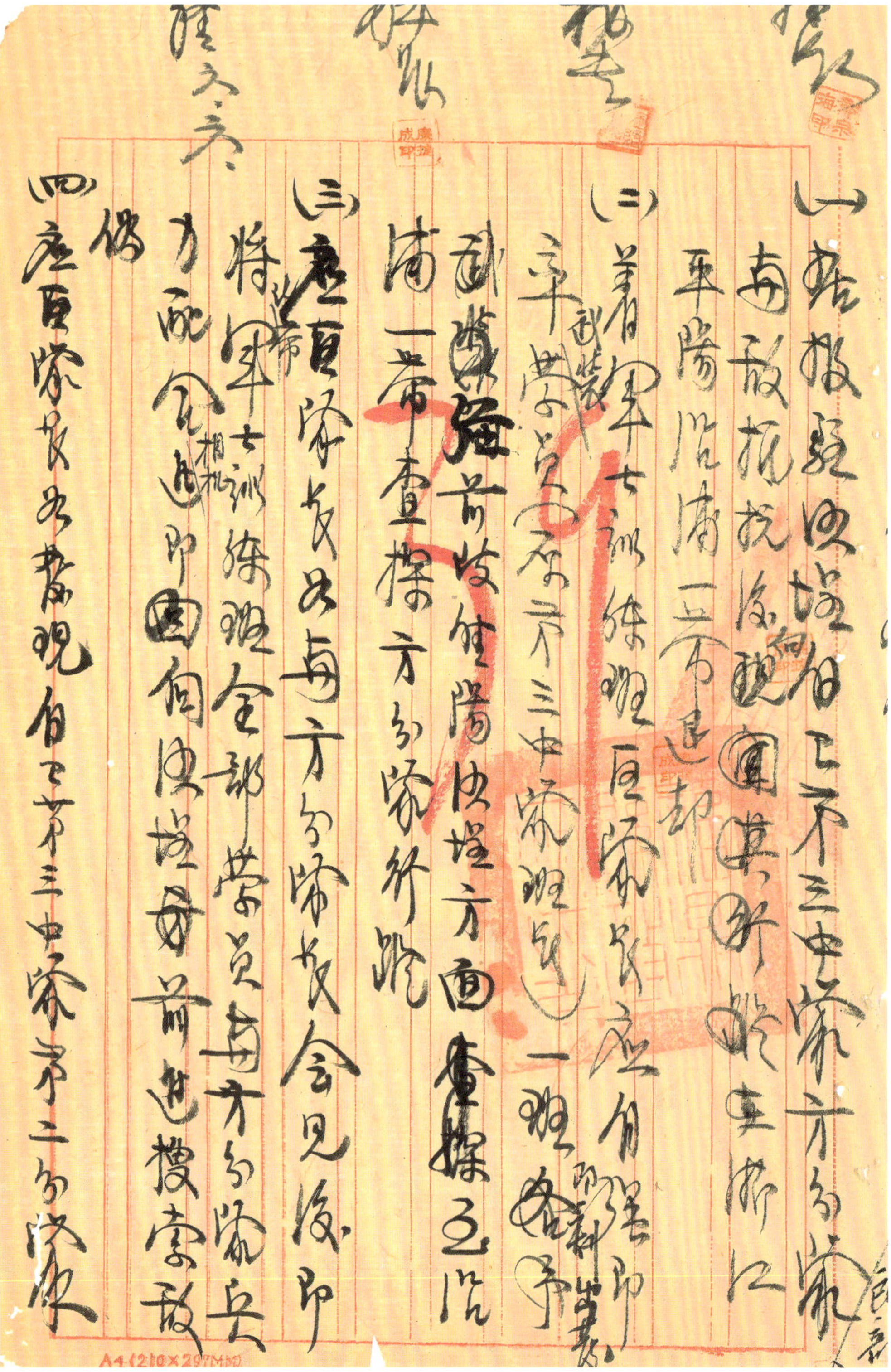
一、据报现沙埕自卫第三中队方分队长与敌抗抗，现其行踪未详，以平阳沿海一带退却。
（二）着军士训练班区队长应即督率全班学员及第三中队班兵一班，武装前往沙埕方面查探至沿海一带查探方分队行踪。
（三）应区队长与方分队长会见后，即将军士训练班全部学员与方分队兵力配合，迅即向沙埕前进搜索敌伪。
（四）应区队长与带现自卫第三中队第二分队

急。長沙三號瀏江附近之敵，據報究竟屬何部

（部隊番號，希與李軍長切實查明具報）

現在瀏陽鄉以北之敵，其兵力與任務若何

以上兩項具報為要。

二、須將何部之敵明查，並切實具報。

右令

軍長孫渡、隊長……

自七月三十日出發……一律

福鼎县政府关于应对日军登陆后规定注意办理事项致该县警察局、各自卫中队、秦屿区署等的训令（一九四二年六月六日）

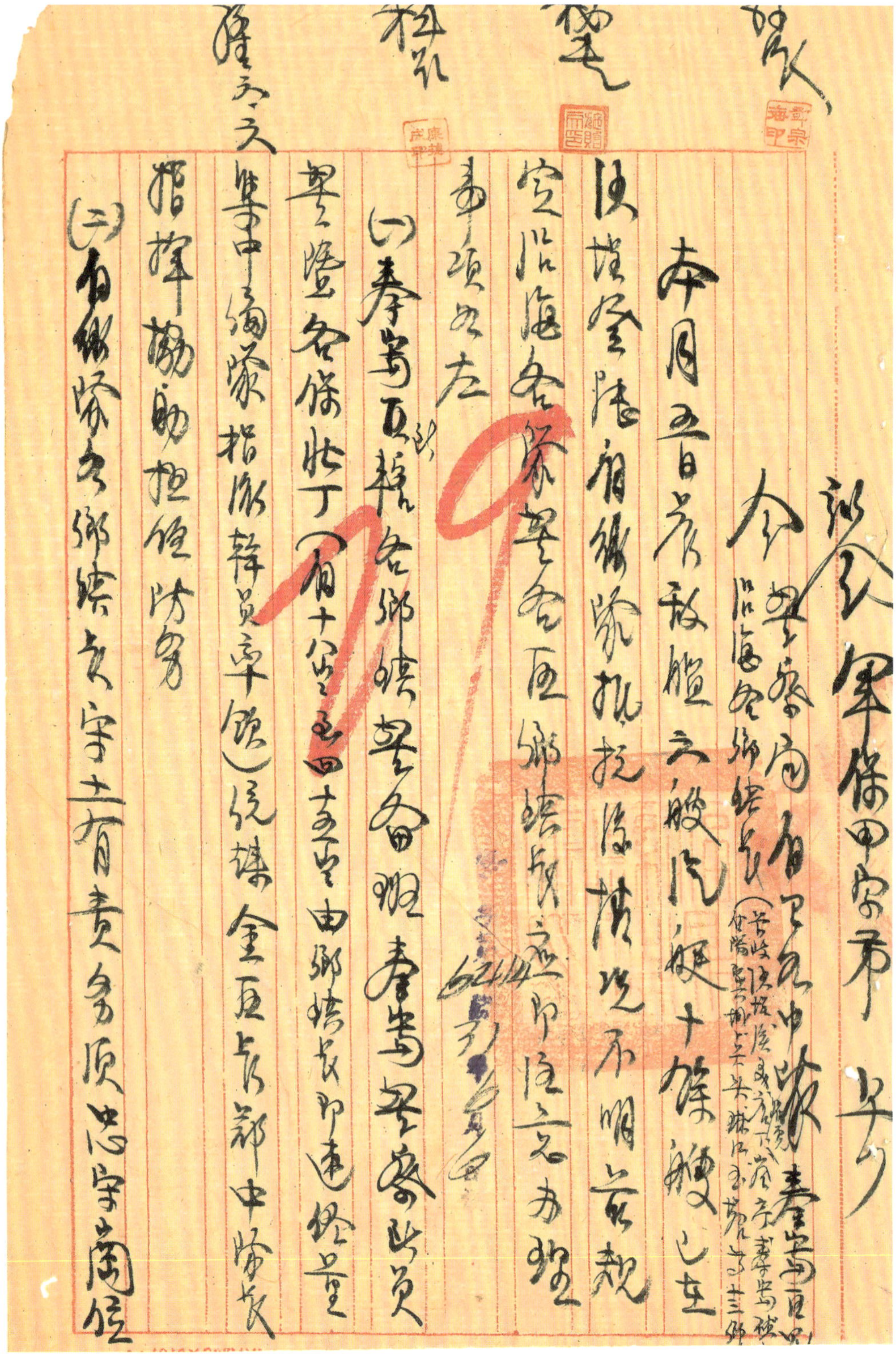

竭盡全力拒止敵偽侵擾並防止敵向邊區
突竄及流動
(三)各鄉鎮[老幼婦孺]民眾及一切物資應即刻動令向內
遷移切不可遺留以資敵用
(四)沿邊各縣要令各區鄉鎮長[及有著]于要地設據應敵
進即當急報縣及各級報告(每十里行程時限[速度]
規定不得超過二十分鐘)如有延誤報告不報或遲緩
誤者一律[查辦]以儆怠
(五)秦寧兩縣長應即在距邊[附近]鄉安全地設立臨
時辦事處指派該縣長指定干部一員專責聯絡

省保署案卷表册及重要物品应即疏散
迁移保存为要
以上五项除分令外仰即切实遵办不得违
延误勿忽致干未便
此令

福鼎县政府关于希详告敌伪在平阳县镇霞关等地登陆情形致平阳县县长的代电（一九四二年六月七日）

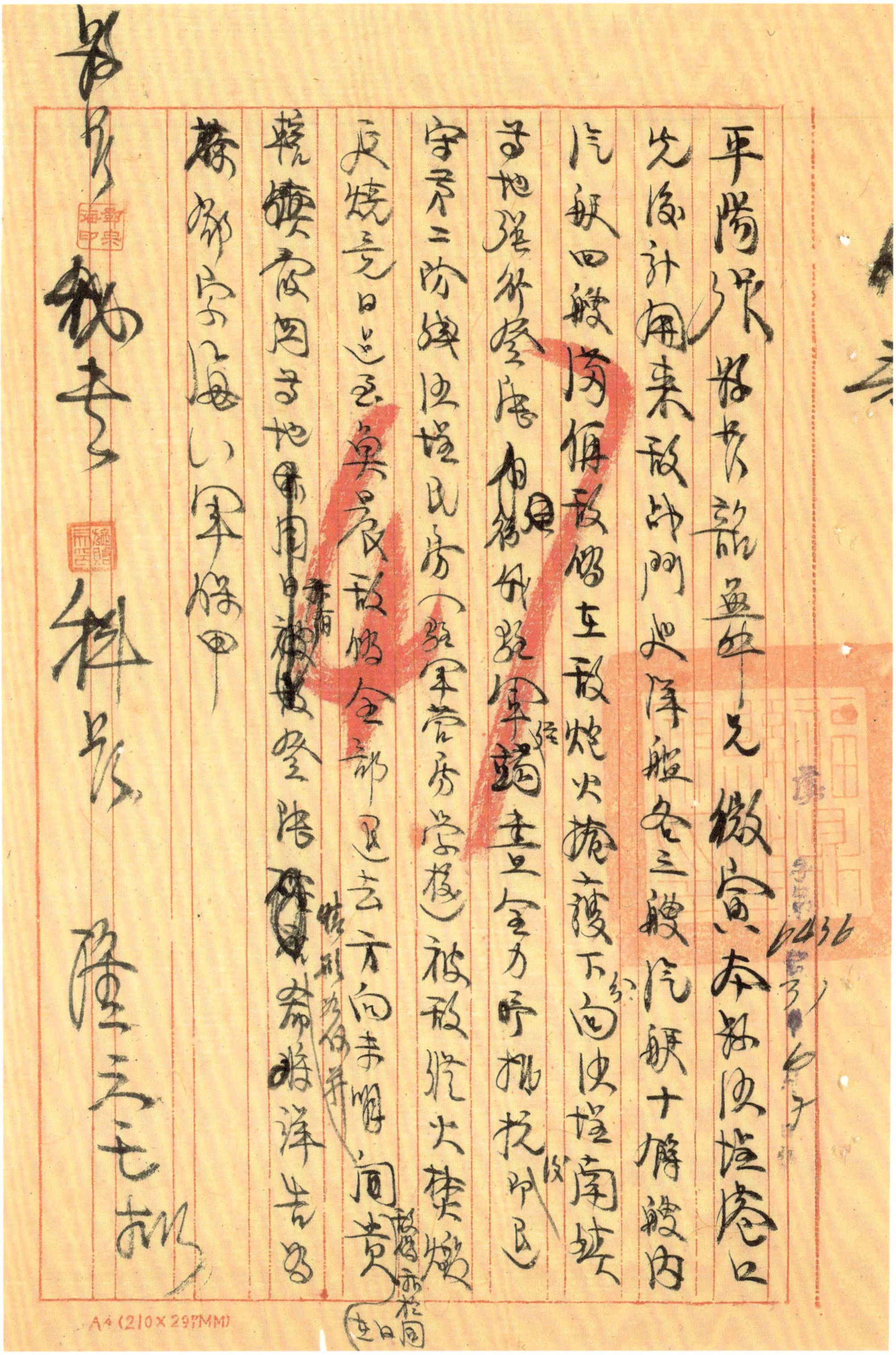

福鼎县第一区沙埕镇公所关于敌舰进犯沙埕炮击村镇及敌兵登陆劫掠焚毁民房校舍等情致该县县长的报告（一九四二年六月七日）

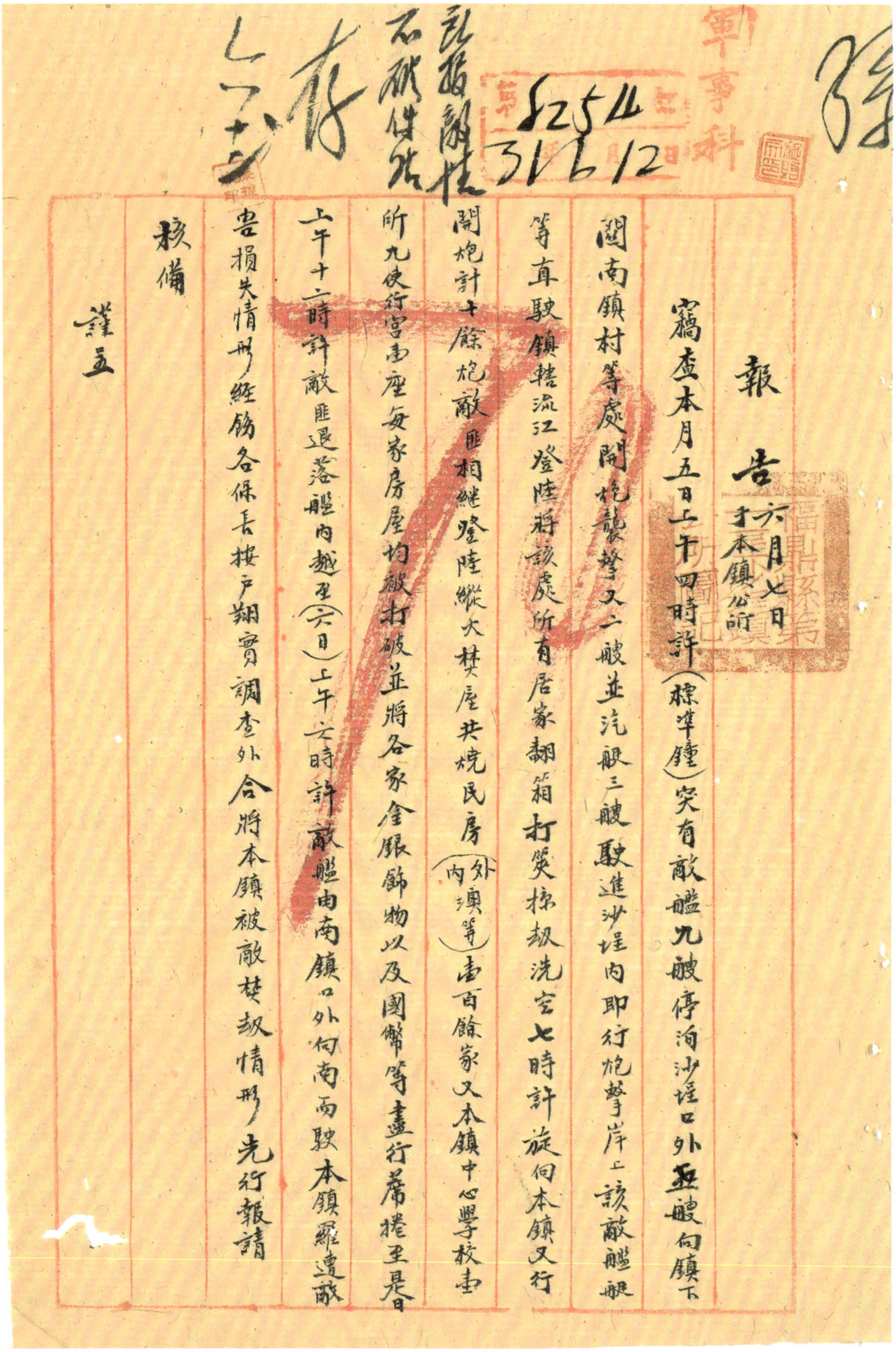

報告　六月七日于本镇公所

窃查本月五日上午四时许（标准钟）突有敌舰九艘停泊沙埕口外，五艘向镇下関南镇村等处開炮轰击，又二艘并汽艇三艘驶进沙埕内，即行炮击岸上，该敌舰艇等直驶镇辖流江登陆，将该处所有居家翻箱打笼掠劫洗空，七时许旋向本镇又行開炮计十馀炮，敌匪相继登陆纵火焚屋，共烧民房（外澳、内澳等）壹百馀家，又本镇中心学校壹所，九使行宫壹座，每家房屋均被打破，并将各家金银饰物以及国币等尽行席捲。是日上午十一时许敌匪退落艇内，越至（六日）上午六时许敌舰由南镇口外向南面驶。本镇罹遭敌害损失情形，经饬各保长按户翔实调查外，合将本镇被敌焚劫情形，先行报请

核备

谨呈

福鼎县政府第五科关于核发六月五日敌舰进犯炮击并登陆沙埕焚毁民房校舍等情形的通讯稿（一九四二年六月七日）

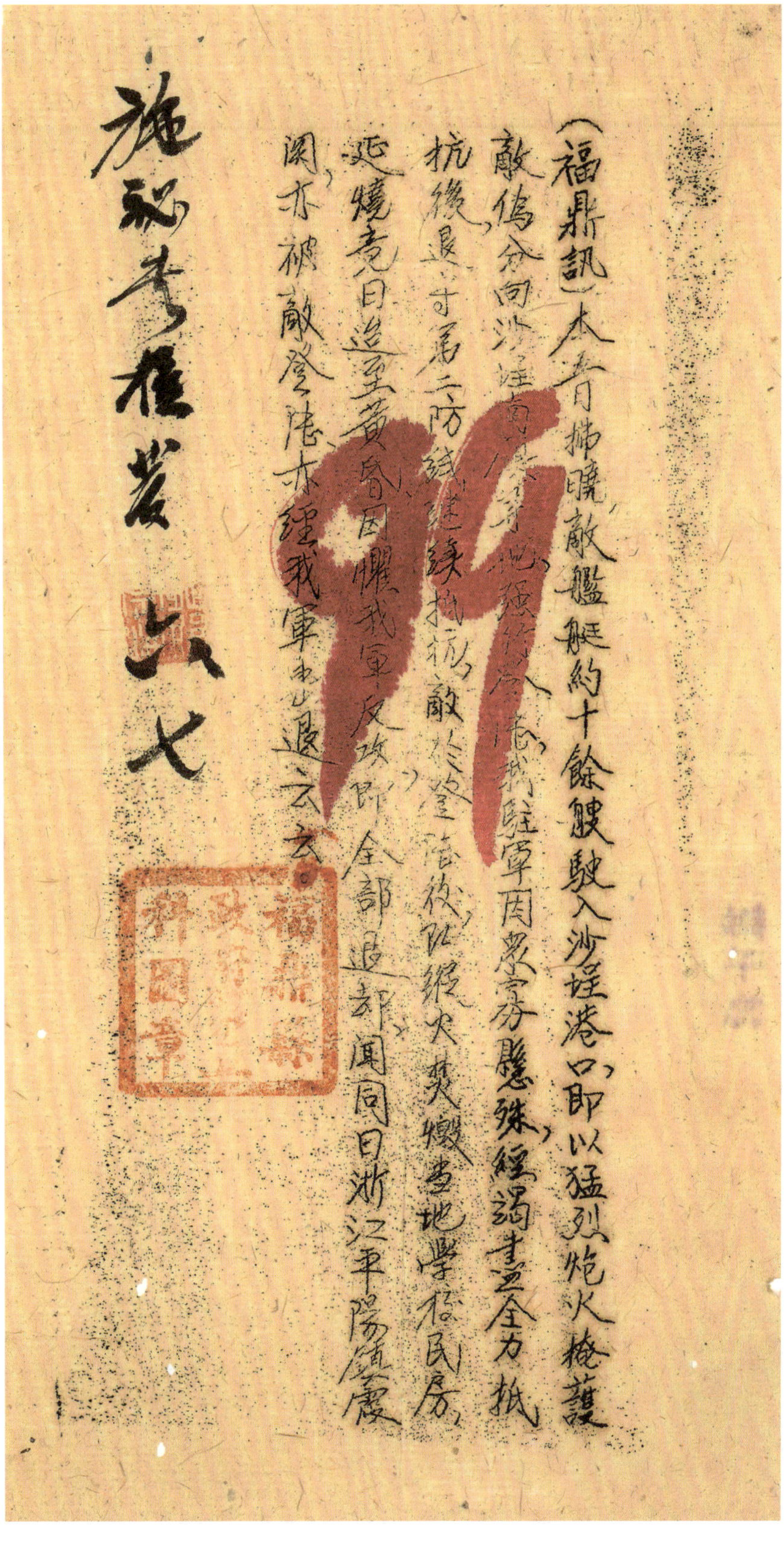
（福鼎訊）本〔五〕日拂曉敵艦艇約十餘艘駛入沙埕港口，即以猛烈炮火掩護敵偽分向沙埕南[illegible]、[illegible]、[illegible]等處登陸，我駐軍因眾寡懸殊，經竭盡全力抵抗後，退守第二防綫，繼續抵抗。敵於登陸後，縱火焚燬小學校、民房，延燒竟日，迨至黃昏，因懼我軍反攻，即全部退卻。聞同日浙江平陽鎮下關亦被敵登陸，亦經我軍擊退云云。

准秘書 准發 六 七

福鼎县第二区秦屿镇公所关于疏散民众并派遣民工构筑军事防御等情致该县县长的呈（一九四二年六月七日）

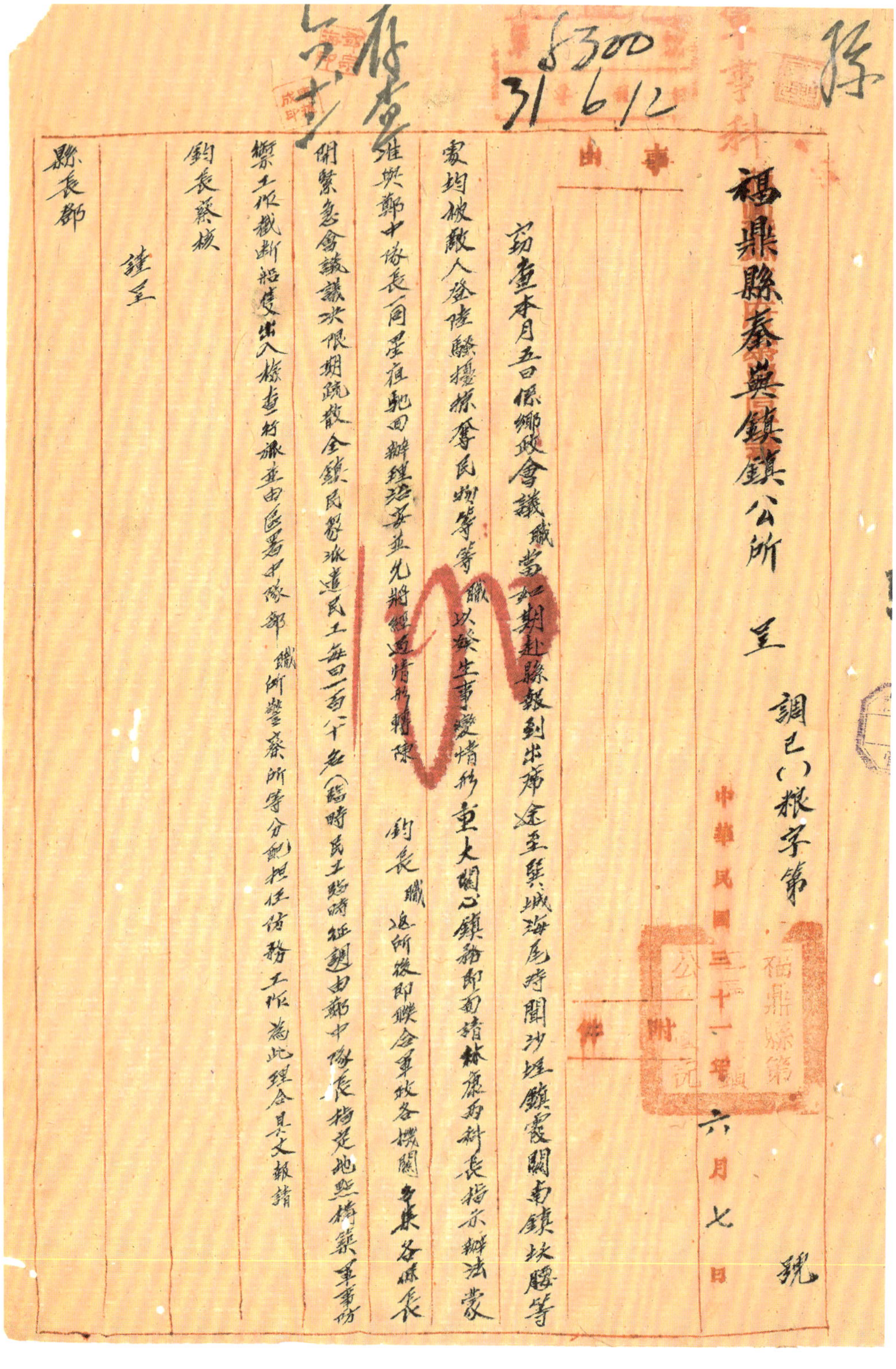

福鼎縣秦嶼鎮公所　呈　調巳（一）柩字第　號

事由

竊查本月五日保鄉政會議，職當如期赴縣報到，半途至冥城海尾時，聞沙埕鎮、霞關、南鎮、坑腰等處均被敵人登陸騷擾，掠奪民物等等。職以發生事變，情形重大，關心鎮務，即面請林康兩科長指示辦法，蒙准與鄉中隊長一同星夜馳回辦理善後，並先將經過情形轉陳鈞長。職返所後，即聯合軍政各機關首長、各保長開緊急會議，議決限期疏散全鎮民眾，派遣民工每日一百八十名（臨時民工臨時征調），由鄉中隊長指定地點構築軍事防禦工作，截斷船隻出入，檢查行旅，並由區署中隊部、職所、警察所等分別担任防務工作。為此理合具文報請

鈞長察核。

謹呈

縣長鄭

附件

中華民國三十一年六月七日

101

福鼎縣秦嶼鎮鎮公所鎮長陳蔚彦

福鼎县政府关于迅速前往南镇、沙埕等地协同善后并呈报我方及敌伪损失情形致该县秦屿区署、溪美镇公所、沙埕镇公所的训令（一九四二年六月七日）

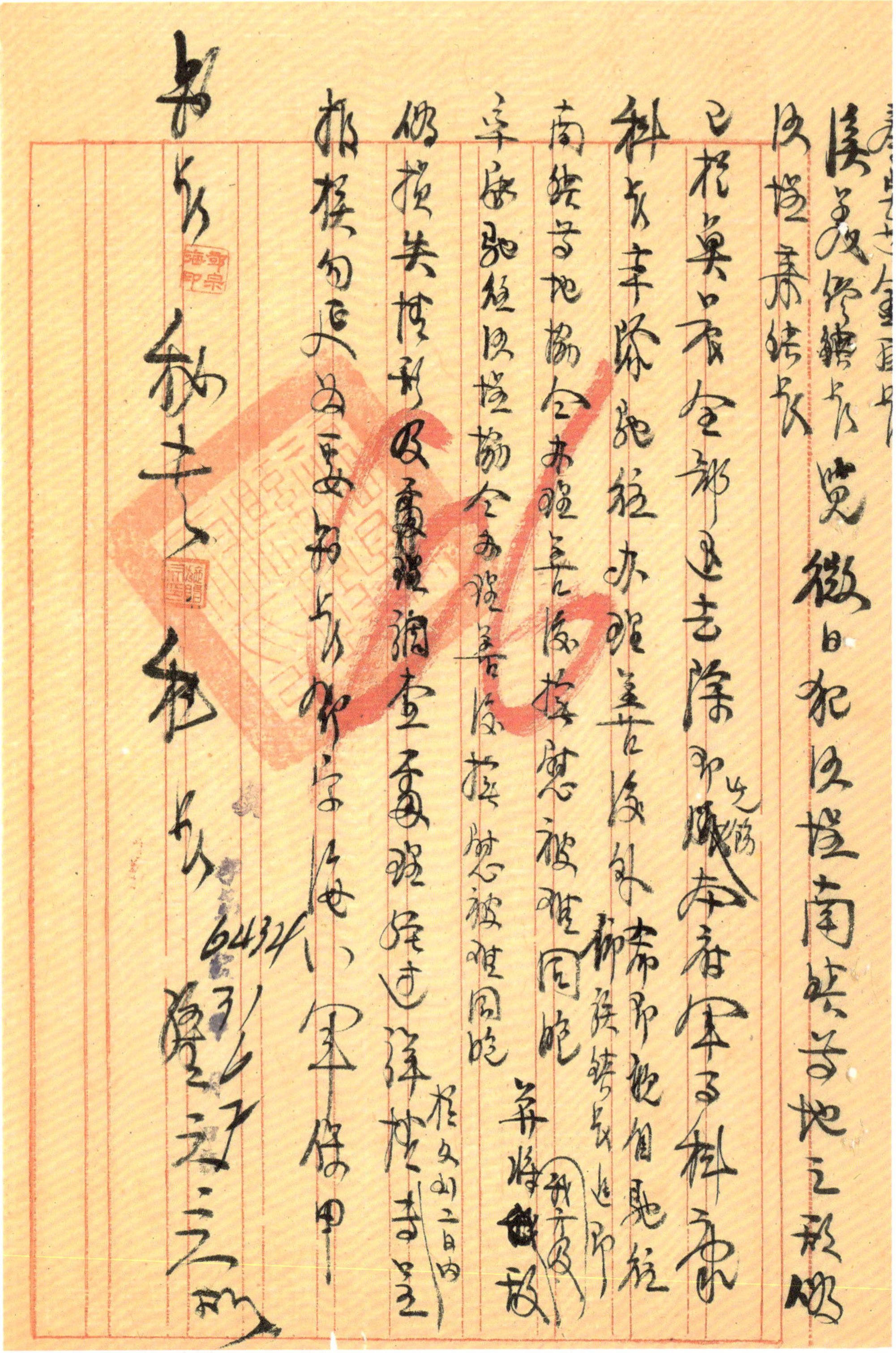

福鼎县政府关于督办善后及应注意办理之事项致该县自卫第三中队的训令（一九四二年六月七日）

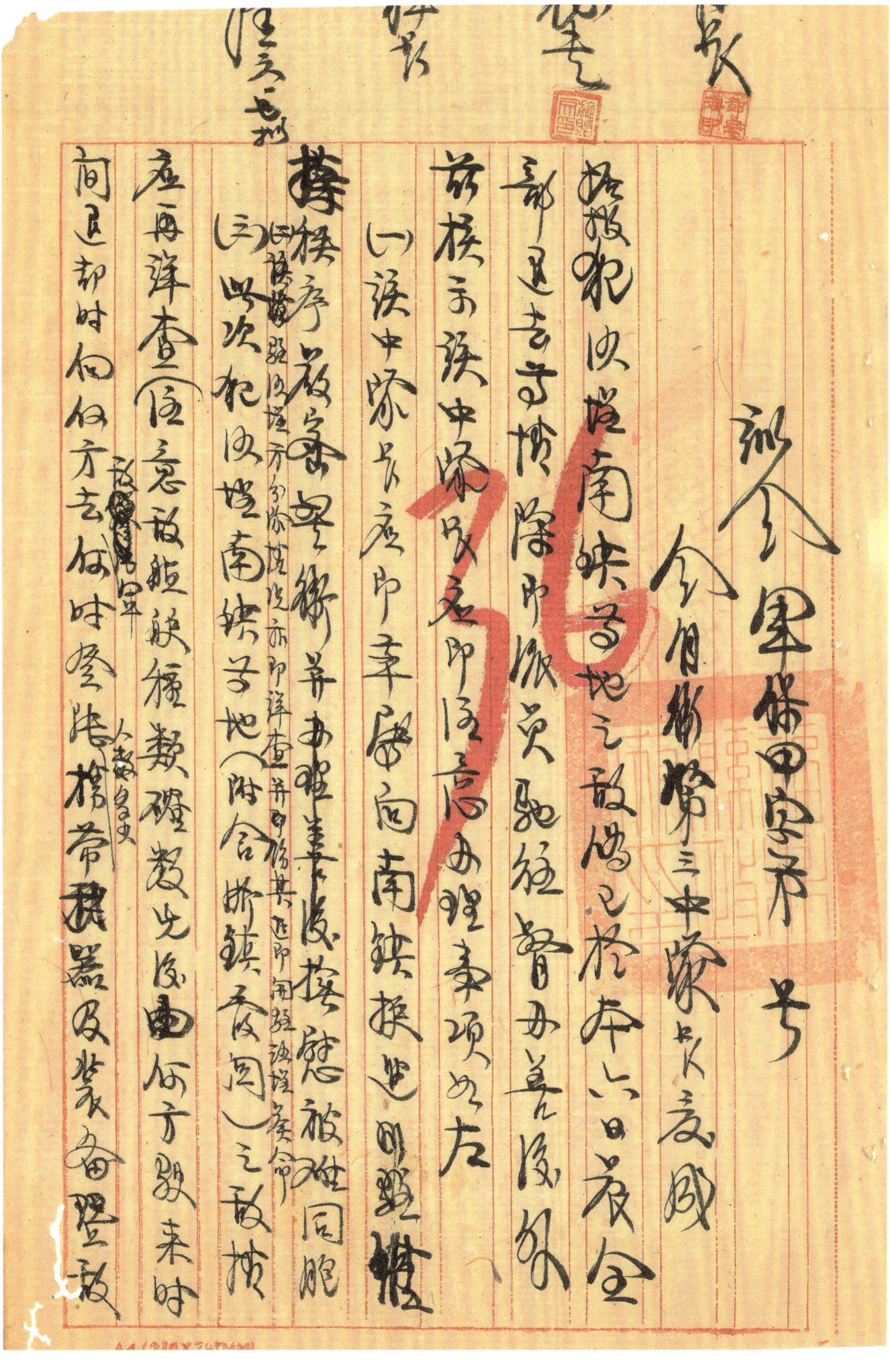

训令　军保田字第　号

令自卫第三中队长夏威

据报我收复南镇等地之敌，经已于本六日晨全部退去等情，除即派员驰往督办善后外，兹据示该中队长应即注意办理事项如左：

（一）该中队长应即率队向南镇推进，以资搜捕残敌，维持秩序，并办理善后，抚慰被难同胞。

（二）该镇被毁……

（三）此次我收复南镇等地（附合并图）之敌损，应再详查（注意敌舰艇数、船只数、登岸先后由何方驶来，时间，退却时向何方去，何时登陆，携带武器及装备……

炮番号、数，炮指挥姓名，并均应详查确列，不得含糊）（敌官兵伤亡、被俘俘虏数及详）

四、敌炮全部（左岸）登陆前及已登陆后当地有无汉奸向导之活动，当地民众有无被胁参加敌军行动、发火打劫（应将姓名住址详查列报），应即以严密查缉解存讯办。

五、沿海陆军机炮损失及我军士兵有无伤亡、民众伤亡、物资损失（民房、机关、学校被敌焚毁）损失均应详查列报（伤亡士兵民众应分列姓名）仰急核。

以上四点仰即中密遵照办理，限于文到二日内呈

詳覈案並擬核切勿延誤為要

此令

吳[illegible]

38

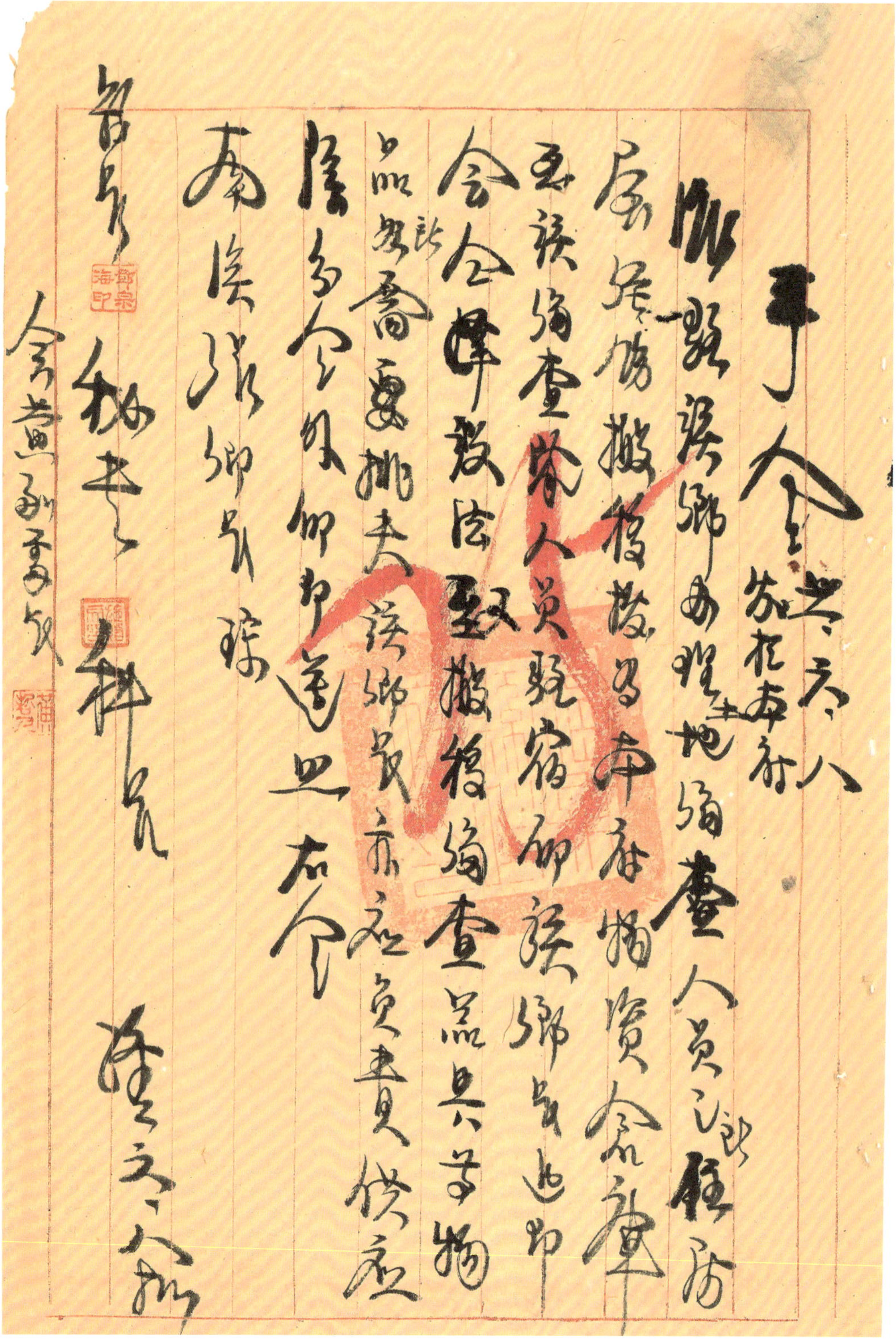

福鼎县政府关于派驻南溪乡办理土地编查人员之住房转为县政府物资仓库并协助搬移等致该县南溪乡乡长的手令（一九四二年六月八日）

福鼎县政府关于全部员役立即移驻南溪乡公所及原房屋拨作县政府疏散物资仓库致该县编查队第四分队长的命令（一九四二年六月八日）

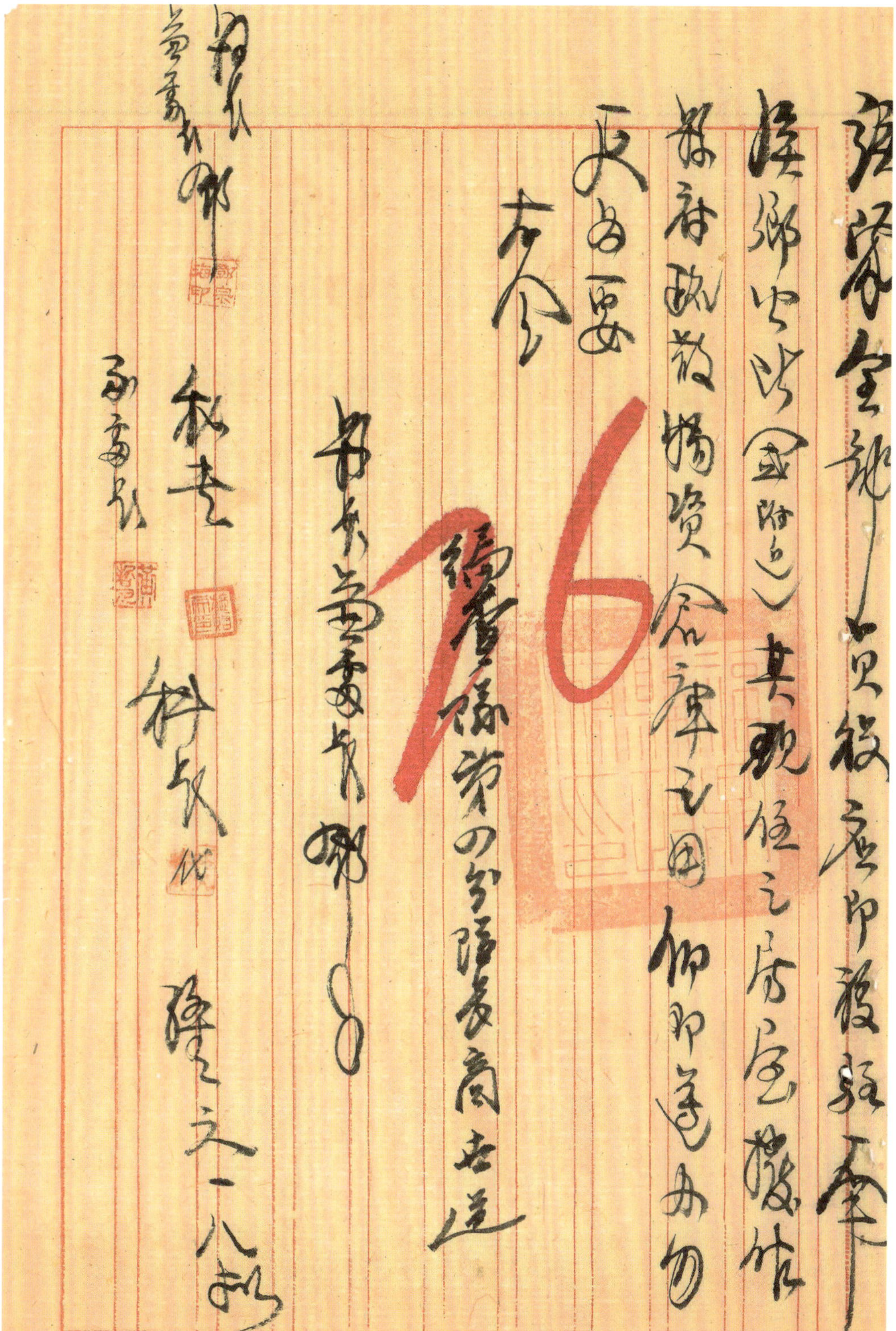

福鼎县政府军事科科长康捷成关于南镇发现敌舰艇情况致该县县长的报告（一九四二年六月八日）

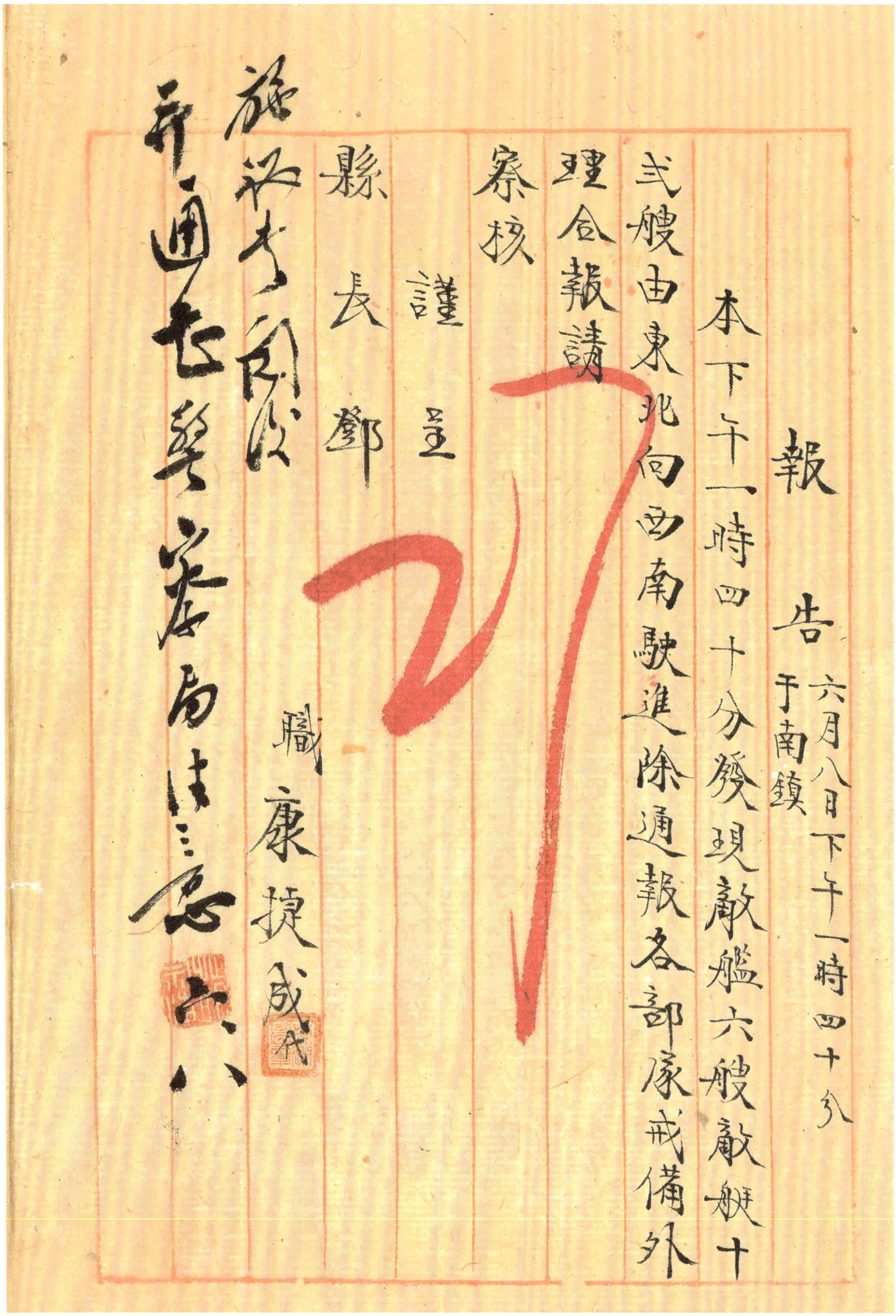

報告 六月八日下午一時四十分 于南鎮

本下午一時四十分發現敵艦六艘敵艇十弍艘由東北向西南駛進除通報各部隊戒備外理合報請

察核

謹呈

縣長鄧

職康捷成

福鼎县政府关于侵犯沙埕、南镇等地敌伪已全部退去及沿海未发现敌情等致福建省政府、福建省第一区保安司令部等的密电（一九四二年六月八日）

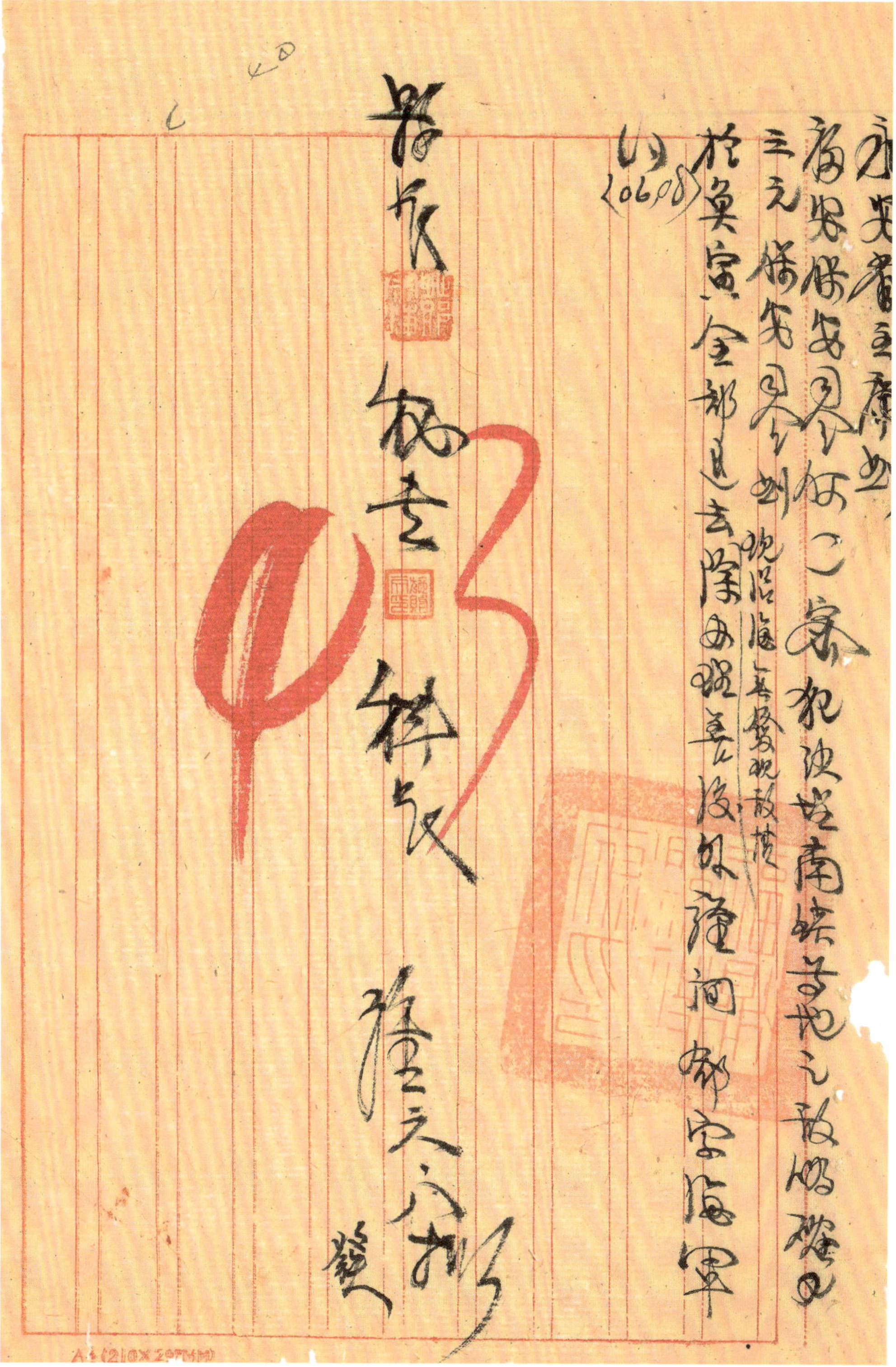

福鼎县第一区佳阳乡乡长林清碧关于驻沙埕自卫队撤退情形及分队长方仲连下落等情致该县县长的报告（一九四二年六月八日）

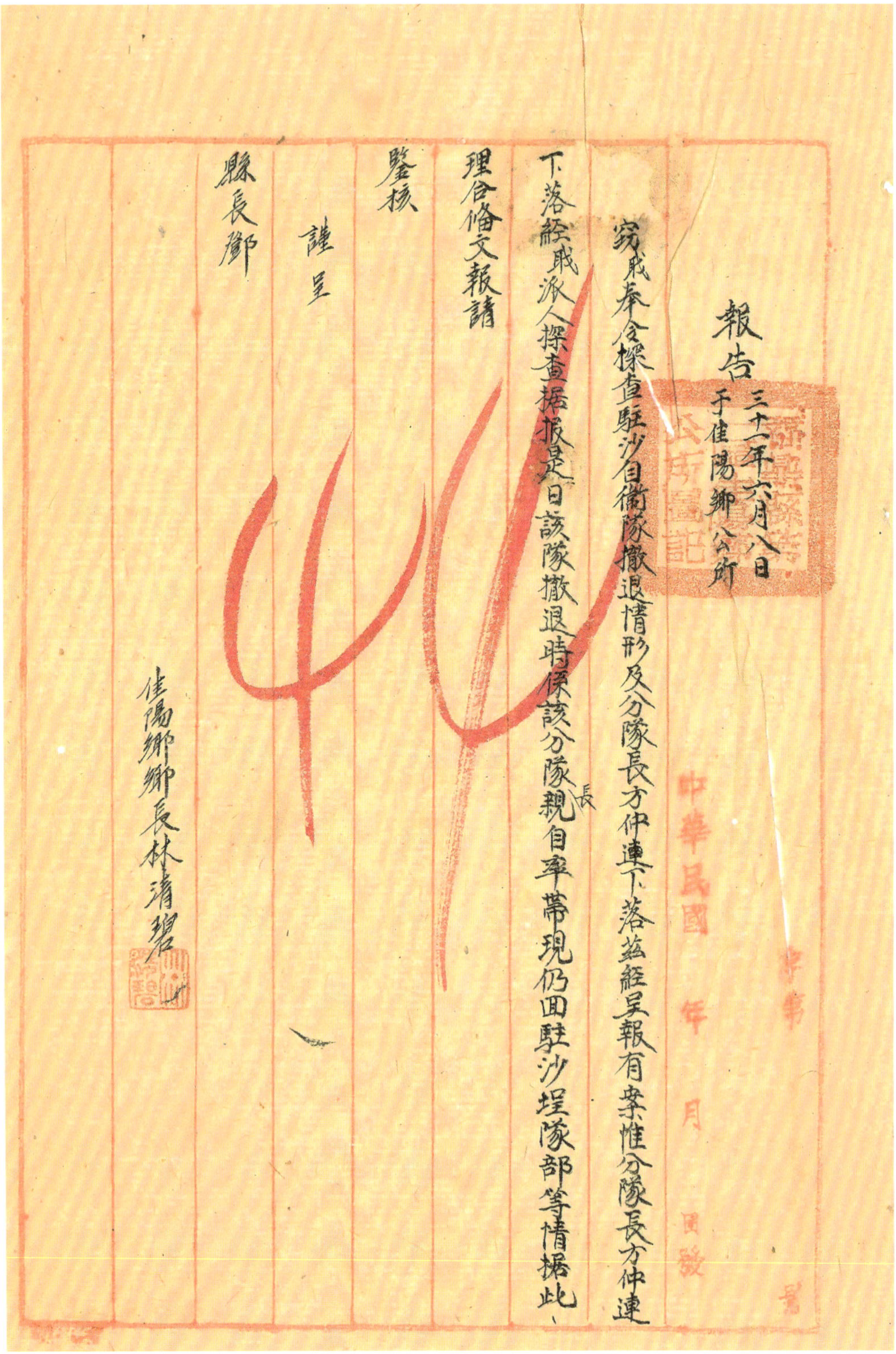

報告 三十一年六月八日 于佳陽鄉公所

竊職奉令探查駐沙自衛隊撤退情形及分隊長方仲連下落茲經呈報有案惟分隊長方仲連下落經職派人探查據報是日該隊撤退時係該分隊長親自率帶現仍回駐沙埕隊部等情據此、理合備文報請

鑒核

謹呈

縣長鄭

佳陽鄉鄉長林清碧

中華民國　年　月　日發　字第　號

福鼎县第一区沙埕镇镇长关于善后工作要点及自卫队收缴镇公所枪械处理情形致该县县长的公函
（一九四二年六月八日）

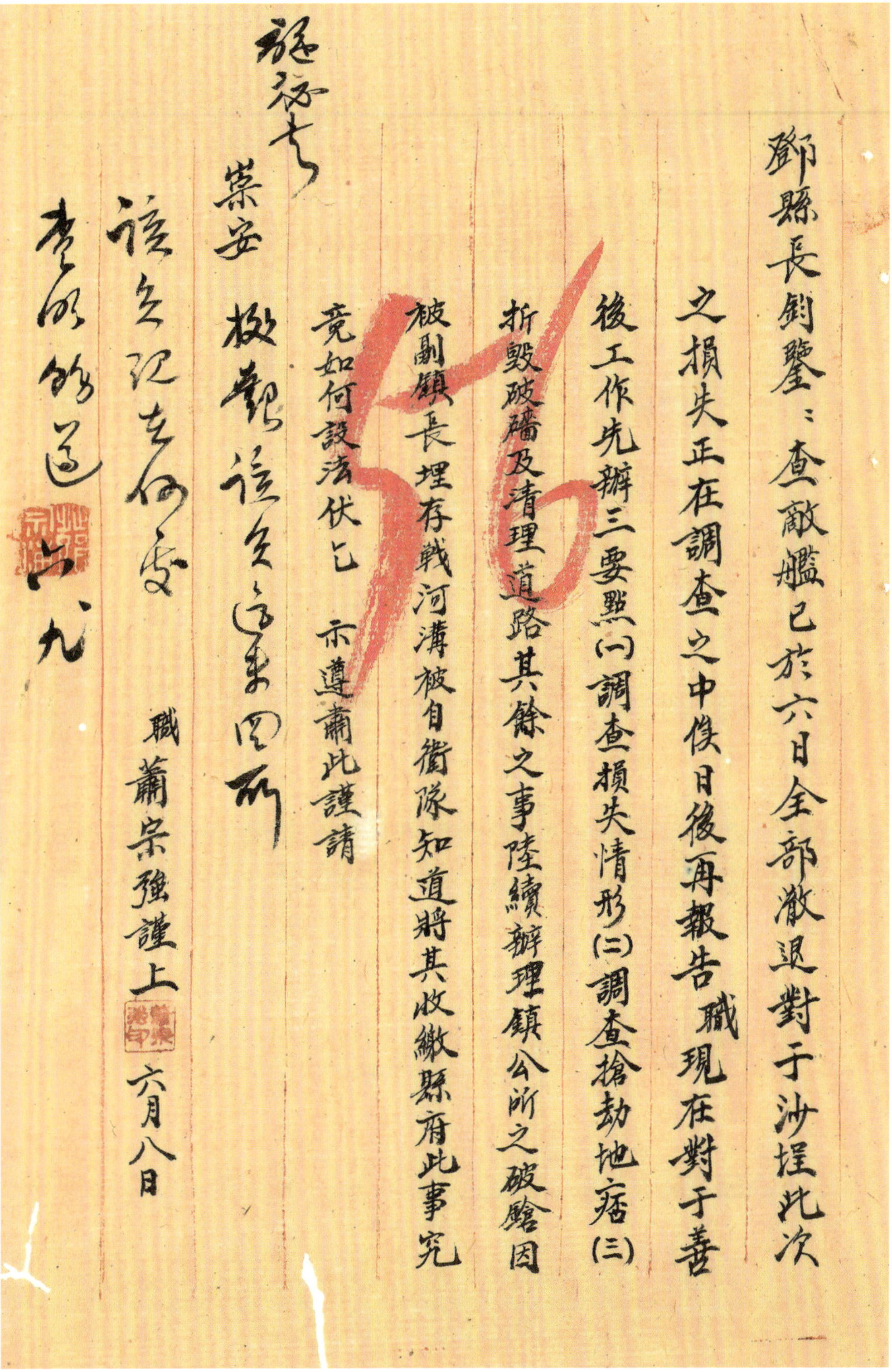

鄧縣長鈞鑒：查敵艦已於六日全部撤退對于沙埕此次之損失正在調查之中俟日後再報告職現在對于善後工作先辦三要點㈠調查損失情形㈡調查搶劫地痞㈢折毀破礌及清理道路其餘之事陸續辦理鎮公所之破槍因被副鎮長埋存戰河溝被自衛隊知道將其收繳縣府此事究竟如何設法伏乞　示遵肅此謹請

崇安

職蕭宗強謹上

六月八日

福鼎县自卫第二中队关于敌舰停泊本港海面行踪不明似有企图致该县县长的报告（一九四二年六月八日）

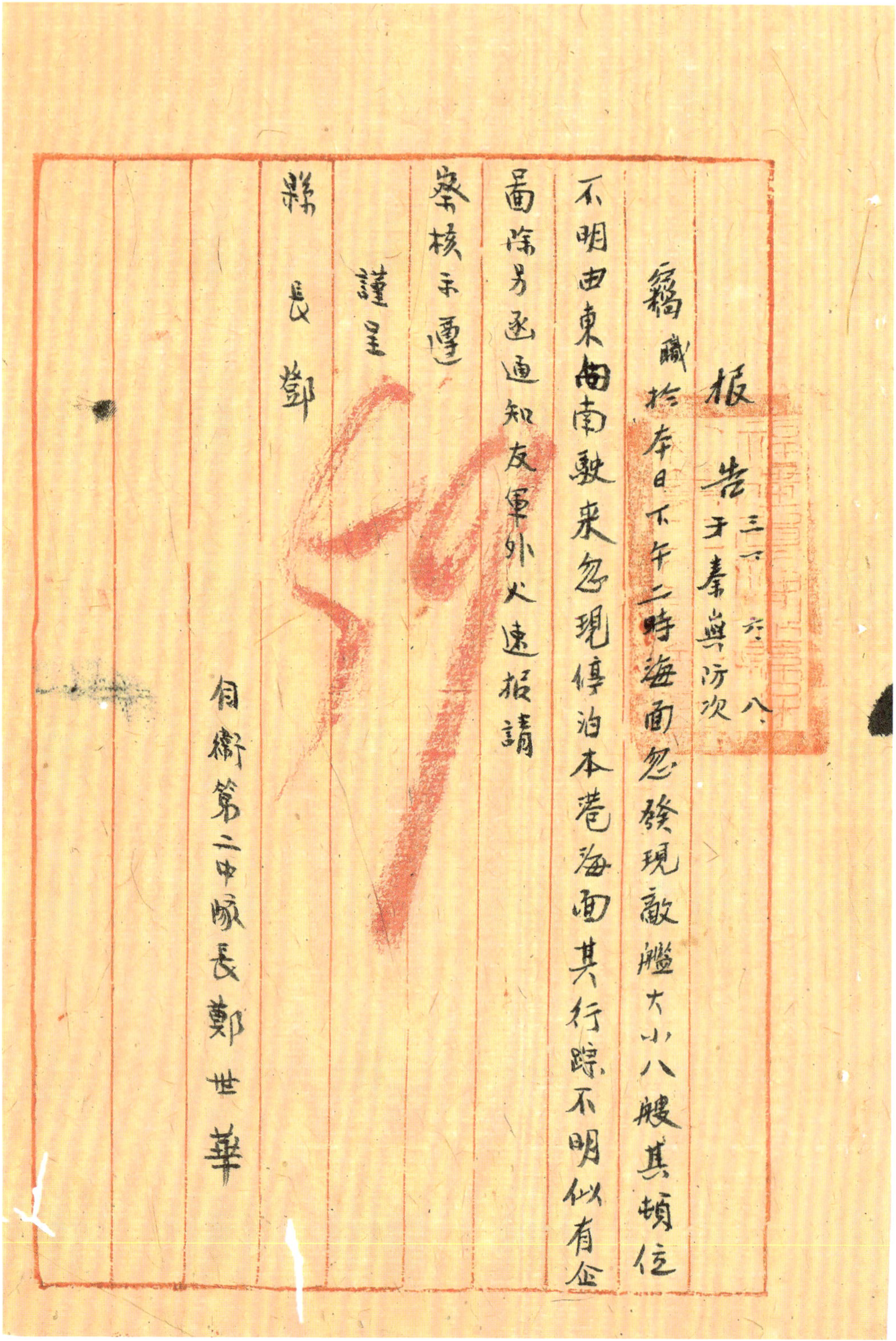
報告 三一 六 八
于秦嶼防次
竊職於本日下午二時海面忽發現敵艦大小八艘其頃位不明由東南駛來忽現停泊本港海面其行踪不明似有企圖除另函通知友軍外火速报請
鑒核示遵
謹呈
縣長鄭
自衛第二中隊長鄭世華

福鼎县政府军事科科长关于六月五日敌舰侵扰沙埕、南镇及驻军回防沙埕等情致该县县长的报告

（一九四二年六月八日）

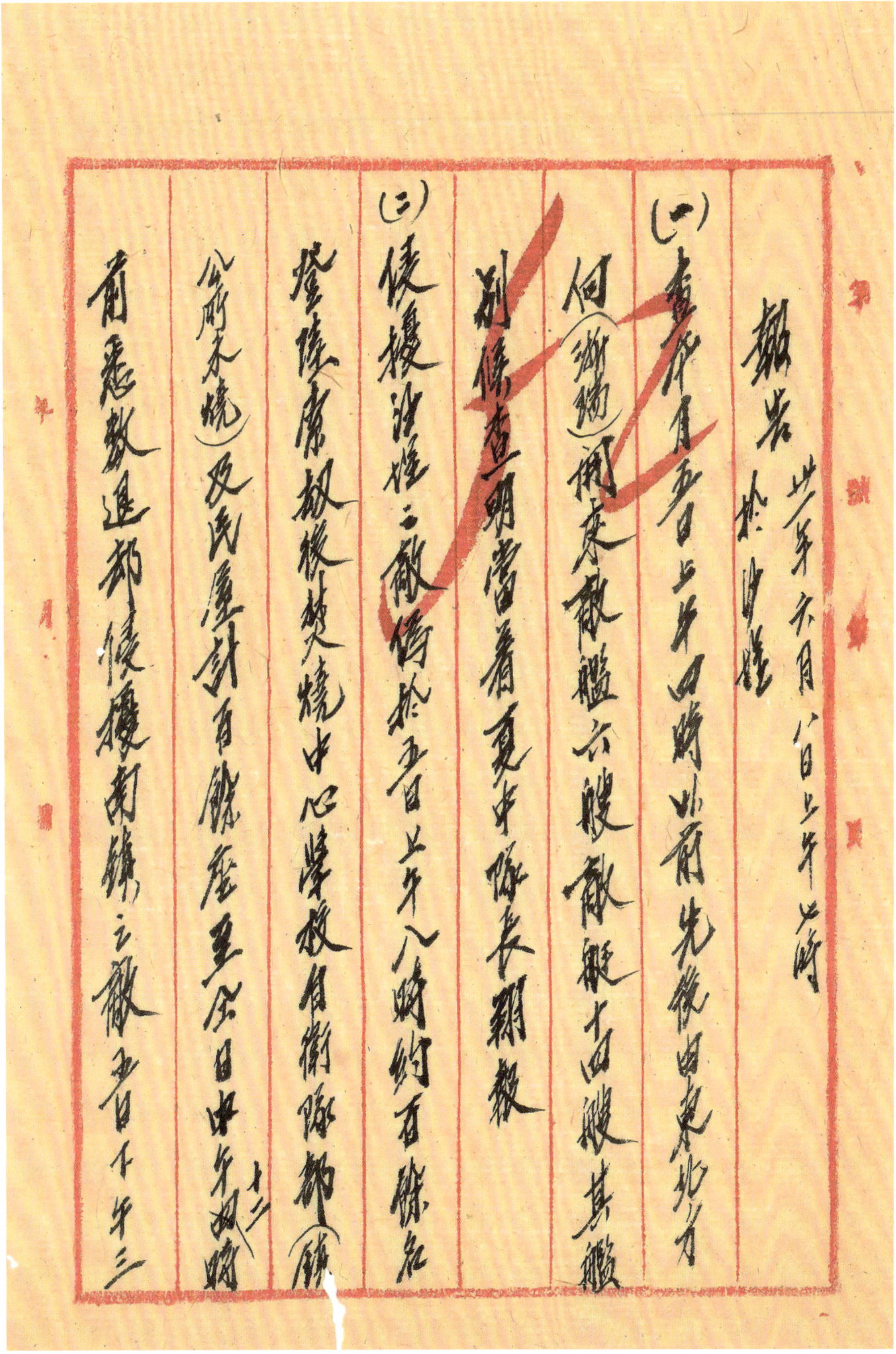
報告　於沙埕　卅一年六月八日上午七時

（一）查本月五日上午四時以前先後由東北方向（浙閩）洋面敵艦六艘、敵艇十四艘，其艦別係查明當着夏中隊長翔毅

（二）侵擾沙埕之敵係於五日上午八時約百餘名登陸，擄掠後焚燒中心學校、自衛隊部（鎮公所未燒）及民屋計百餘座，至六日中午十二時前悉數退卻，侵擾南鎮之敵五日下午三

时登陆，六时退却。至此次地方损失情形，候查明当着乡队长、镇公所详报。

（三）停泊沙埕港内外敌舰艇，确于六日拂晓悉数向东北驶去。

（四）驻南镇夏战中队、驻沙埕方伟连分队，于敌退却后，均经返防，办理清扫战场、查缉奸伪。至此次战斗经过，候查明当着夏中队长详报。

（五）蕭鎮長及所屬職員迄今未歸回地方

善後亟待辦理，無從接洽，懇乞嚴飭歸回

等情

右報告

縣長劉

職康捷成

飭知縣長閱[illegible]六八

福鼎县政府秦屿区署关于敌舰游弋外海已令疏散民众物资等情致该县县长的紧急报告

（一九四二年六月八日）

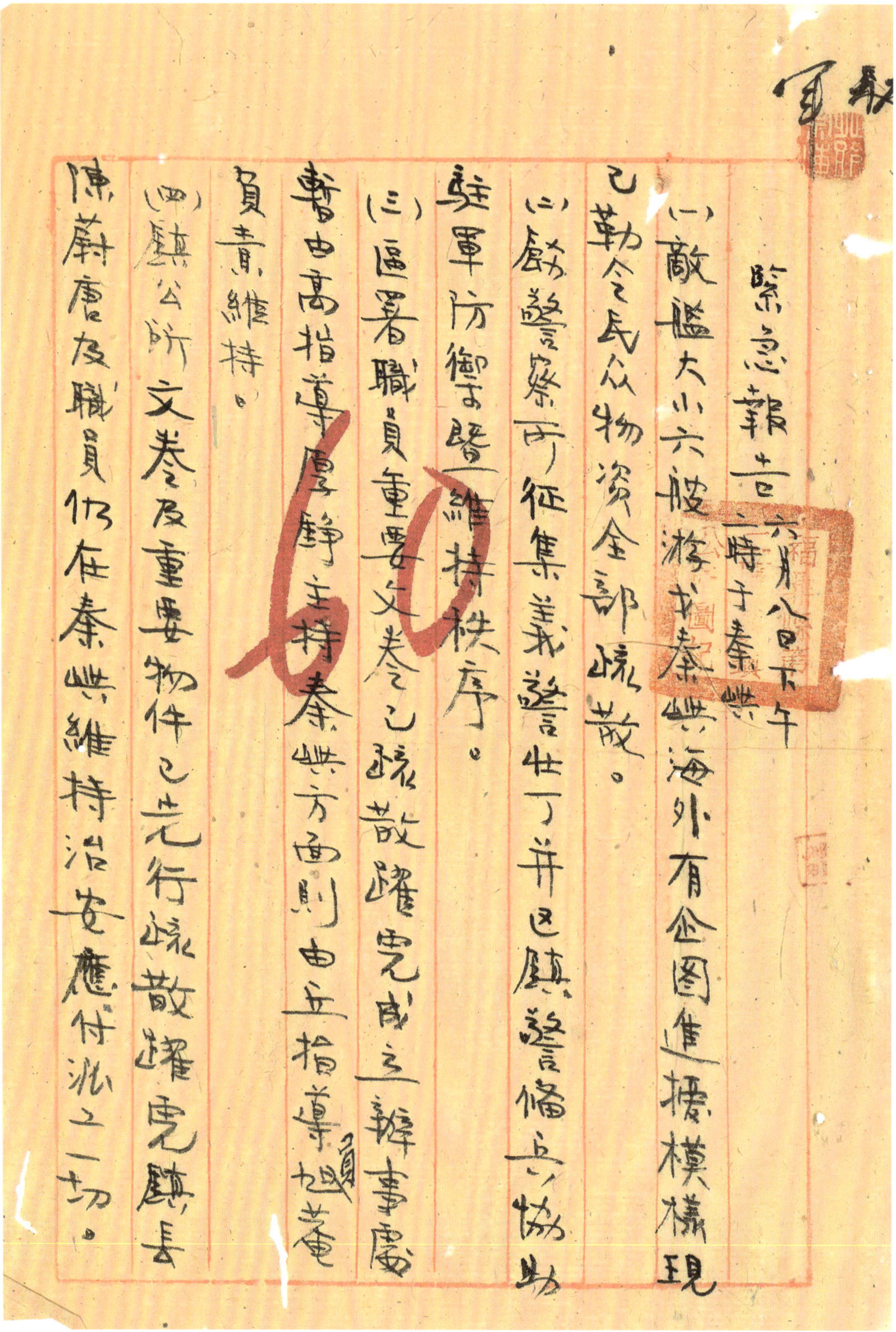
緊急報告 六月八日下午一時于秦嶼
（一）敵艦大小六艘游弋秦嶼海外，有企圖進擾模樣，現已勒令民众物資全部疏散。
（二）飭警察所征集義警壯丁并區鎮警備隊協助駐軍防禦暨維持秩序。
（三）區署職員重要文卷已疏散躍完，成立辦事處暫由高指導員靜主持，秦嶼方面則由丘指導員地菴負責維持。
（四）鎮公所文卷及重要物件已先行疏散躍完，鎮長陳蔚唐及職員仍在秦嶼維持治安，應付[illegible]之一切。

中華民國　年　月　日發　字第　號

事由

右呈

縣長鄧

61

秦嶼區署區長金子華代

鎮長陳蔚唐

擬轉各閱知　六、九

存科存

福鼎县政府关于迅速率领所属员工恢复办公并报核致该县沙埕镇镇长的代电（一九四二年六月九日）

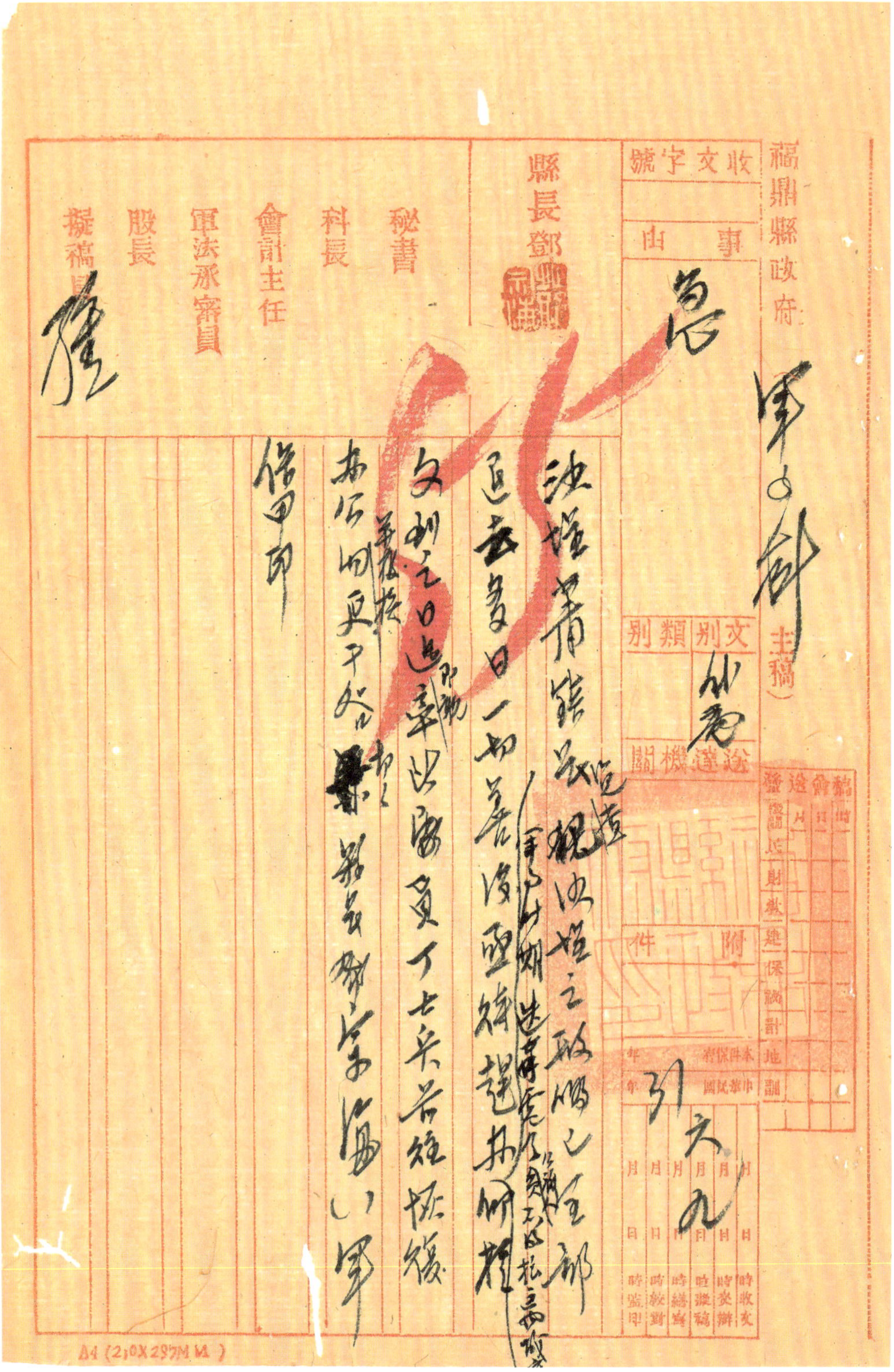

福鼎县政府关于敌舰停泊秦屿海面企图不明应立即指派人员随时侦查专门报告致该县巽城乡公所的命令（一九四二年六月九日）

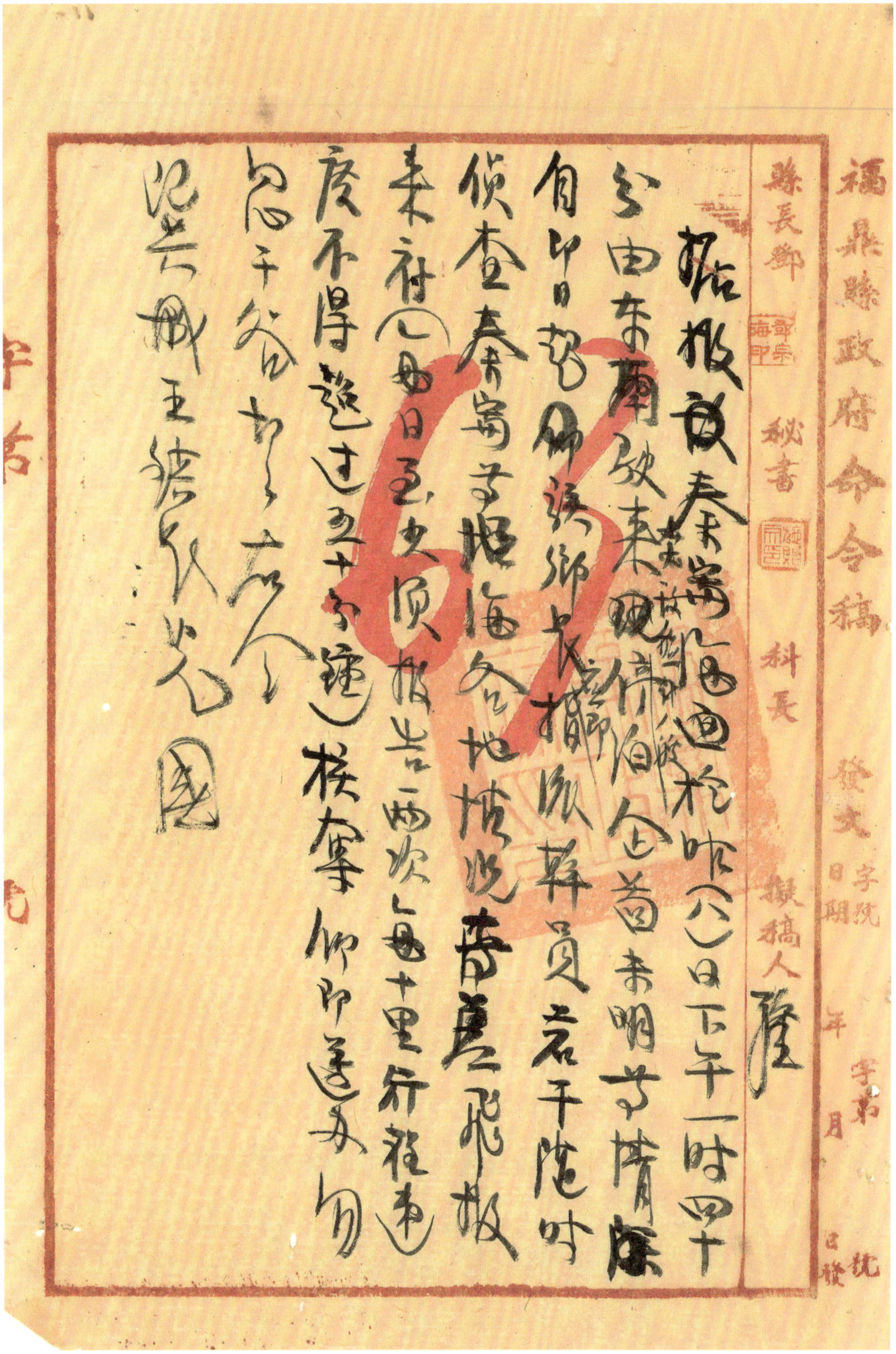
福鼎縣政府命令稿

縣長 鄧

秘書

科長

擬稿人

發文 字號

日期 年 月 日發

據報敵秦嶼海面於昨（八）日下午一時四十分由東南駛來砲艦一艘停泊[illegible]當未明其情[illegible]合亟令仰該鄉長指派幹員若干隨時偵查秦嶼等處海面地情況專差飛報來府（以每日至少須報告一兩次每十里行程速度不得遲過五十分鐘）核奪仰即遵辦勿忽干咎切切此令

巽城鄉王鄉長德光

福鼎县政府关于秦屿海面之敌舰已向南驶离致福建省政府、福建省第一区保安司令部等的电报

（一九四二年六月九日）

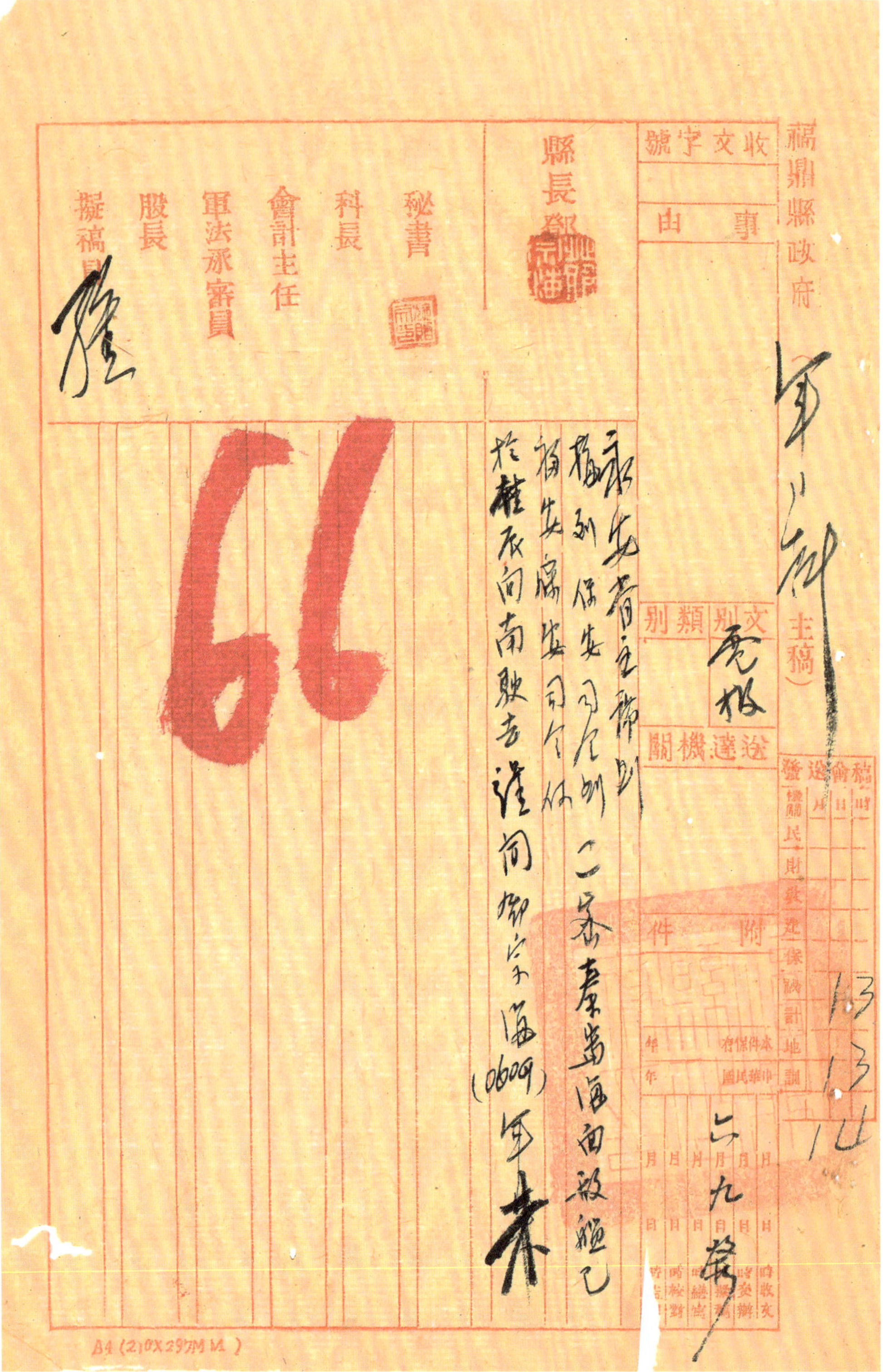
福鼎縣政府
收文字號
事由
文別 電報
類別
主稿
送達機關
附件
縣長
秘書
科長
會計主任
軍法承審員
股長
擬稿員

永安省主席劉
福州保安司令劉
福安區保安司令鈞：（二）密。秦嶼海面敵艦已
於本晨向南駛去，謹聞。福鼎縣……（0609）印

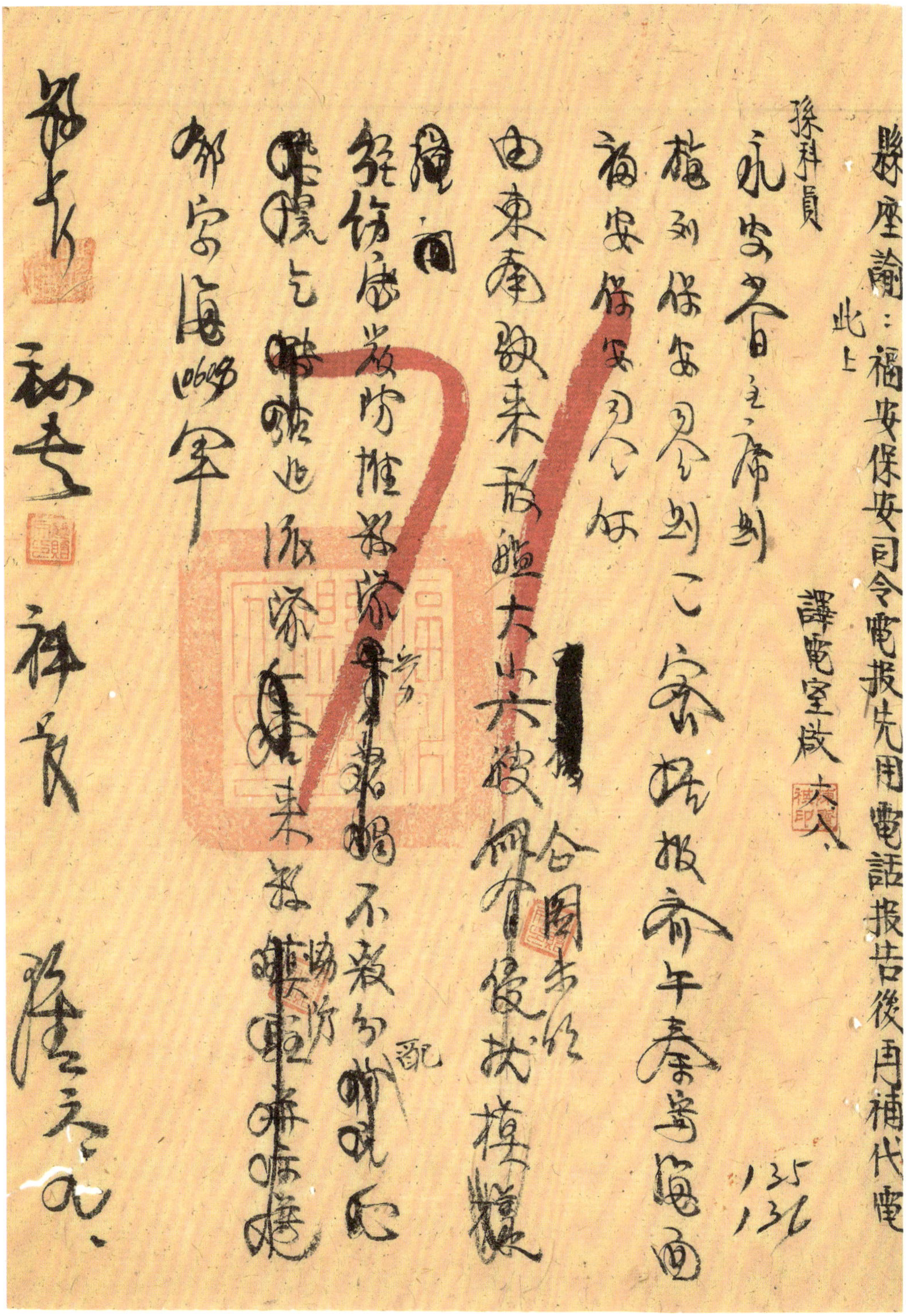

福鼎县政府关于县队兵力不足请求迅速派队协防致福建省政府、福建省第一区保安司令部等的密电（一九四二年六月九日）

福鼎县政府关于敌舰进犯县队兵力不足请求迅速派队协防致福建省第一区行政督察专员兼保安司令公署的代电（一九四二年六月九日）

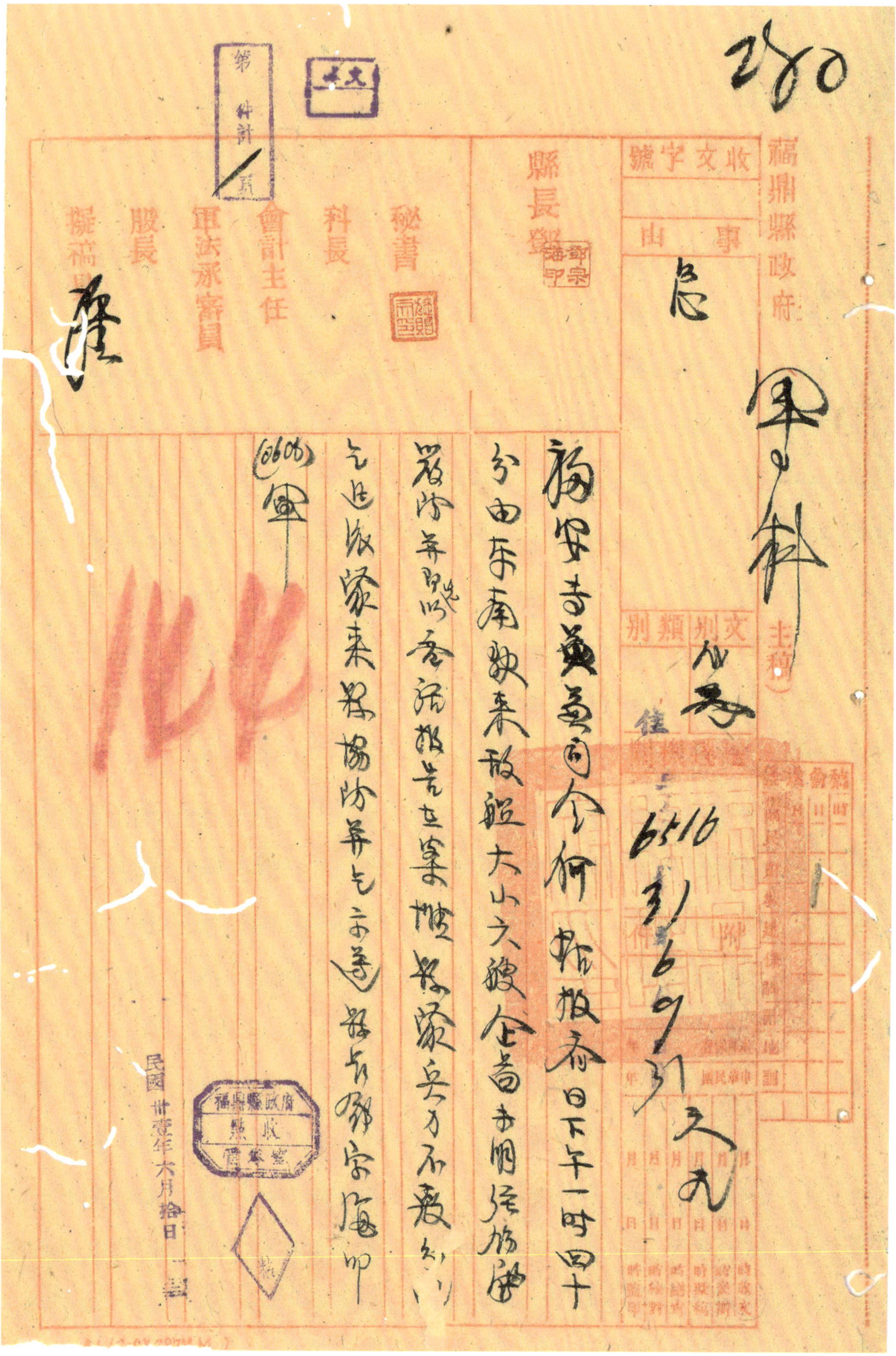

福鼎县自卫第二中队长郑世华关于敌舰停泊七星嵛山附近及秦屿人员已疏散等情致该县县长的报告

（一九四二年六月九日）

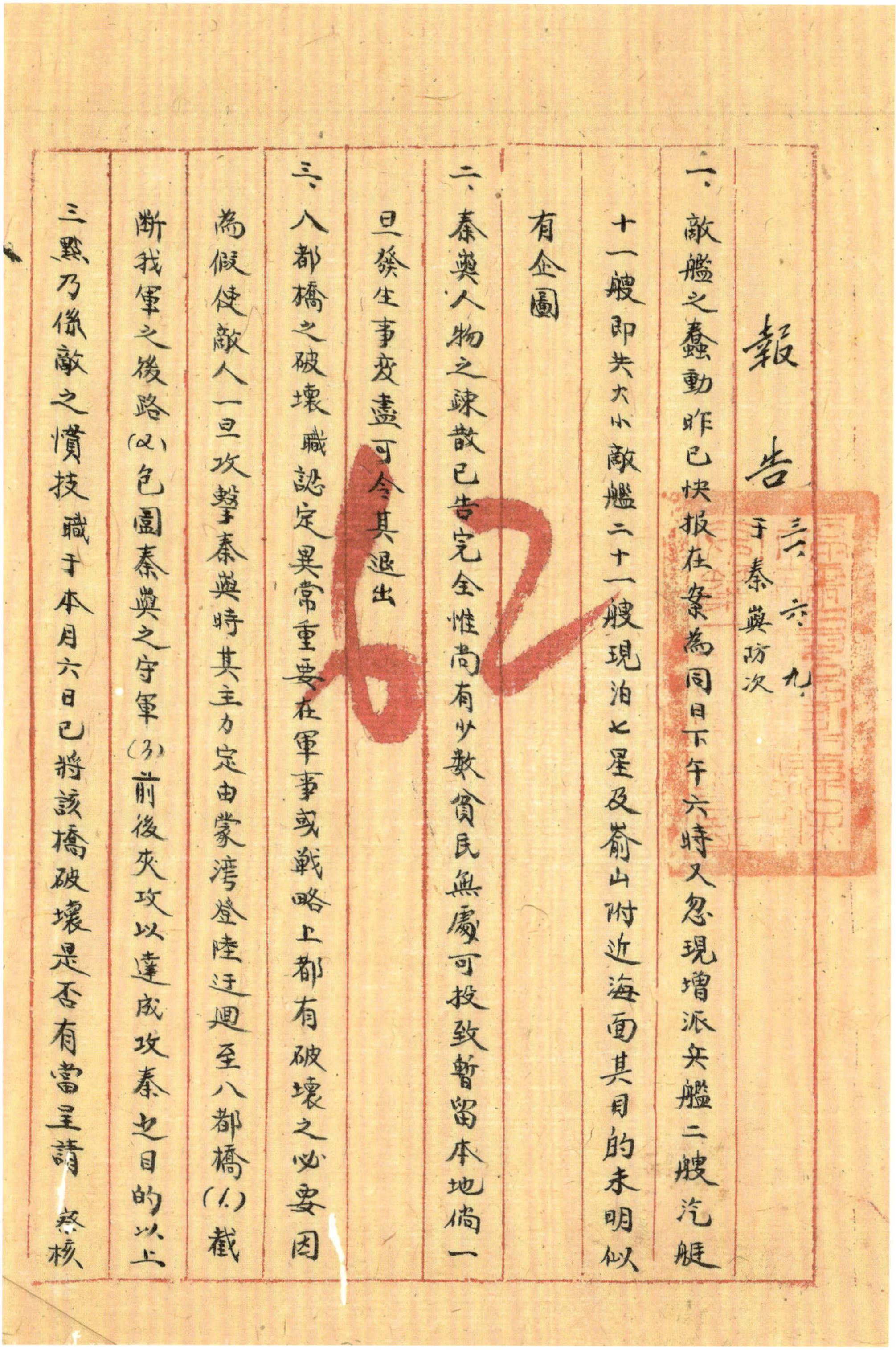

報告

三一、六、九 于秦嶼防次

一、敵艦之蠢動昨已快报在案為同日下午六時又忽現增派兵艦二艘汽艇十一艘即共大小敵艦二十一艘現泊七星及嵛山附近海面其目的未明似有企圖

二、秦嶼人物之疎散已告完全惟尚有少數貧民無處可投致暫留本地倘一旦發生事变盡可令其退出

三、八都橋之破壞職認定異常重要在軍事或戰略上都有破壞之必要因為假使敵人一旦攻擊秦嶼時其主力定由蒙湾登陸迂迴至八都橋(1)截斷我軍之後路(2)包圍秦嶼之守軍(3)前後夾攻以達成攻秦之目的以上三點乃係敵之慣技職于本月六日已將該橋破壞是否有當呈請 鑒核

四、職服務情報組組員密約名號「先聲」請

察核備案

謹呈

縣長鄭

自衛第二中隊長鄭世華

福鼎县第一区前岐镇公所关于增编警备班兵额情形及请核发枪弹维持治安致该县县长的呈（一九四二年六月九日）

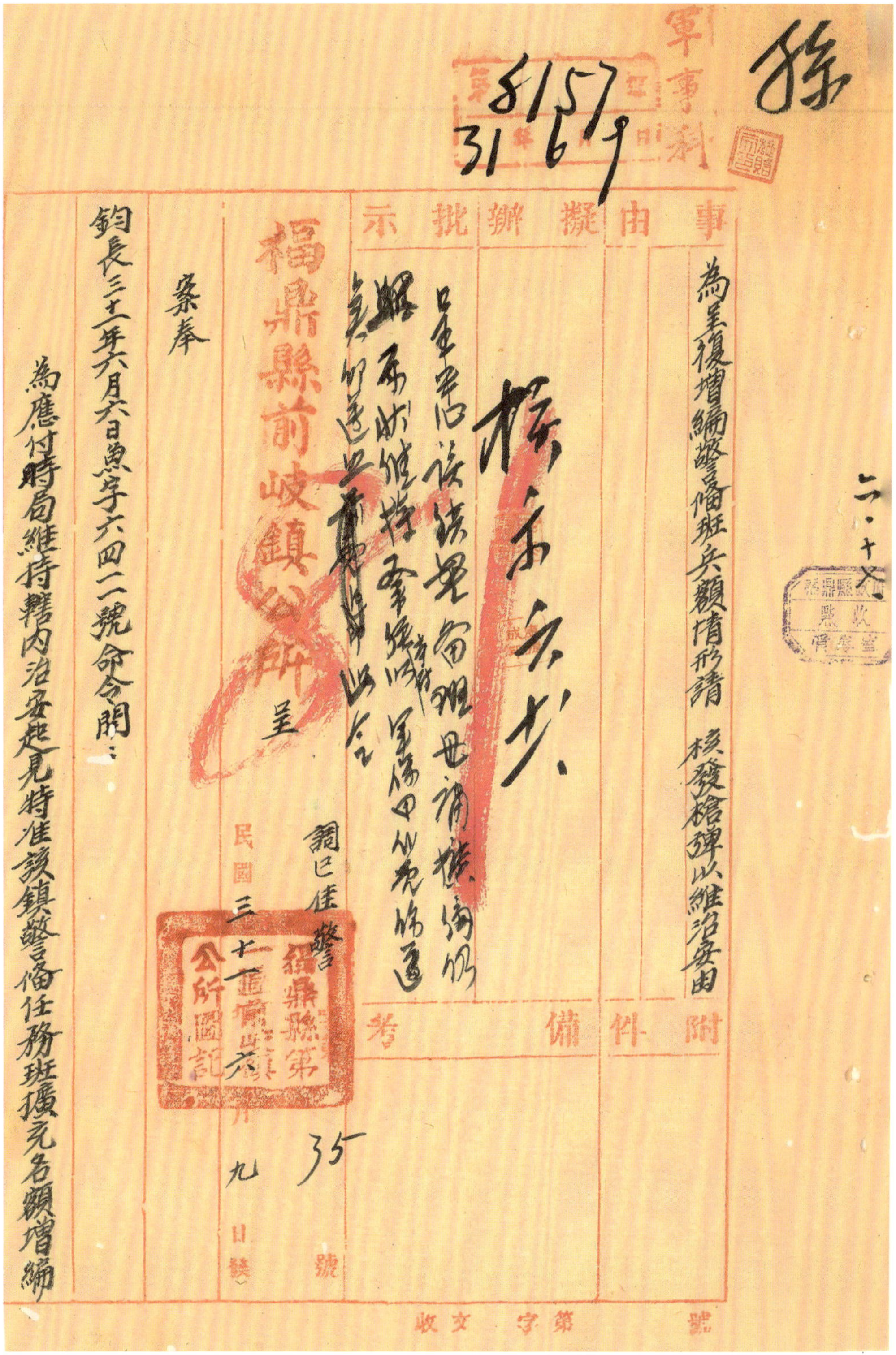
事由：為呈復增編警備班兵額情形請 核發槍彈以維治安由

擬辦

批示

附件

備考

福鼎縣前岐鎮公所 呈

民國三十一年六月九日發

字第 號

案奉

鈞長三十一年六月六日建字六四二一號命令開：

為應付時局維持轄內治安起見特准該鎮警備任務班擴充名額增編

收文 字第 號

福鼎县政府关于敌舰艇如无直接企图准予每日报告一次致该县自卫第一中队、第五中队的代电（一九四二年十月七日）

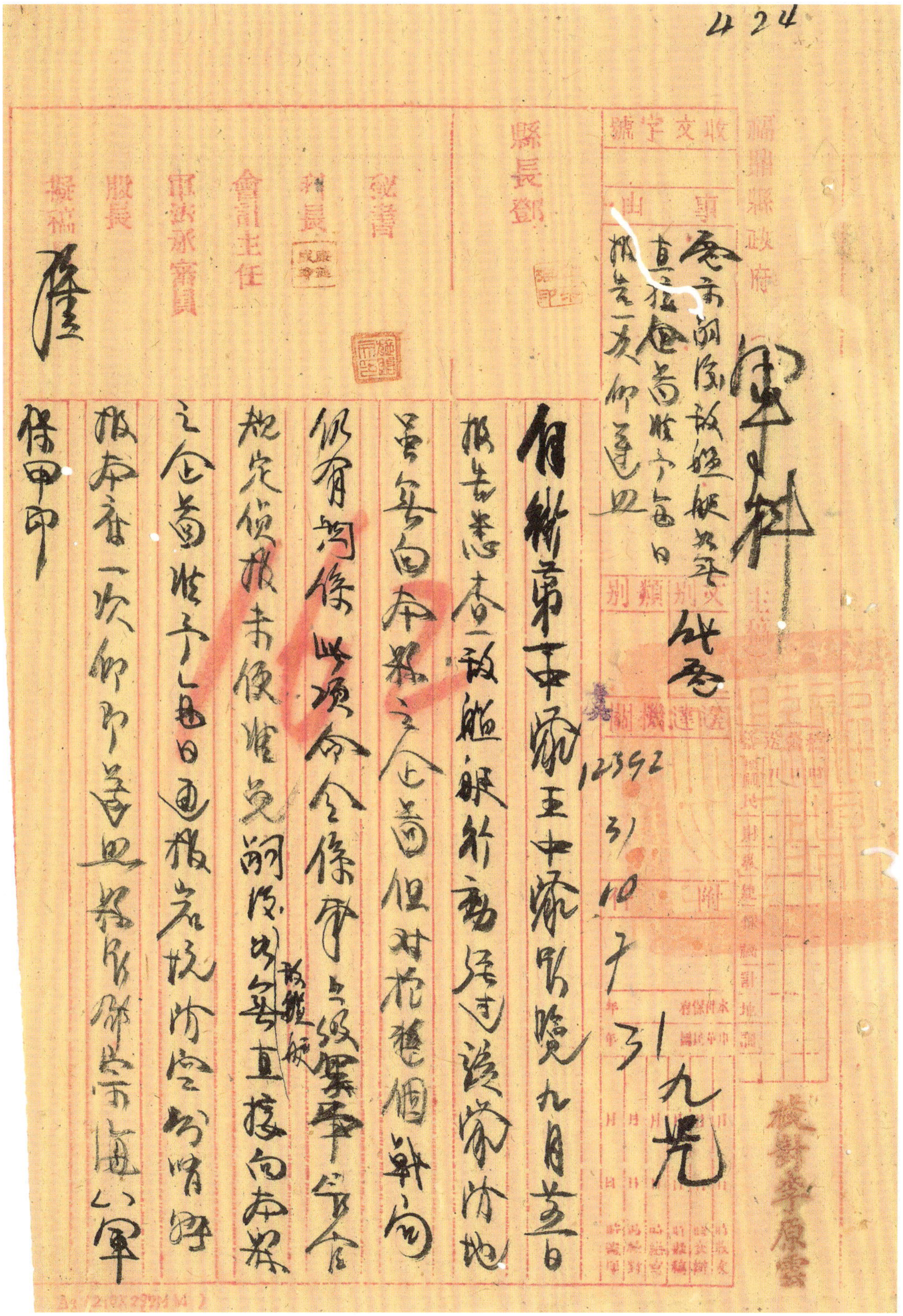

福建省政府关于查报敌进犯沙埕情形致福鼎县县长的快邮代电（一九四二年十月二十九日收）

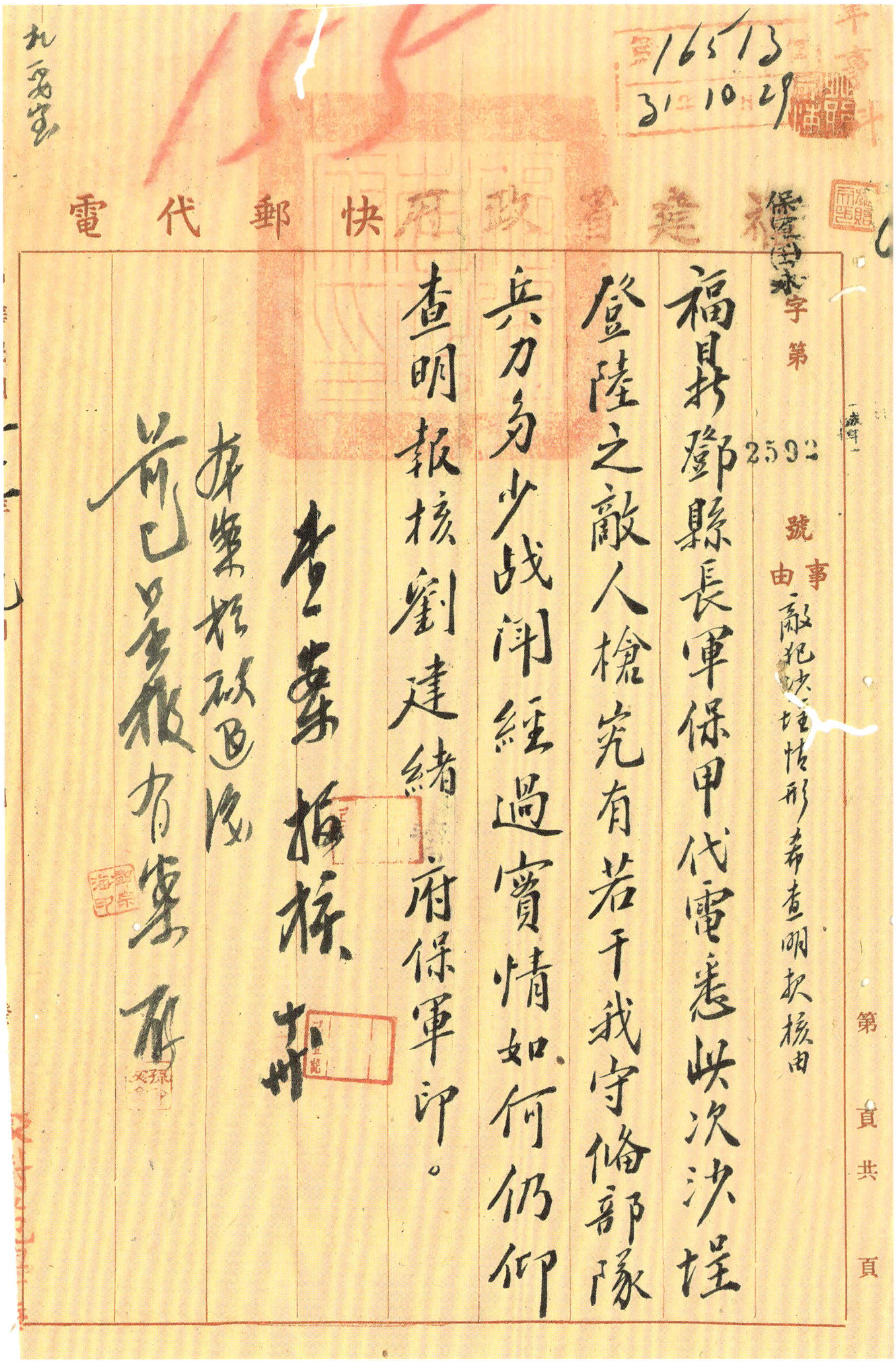

福建省政府快郵代電

保軍字第2592號

事由：敵犯沙埕情形希查明報核由

福鼎縣長軍保甲代電悉。此次沙埕登陸之敵人槍究有若干，我守備部隊兵力多少，戰鬥經過實情如何，仍仰查明報核。劉建緒　府保軍印。

福鼎县自卫第一中队关于嵛山匪伪劫掠民船等情致该县县长的报告（一九四二年十一月二十八日）

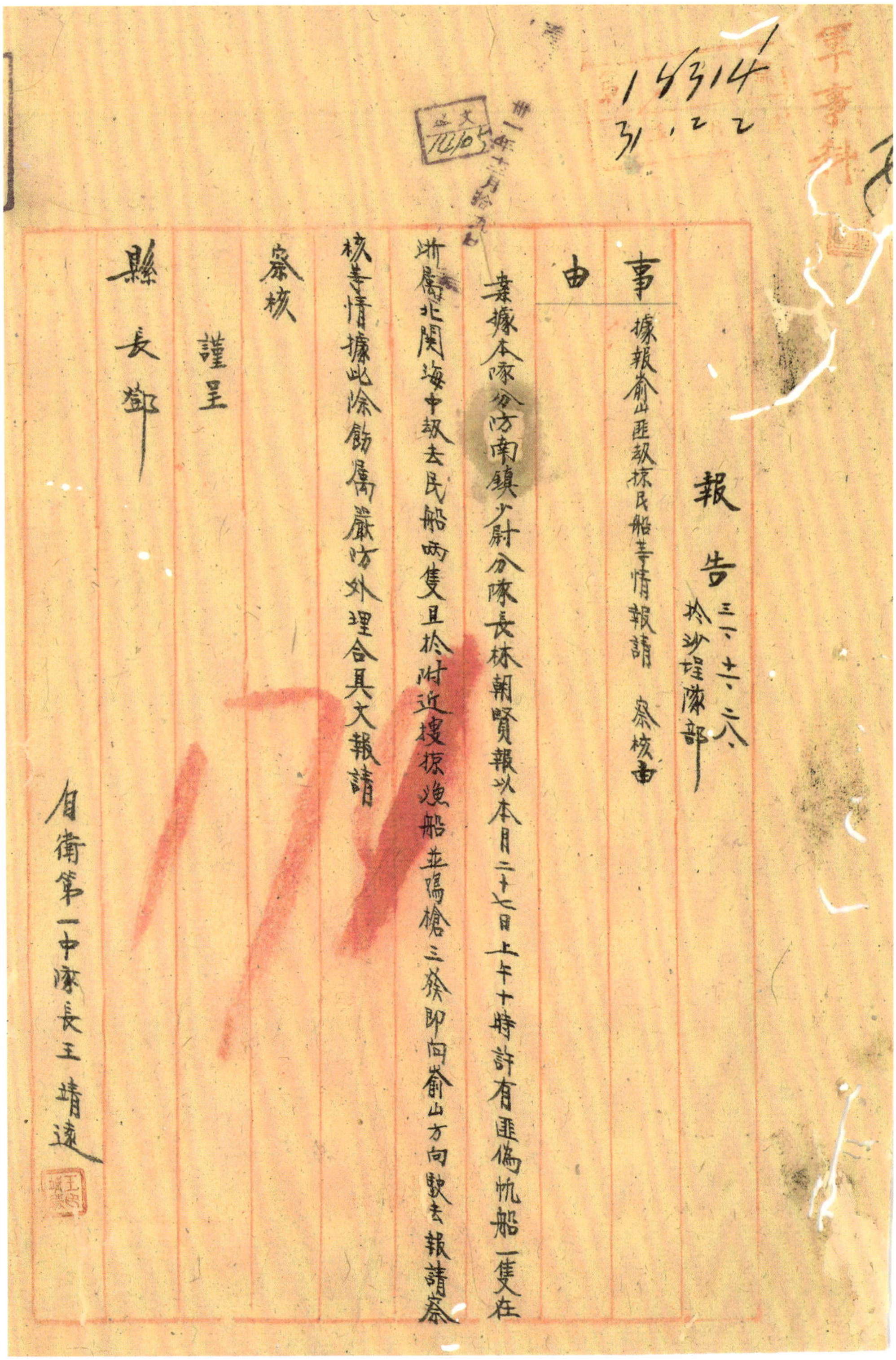

報告 三一、十一、二八 於沙埕隊部

事由：據報嵛山匪劫掠民船等情報請 察核由

案據本隊分防南鎮少尉分隊長林朝賢報以本月二十七日上午十時許有匪偽帆船一隻在浙屬北関海中劫去民船兩隻且於附近擄掠漁船並鳴槍三發即向嵛山方向駛去報請察核等情據此除飭屬嚴防外理合具文報請

察核

謹呈

縣長鄭

自衛第一中隊長王靖遠

福鼎县自卫第一中队关于嵛山匪船劫夺渔民渔网等情致该县县长的报告（一九四二年十一月二十八日）

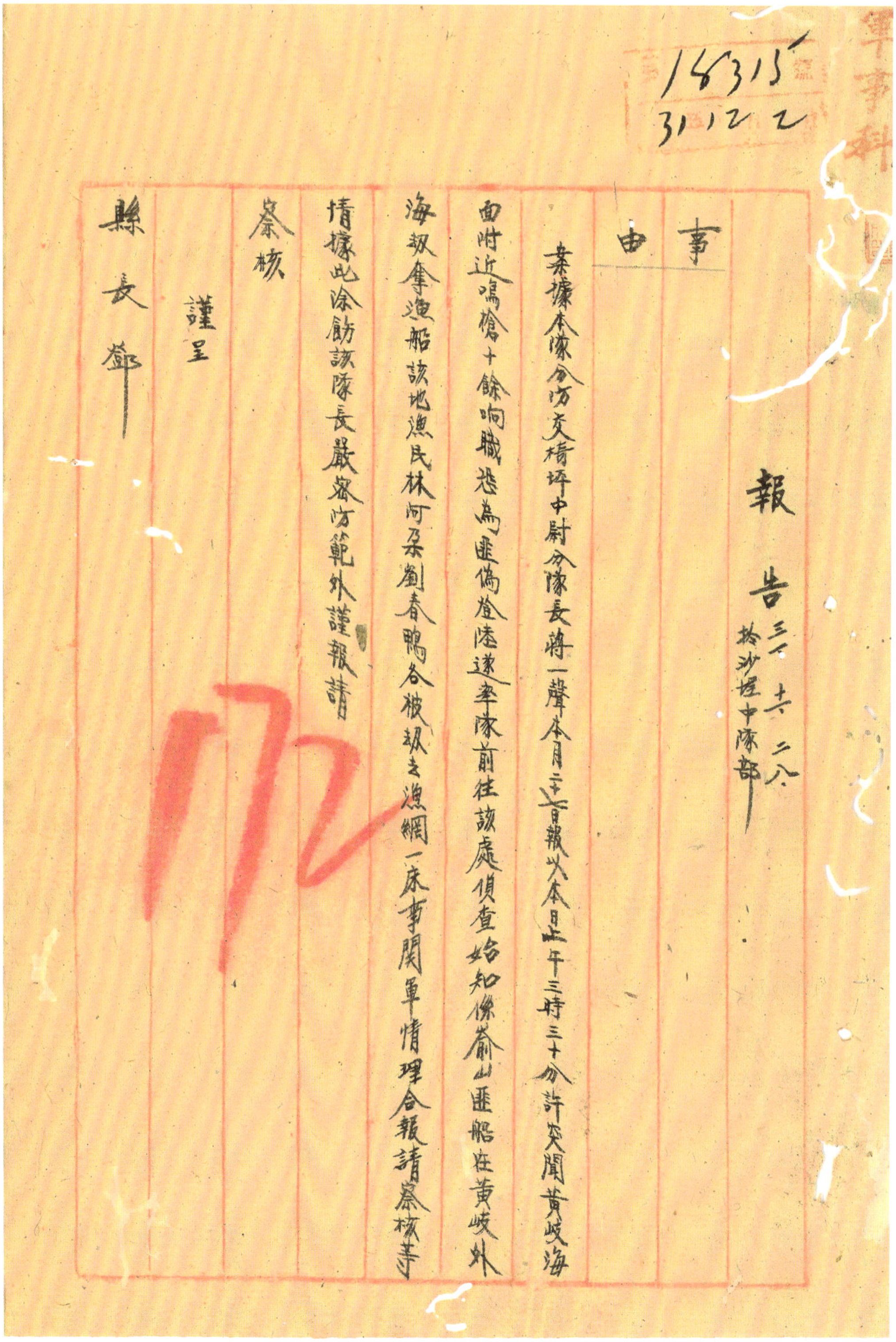
18315
31 12 2
172

報告　三一　十一　二八　於沙埕中隊部

事由

案據本隊分防交椅坪中尉分隊長蔣一聲本月二十八日報以本日上午十三時三十分許突聞黃岐海面附近鳴槍十餘响職恐為匪偽登陸遂率隊前往該處偵查始知係崙山匪船在黃岐外海刼拿漁船該地漁民林阿朶劉春鴨各被刼去漁網一床事關軍情理合報請察核等情據此除飭該隊長嚴密防範外謹報請

察核

謹呈

縣長鄧

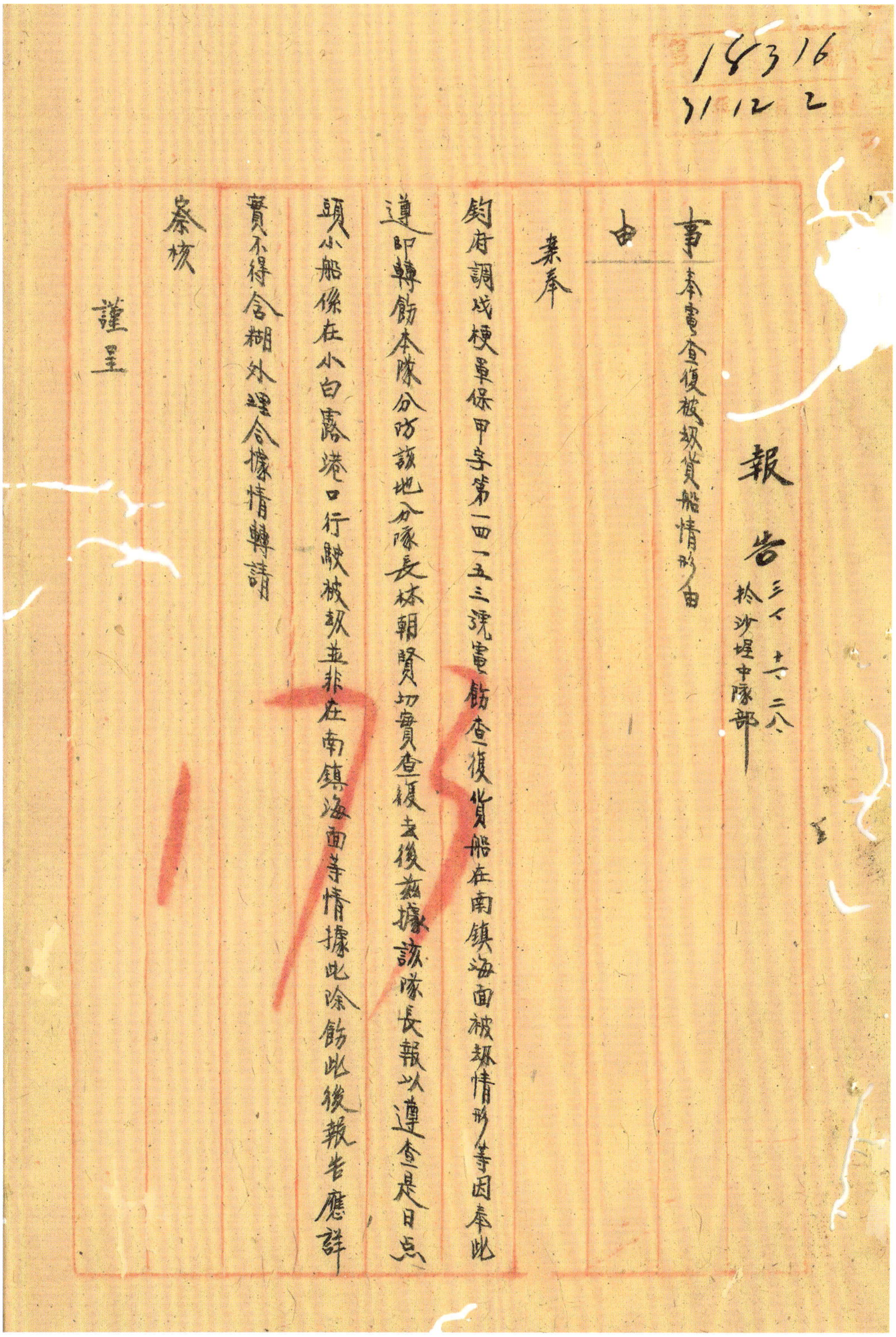

18316
31 12 2

報告 三一 十一 二八 於沙埕中隊部

事由 奉電查復被刧貨船情形由

案奉

鈞府調戍梗單保甲字第一四一五三號電飭查復貨船在南鎮海面被刧情形等因奉此遵即轉飭本隊分防該地分隊長林朝賢切實查復去後茲據該隊長報以遵查是日点頭小船係在小白露港口行駛被刧並非在南鎮海面等情據此除飭此後報告應詳實不得含糊外理合據情轉請

鑒核

謹呈

福鼎县自卫第一中队关于查复被劫货船情形致该县县长的报告（一九四二年十一月二十八日）

福鼎县自卫第一中队关于转报嵛山匪船劫掠商船等情致该县县长的报告（一九四二年十一月三十日）

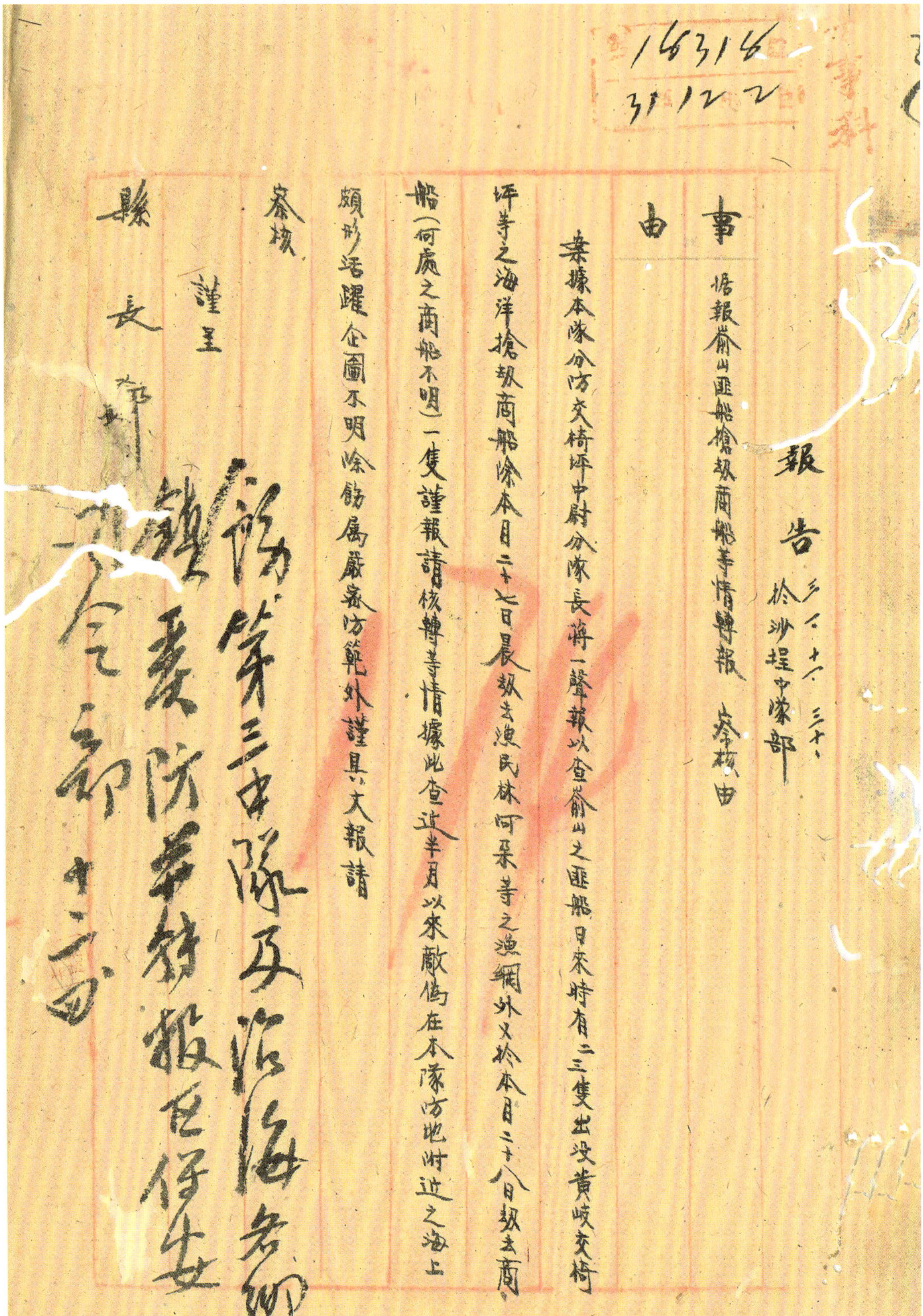
16316
31.12.2

報告 三一、十一、三十 於沙埕中隊部

事由 據報嵛山匪船搶劫商船等情轉報察核由

案據本隊分防交椅坪中尉分隊長蔣一聲報以查嵛山之匪船日來時有二三隻出没黄岐交椅坪等之海洋搶劫商船除本月二十七日晨劫去漁民林阿呆等之漁網外又於本月二十八日劫去商船（何處之商船不明）一隻謹報請核轉等情據此查近半月以來敵僞在本隊防地附近之海上頻形活躍企圖不明除飭屬嚴密防範外謹具文報請

察核

謹呈

縣長鄭

飭第三中隊及沿海各鄉鎮要防並轉報區保安司令部 十二、一

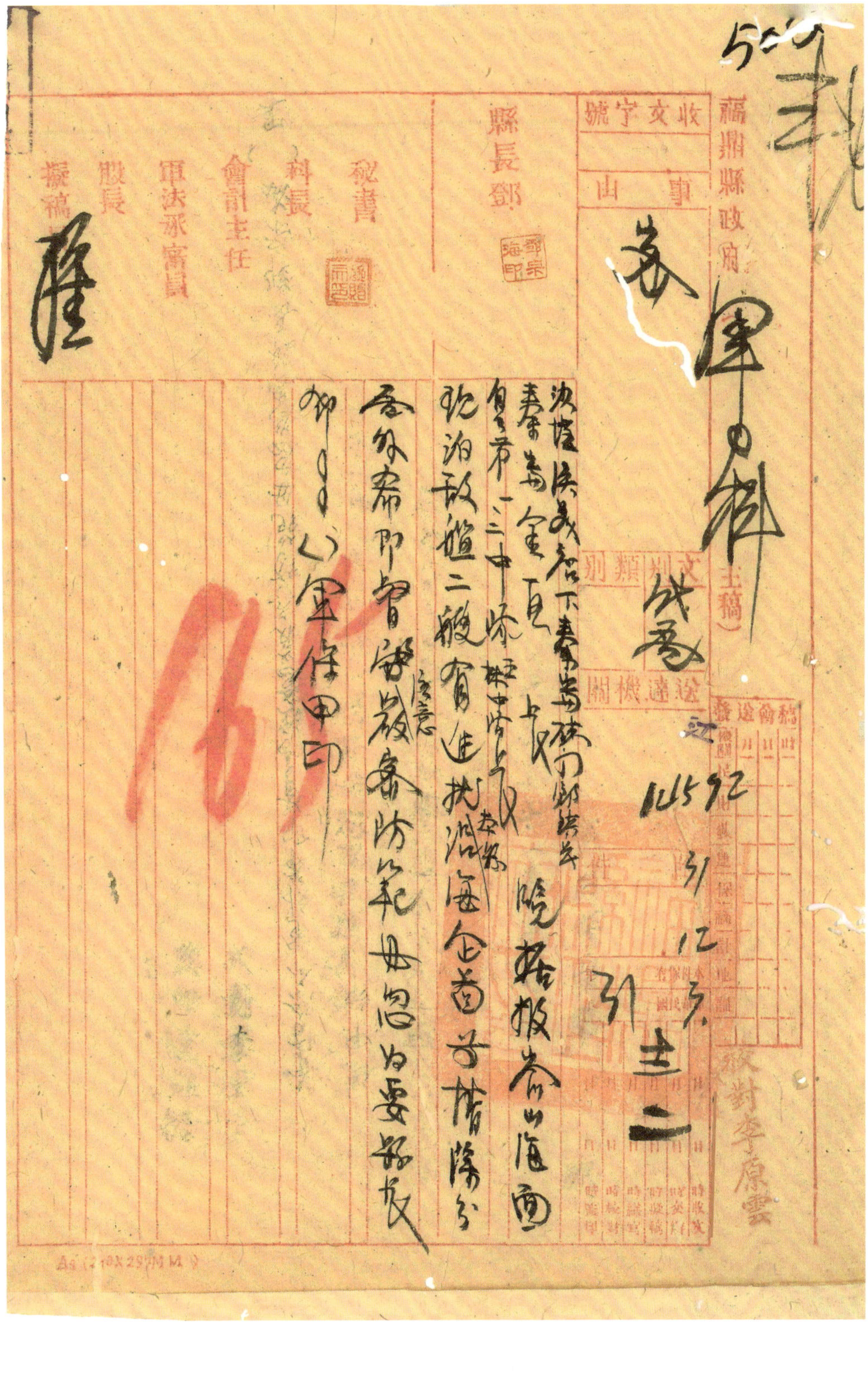

福鼎县政府关于敌舰有进犯本县沿海企图希注意严密防范致该县沙埕等乡镇公所、秦屿区署、自卫第一及第三中队的代电（一九四二年十二月三日）

福鼎县政府关于转报海盗在附近海面劫掠商船等情致福建省第一区行政督察专员兼保安司令公署的代电及关于严防敌伪在附近海面活动等情致该县沙埕等乡镇公所、自卫第三中队、秦屿区署的代电（一九四二年十二月十四日）

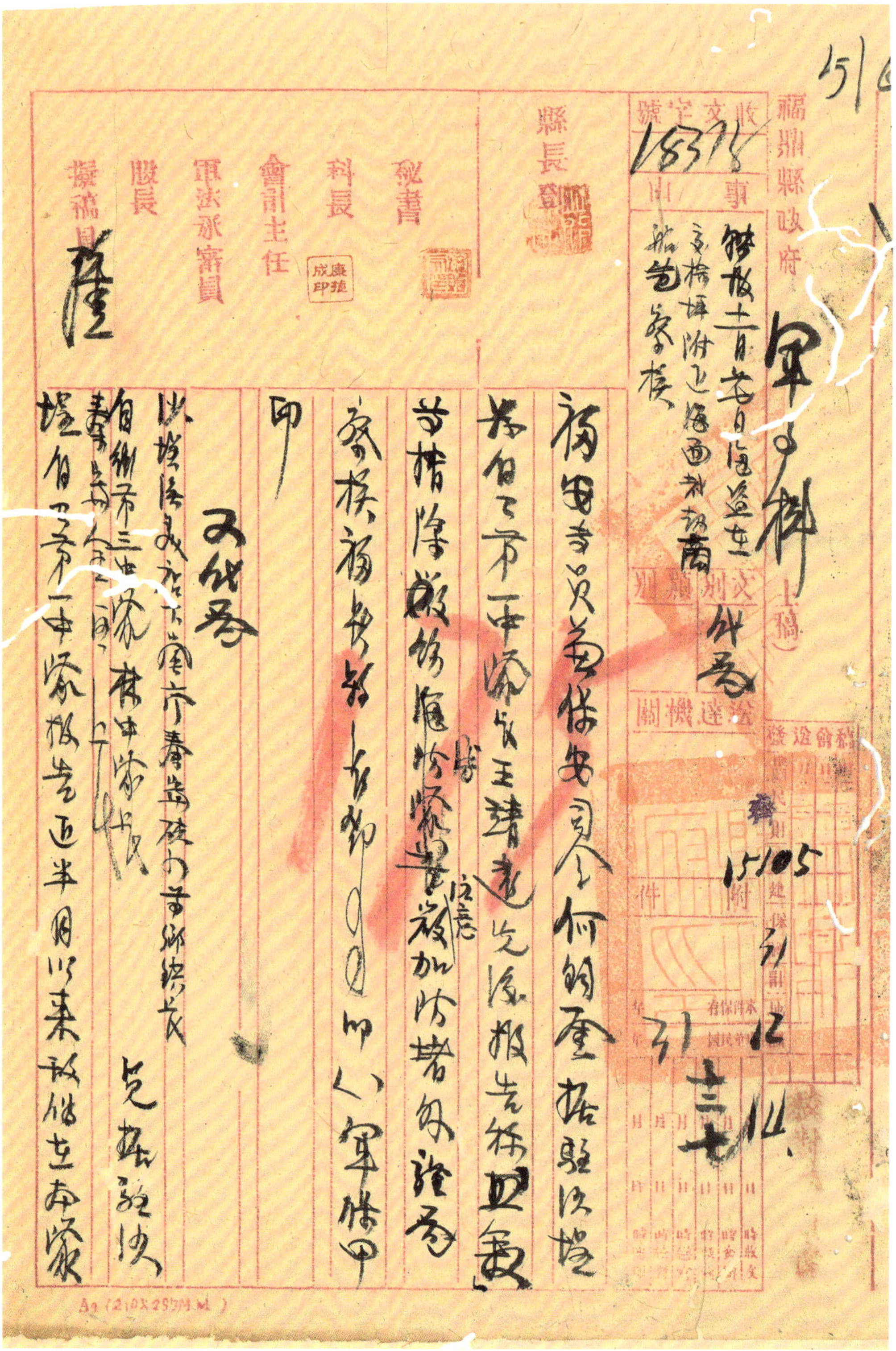
福鼎縣政府
收文字號
事由
文別
發送機關
縣長
秘書
科長
會計主任
軍法承審員
股長
擬稿員

該地附近海盜賊形匪猖獗危害不少等情仰即督飭該區長
嚴防并通知漁民暫勿遠出捕魚為要縣長鄒○○令
保甲印

福鼎县自卫第一中队关于日军雇人修理七星灯塔等情致该县县长的报告（一九四三年一月十一日）

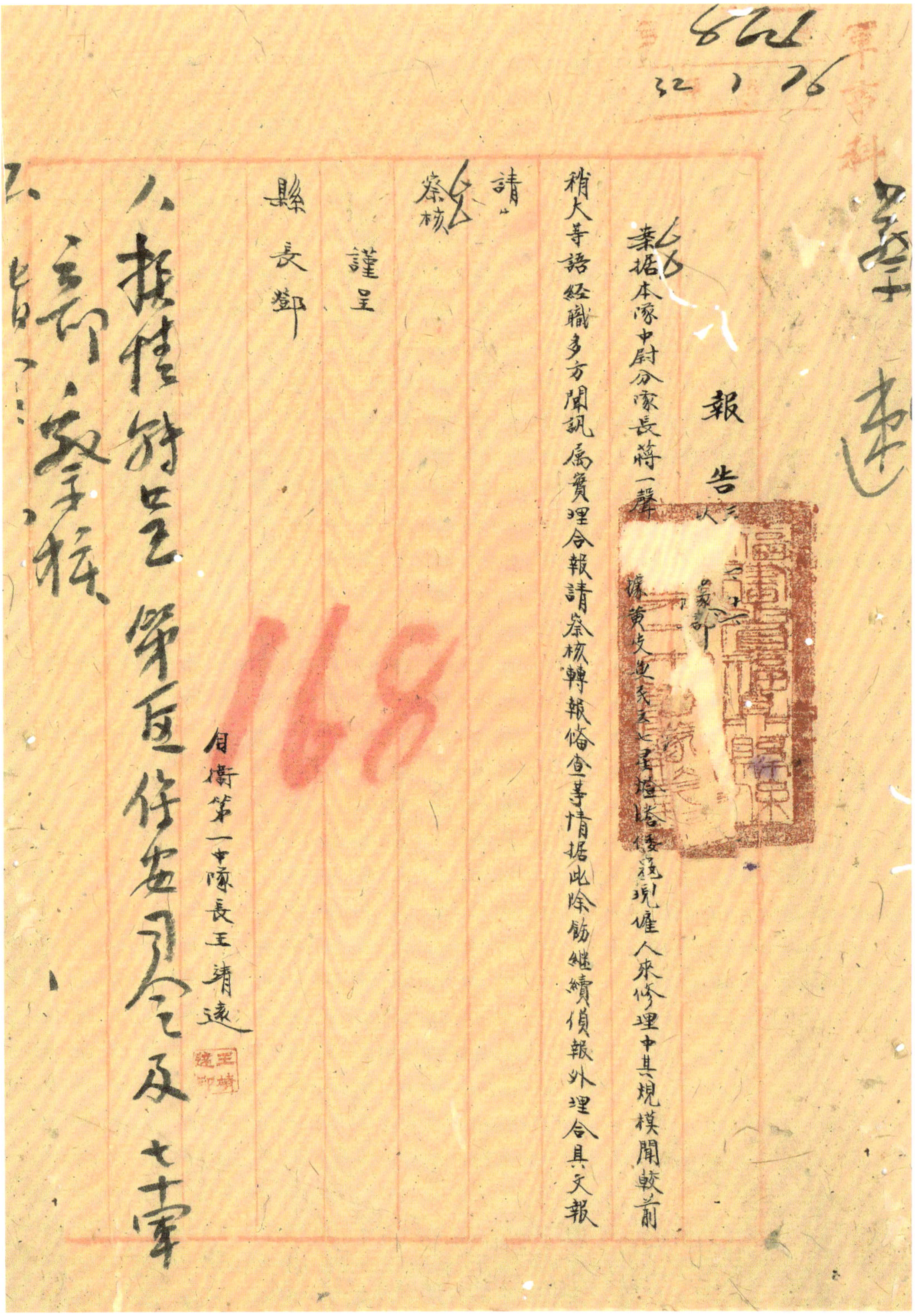

報告

案據本隊中尉分隊長蔣一聲[illegible]據黃岐澳及七星燈塔倭寇現僱人來修理中其規模聞較前稍大等語經職多方聞訊屬實理合報請察核轉報備查等情據此除飭繼續偵報外理合具文報

請

察核

謹呈

縣長鄧

自衛第一中隊長王靖遠

福鼎县自卫第一中队关于呈送敌舰动态及匪情致该县县长的报告（一九四三年一月十四日）

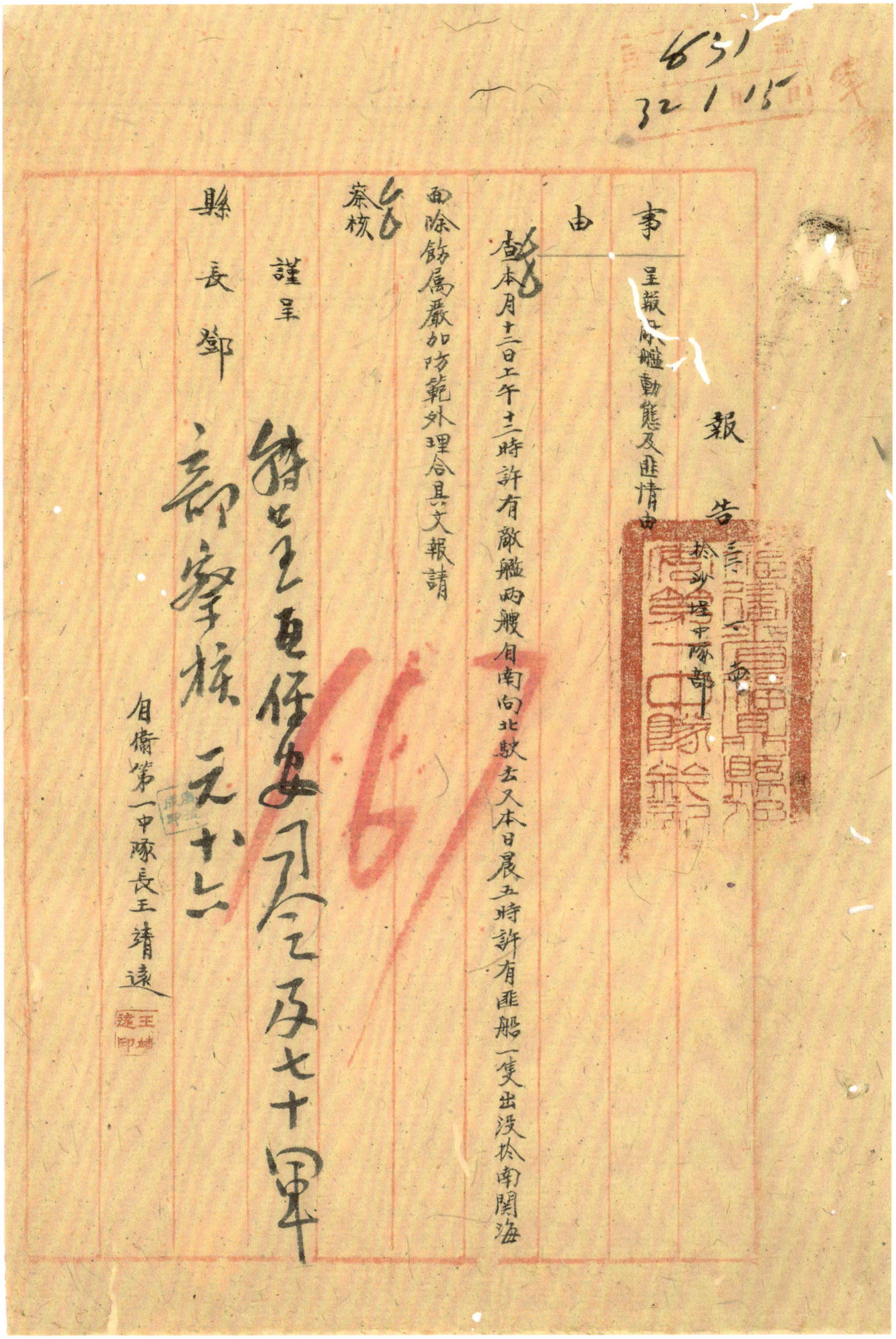
報告　於沙埕中隊部

事由　呈報敵艦動態及匪情由

查本月十二日上午十二時許有敵艦兩艘自南向北駛去又本日晨五時許有匪船一隻出沒於南關海面除飭屬嚴加防範外理合具文報請

察核

謹呈

縣長鄭

自衛第一中隊長王靖遠

福鼎县政府关于转报日军雇人修理七星灯塔及敌情动态致福建省第一区行政督察专员兼保安司令、陆军第七十军军长的代电（一九四三年一月十七日）

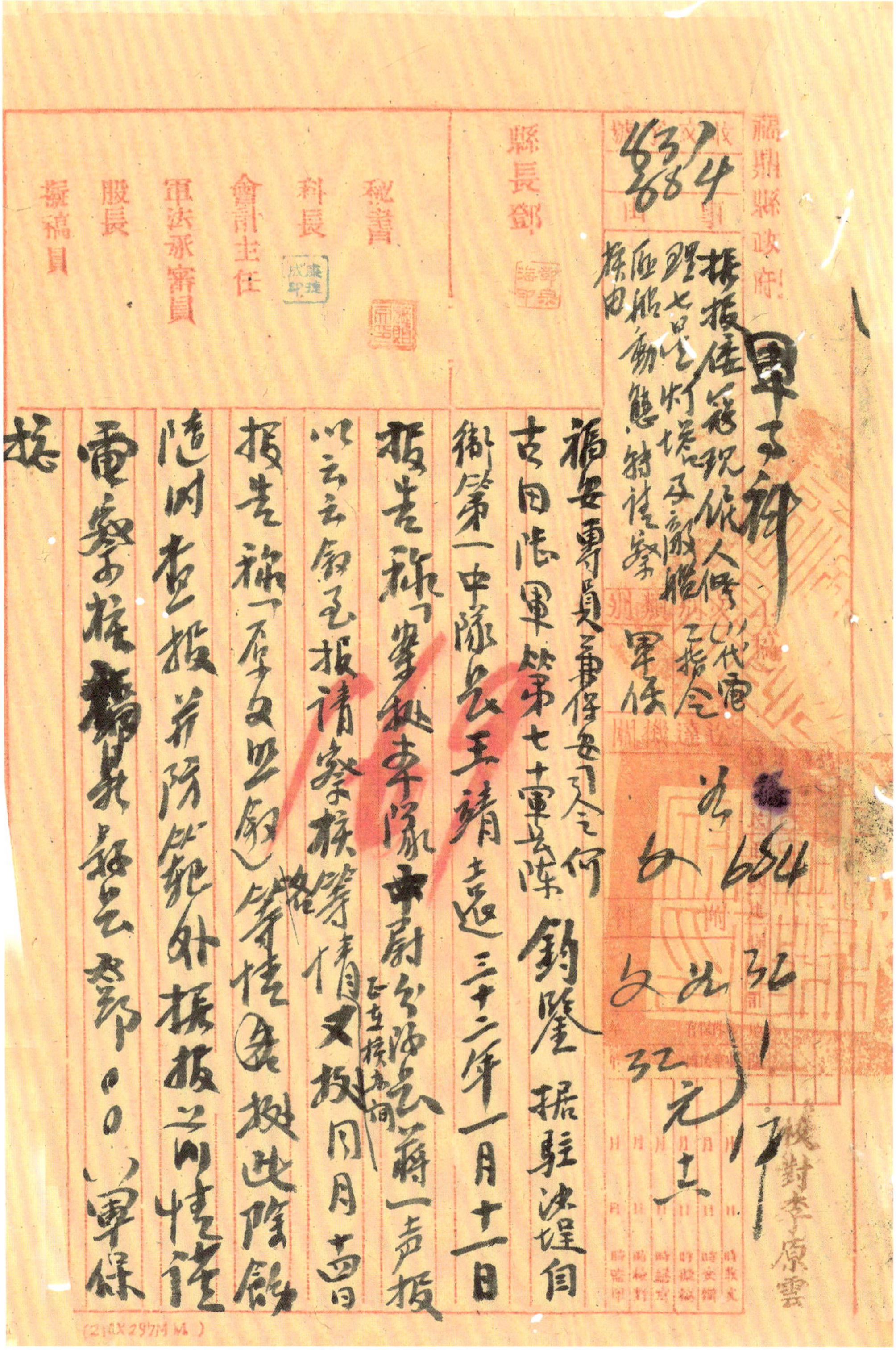
福鼎縣政府

事由：據報倭寇現僱人修理七星灯塔及敵船動態特請察核由

以代電

福安專員兼保安司令何、古田陸軍第七十軍軍長陳 鈞鑒：据駐沙埕自衛第一中隊長王靖遠三十二年一月十一日報告稱：「查敵本隊中尉分隊長蔣一声报以云云敘至报請察核」等情。又据同月十四日报告称「原文照叙」等情。据此，除饬随时查报并防范外，据报前情，谨电察核。福鼎县长邓〇〇 □軍保

縣長鄧 秘書 科長 會計主任 軍法承審員 股長 擬稿員

校對李原雲

福鼎县政府关于日军雇人修理七星灯塔及敌情动态等随时详查具报致该县自卫第一中队队长的指令
（一九四三年一月十七日）

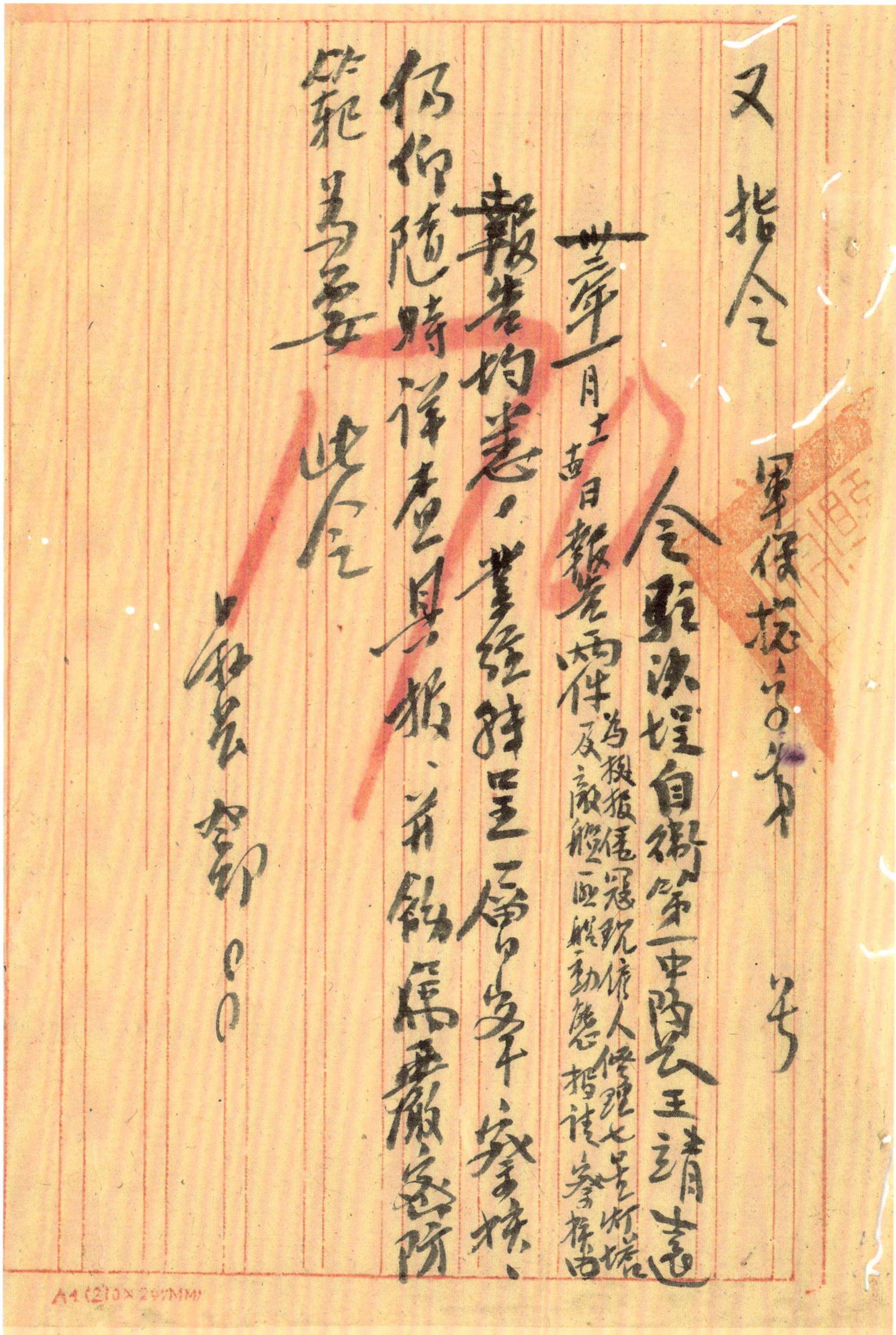
又 指令 軍保總字第 號
令駐沙埕自衛第一中隊長王靖遠
卅二年一月十三、十五日報告兩件為據報倭寇雇傭人修理七星燈塔及敵艦一艘動態報請鑒核由
報告均悉。業經轉呈[illegible]鑒核，
仍仰隨時詳查具報，並飭屬嚴密防範為要。此令
縣長 [illegible]
A4 (210×297MM)

二、福鼎抗战基点、自卫区防御阵地及游击根据地等建设

福建省保安第二旅旅长兼国民抗敌自卫团闽东区司令李树棠关于抗战后方基点应需费用由地方酌情统筹报省核销致福鼎县县长陈廷桢的电（一九三九年三月四日）

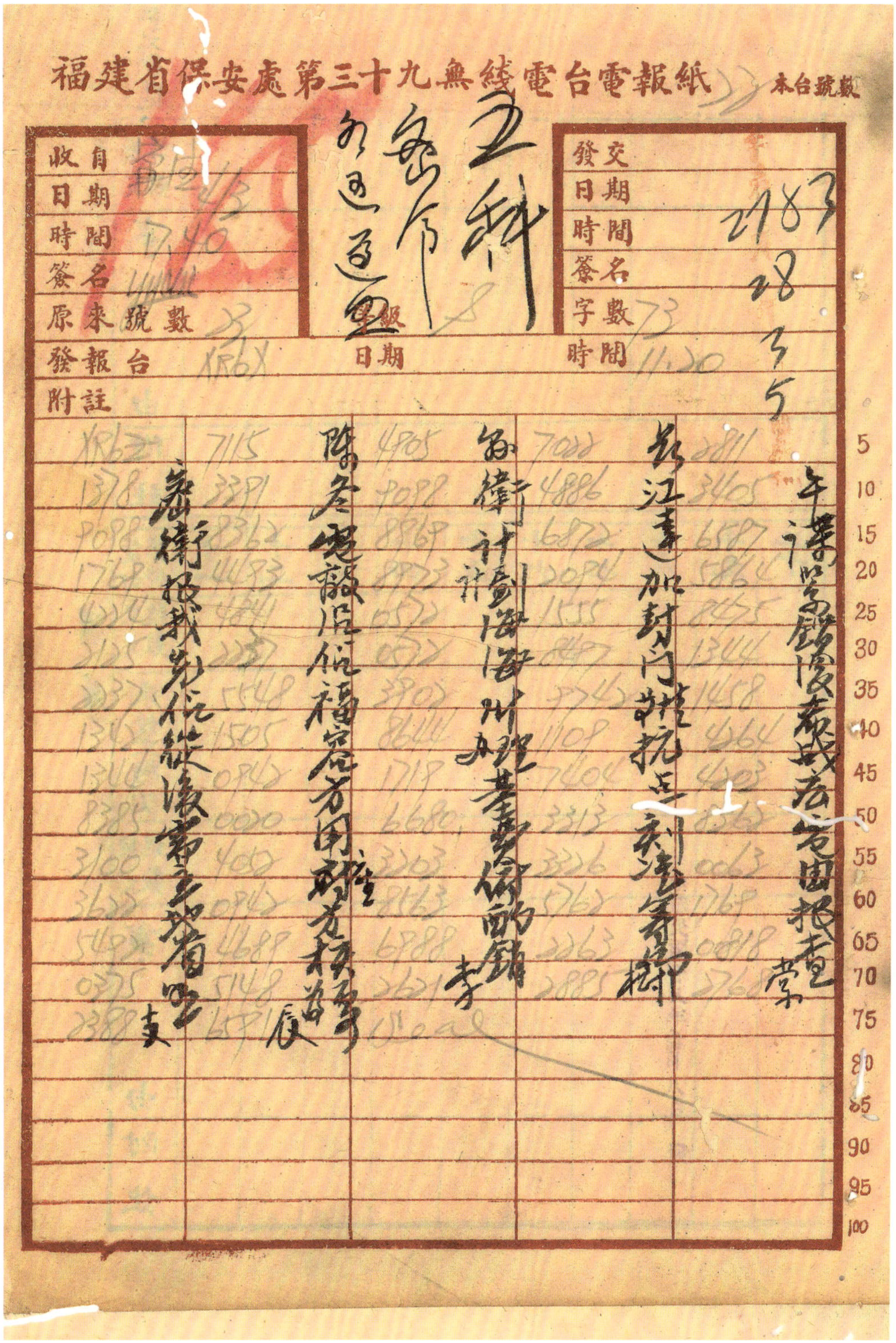
福建省保安處第三十九無綫電台電報紙　本台號數

收自		發交	
日期		日期	2783
時間		時間	28
簽名		簽名	
原來號數		字數	73

發報台 XR6X　日期　時間 11.20

附註

李树棠关于所选地点可行致陈廷桢的复电（一九三九年三月五日）

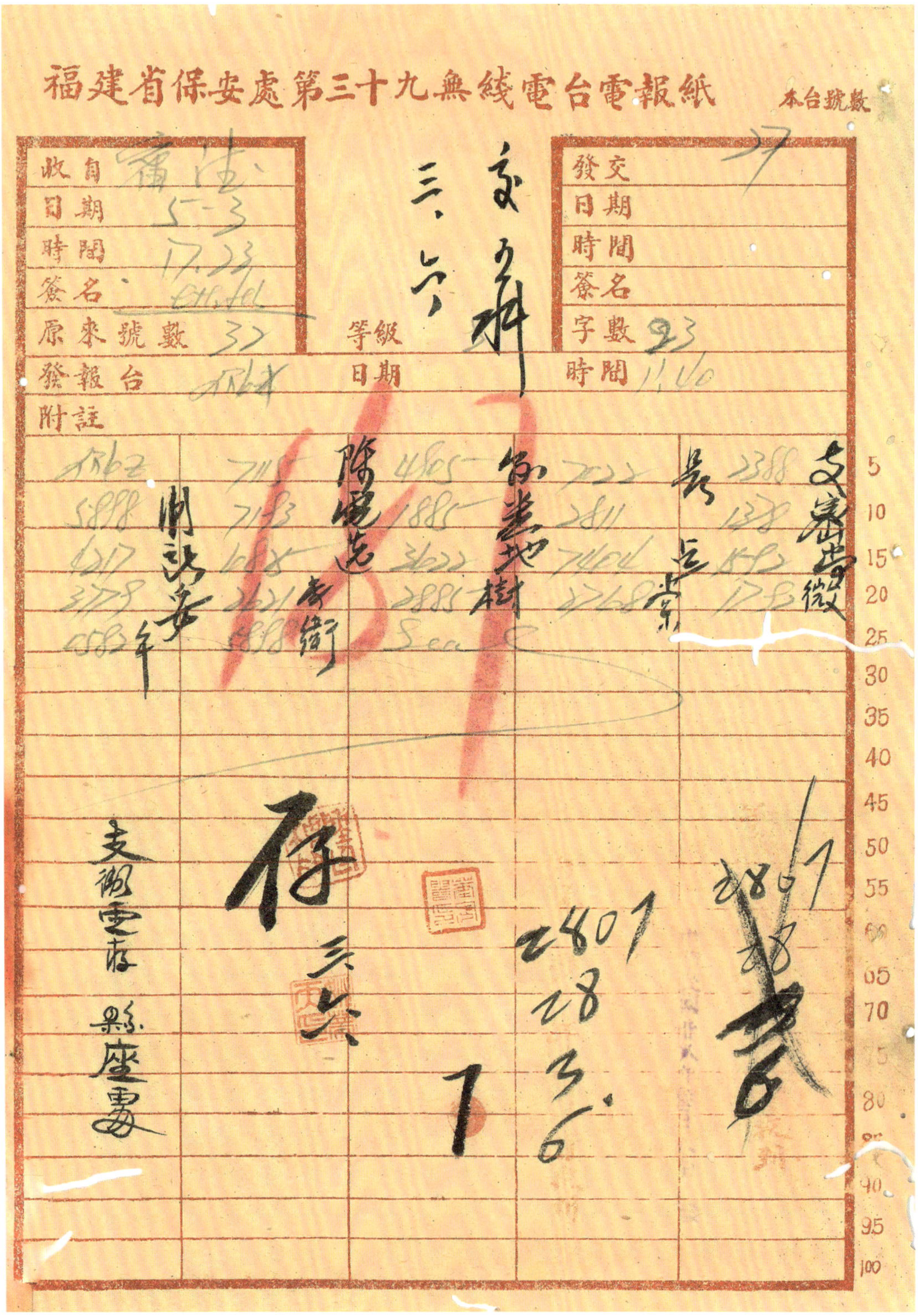

福建省保安處第三十九無線電台電報紙

本台號數

收自

日期 5-3

時間 17.23

簽名

原來號數 32

等級

發報台

日期

附註

發交

日期

時間

簽名

字數 23

時間 11.40

存

福建省保安第二旅司令部关于抗战后方基点设计呈报事致福鼎县政府的电（一九三九年三月六日）

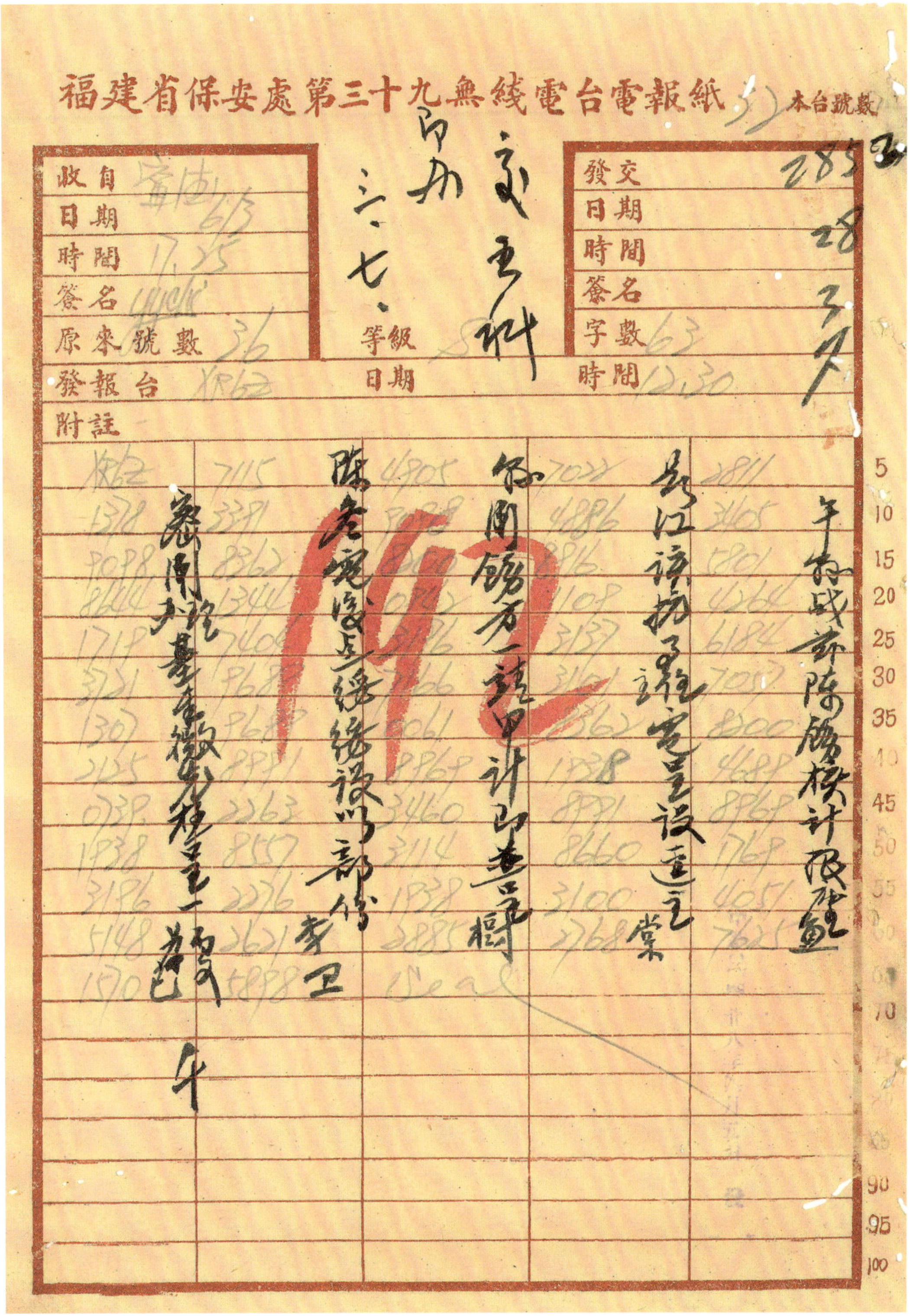

福鼎县政府关于将选定抗战后方基点及办理情形自行上报备查致该县各区署的密训令（一九三九年三月八日）

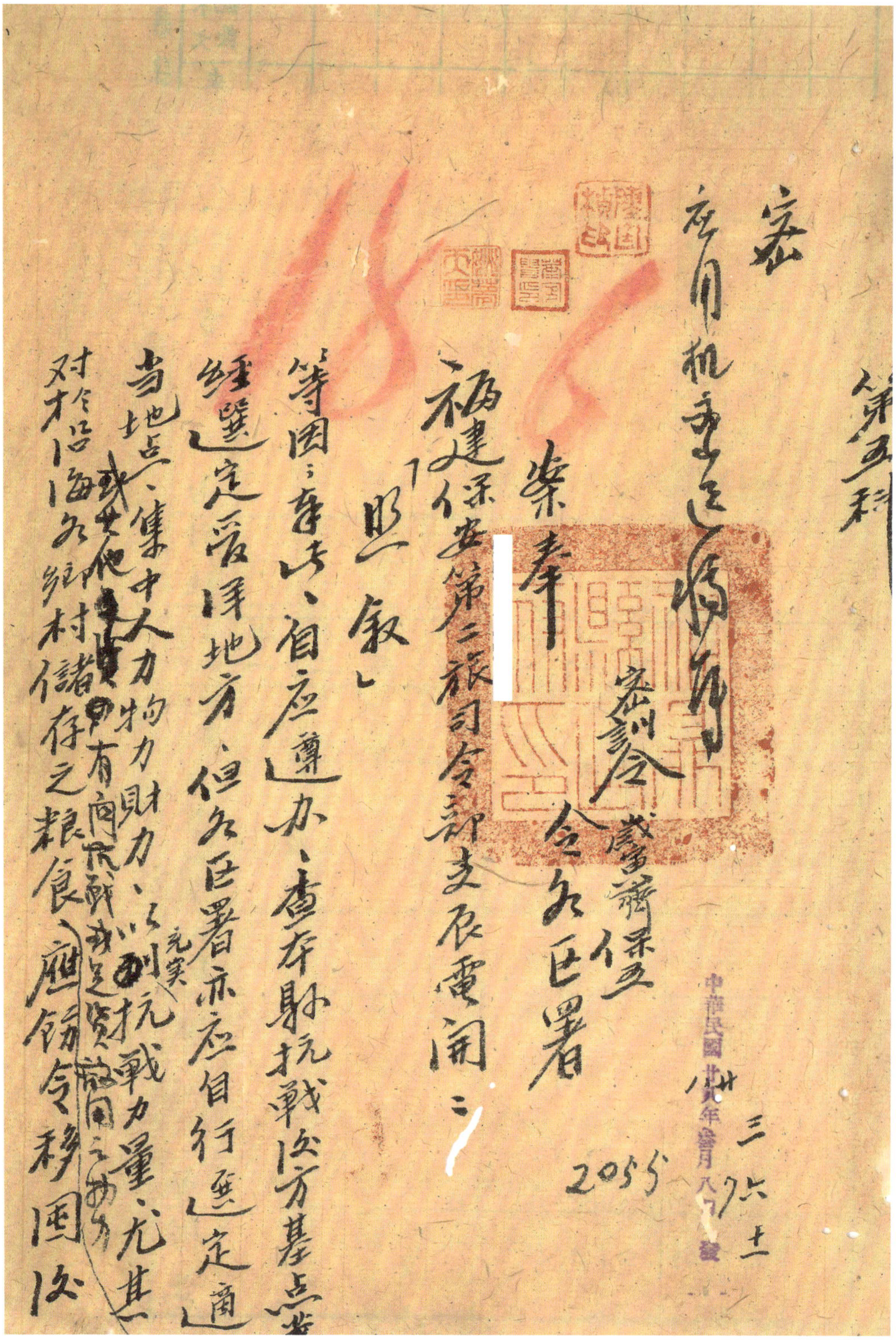

第五科

密

本月机要遵将

案奉

福建保安第二旅司令部支辰电开：

照叙

等因，奉此，自应遵办，查本县抗战后方基点，当经选定后洋地方，但各区署亦应自行选定适当地点，集中人力物力财力，以充实抗战力量，尤其对于沿海各乡村储存之粮食，应饬令移囤后

密训令

令各区署

中華民國廿八年叁月八日發

2055

方、婦孺老幼，必要时仍先劝令疏散，以免遭受敌人殺戮，妥保其利用，可

関戦时工作、仰该区長切实遵办，仍将遵定地点及办理情形具报备

查。此令。

中華民國廿八年　月　日　發

福鼎县政府第一区区署关于选定南溪为抗战后方基点致该县县长的呈（一九三九年三月十三日）

福鼎縣政府第一區區署 呈

呈復選定南溪地方為抗戰後方基點請 察備由

鈞府歲寅齊保五字第二零五五號密訓令開：「案奉

案奉福建省保安第二旅司令部支辰電開密冬衛江午衛電計達諜報敵計劃加緊我沿海封鎖先佔海門後佔福州等情希從密辦理抗戰後方基點應需用費剋電主座俯准由地方酌籌報省核銷仰查照為要」等因奉此自應遵辦查本縣抗戰後方基點業經選定管洋地方但各區署亦應自行選定適當地點集中人力物力財力以充實抗戰力量尤其對於沿海各鄉村儲存之糧食或

中華民國二八 三 十三

元保五

其他有關抗戰或足資敵用之物力應飭令移回後方婦孺老幼必要時儘先勸令疏散免受敵人
殺戮事關戰時工作仰該區長切實遵辦仍將選定地點及辦理情形具報備查此令

等因奉此自應遵辦查本區抗戰後方基點暫定南溪地方除必要時儘先勸令婦孺老幼疏散外奉令前因

理合具文復請

鑒核備查

謹呈

縣長陳

福鼎縣政府第一區署區長林　榮

福鼎县政府第二区区署关于选定巽城为后方基点并请准予预先迁移致该县县长的呈（一九三九年三月十六日）

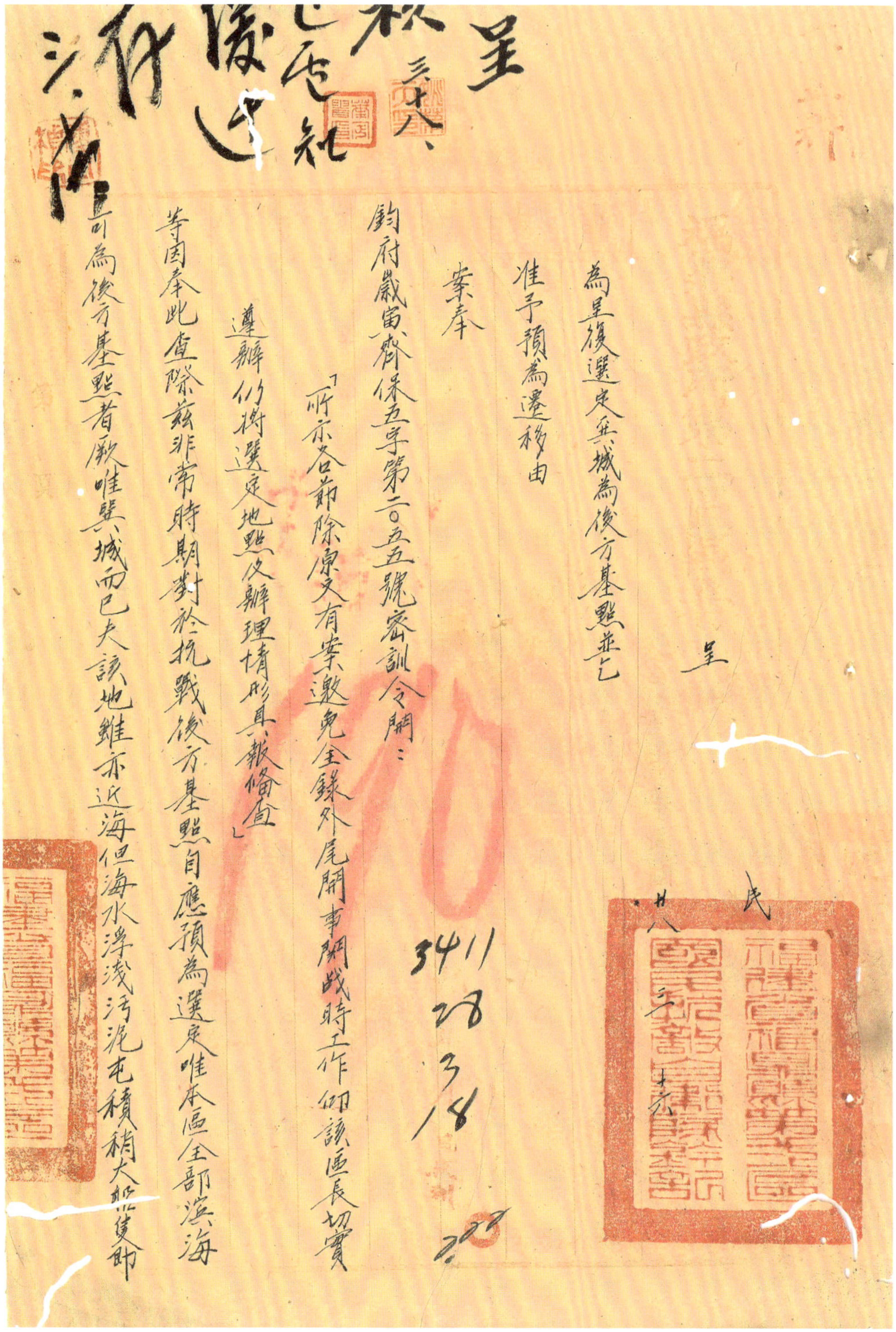
呈

为呈复选定巽城为后方基点并乞
准予预为迁移由

案奉
钧府岁寅齐保五字第二〇五五号密训令开：
「所示各节除原文有案邀免全录外尾开事关战时工作仰该区长切实
遵办仍将选定地点及办理情形具报备查」
等因奉此查际兹非常时期对于抗战后方基点自应预为选定唯本区全部滨海
旨为后方基点者厥唯巽城而已夫该地虽亦近海但海水浮浅污泥屯积稍大船只即

不能從未見內部山脈連綿峰巒起伏倘敵來侵不足堅守此區長所以選為後方基點之理

由也。惟本署因受此次變亂其原因即為土劣鼓動被檢舉之暴動其目的全在殺區長及全署、

職員若再留秦辦公非特各職員心有所慮即對於行政進行亦多阻碍擬請

鈞長准予預為遷移可否之處理合備文呈乞

鈞長察核示遵。

謹呈

縣長陳

福鼎縣政府第一區署區長陳宗典（代）

福建省保安第二旅司令部关于繁荣抗战后方基点计划报核事致福鼎县政府的电（一九三九年三月二十八日）

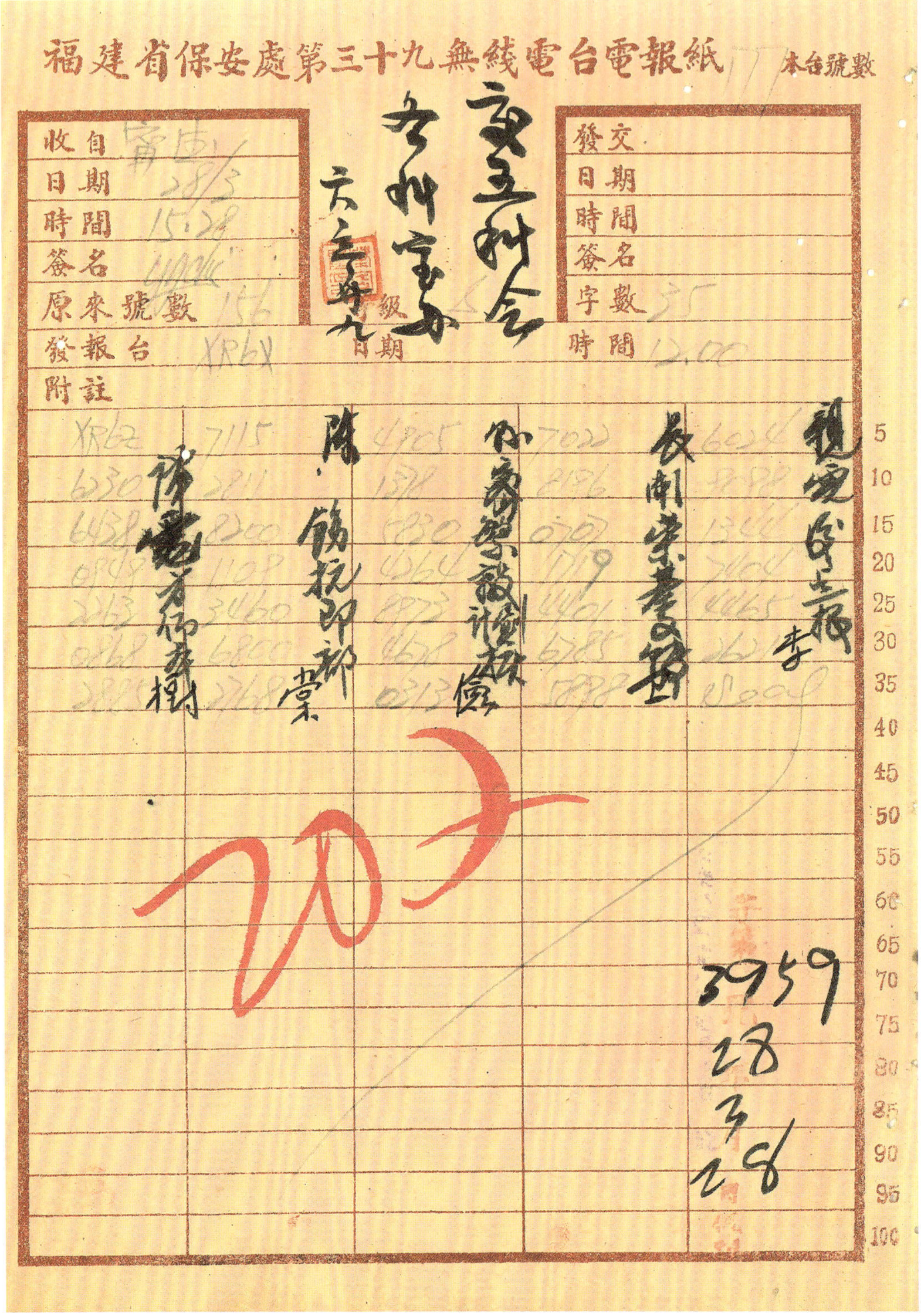

福建省保安處第三十九無線電台電報紙

本台號數

收自
日期 28/3
時間 15:28
簽名
原來號數 156
發報台 XR6X
附註

級
日期

發交
日期
時間
簽名
字數
時間

福鼎县政府关于选定抗战后方基点拟具筹设行署计划书致福建省国民抗敌自卫团闽东区司令部的呈（一九三九年四月五日）

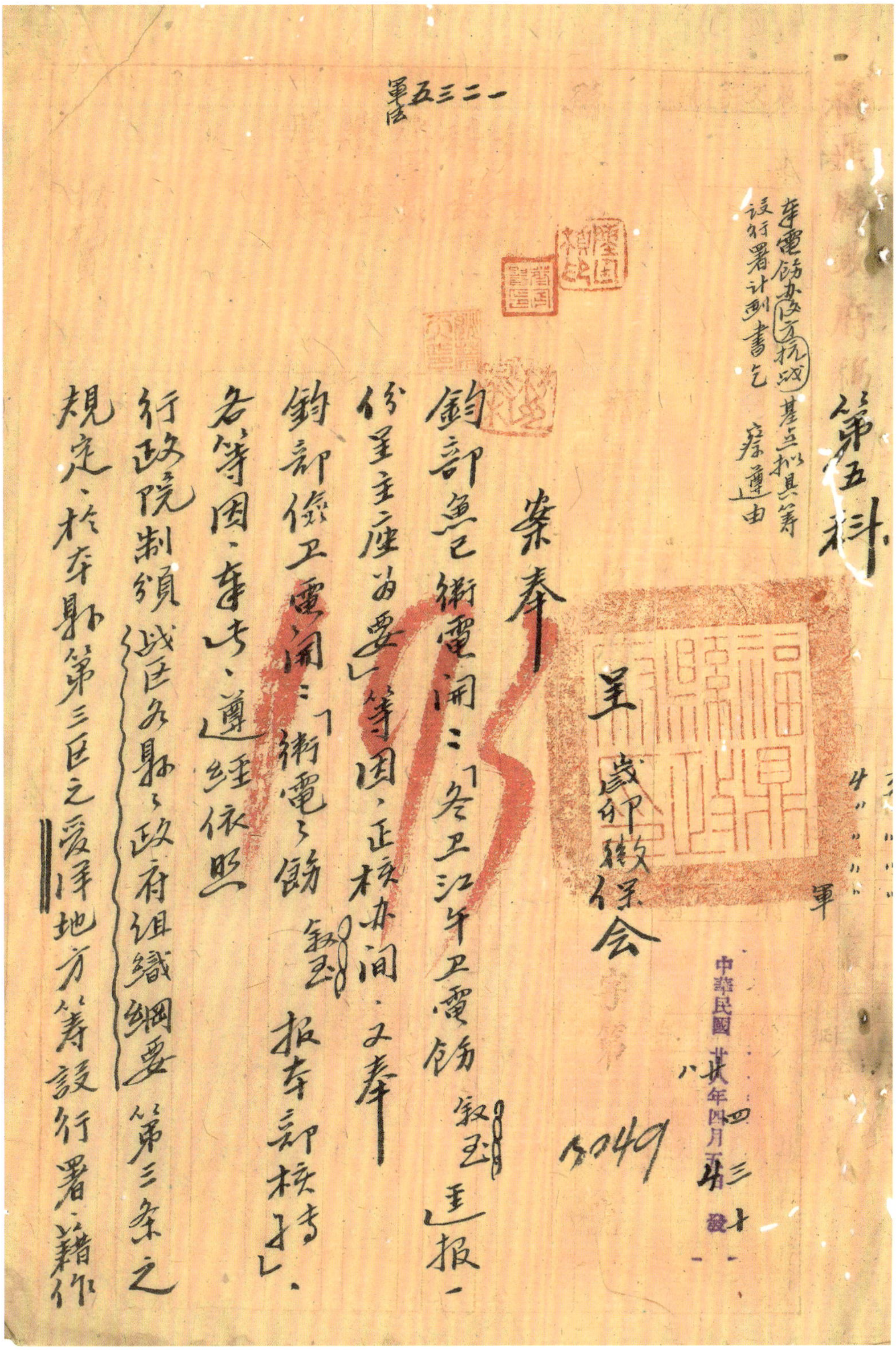
第五科

奉電飭選定抗戰基點擬具籌設行署計劃書乞鑒遵由

案奉
鈞部魚巳衛電開：「各卫江午卫電飭（敘至）達報
份呈主座寅要」等因，正核辦間，又奉
鈞部僉卫電開：「衛電飭（敘至）報本部核轉」。
各等因，奉此，遵經依照
行政院制頒戰區各縣政府組織綱要第三条之
規定，於本縣第三區之愛仔地方籌設行署，藉作

收方抗战基点、並依照令綱要第十一条之規定、拟具計劃書二份、

随文报請

察核示遵。

謹呈

福建省國民抗敵自卫團闽东区司令部兼司令李

計附呈福鼎縣政府筹設行署計劃書二份

全 銜 名

中華民國 廿八年四月五日 發

附：福鼎县政府筹设行署计划书（一九三九年四月五日）

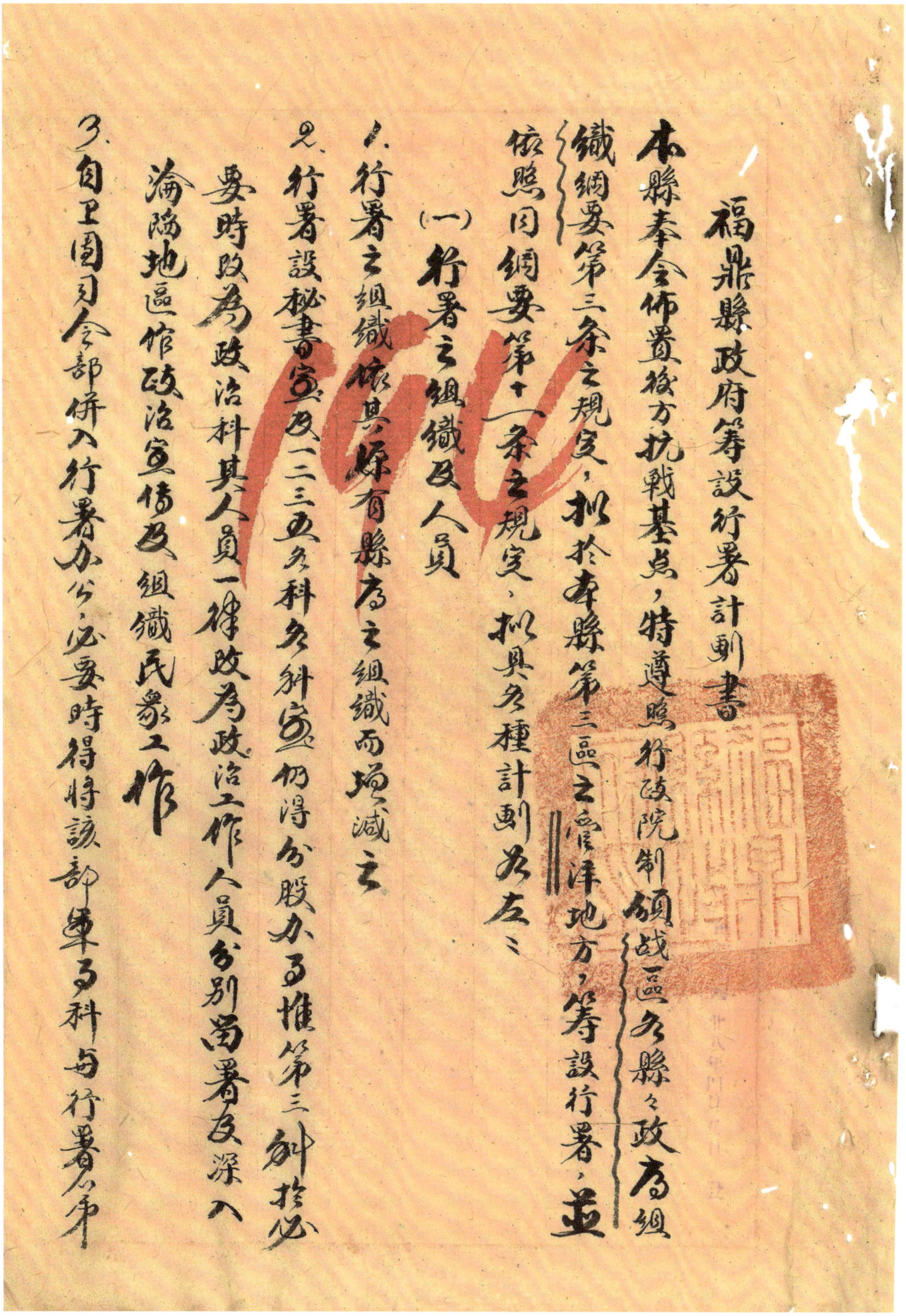

福鼎縣政府籌設行署計劃書

本縣奉令佈置敌方抗戰基点，特遵照行政院制頒战區各縣〻政府組織綱要第三条之規定，擬於本縣第三區之霞浦地方，籌設行署，並依照同綱要第十一条之規定，擬具各種計劃如左：

（一）行署之組織及人員

1. 行署之組織依照原有縣府之組織而增減之

2. 行署設秘書室及一二三五各科，各科室仍得分股办事，惟第三科於必要時改為政治科，其人員一律改為政治工作人員，分別留署及深入淪陷地區作政治宣傳及組織民衆工作

3. 自卫團司令部併入行署办公，必要時得將該部軍事科与行署办事

五科及該部組訓科由行署第三科（政治科）合併組織以節經費而資統一

4.合作指導員辦公室財務委員會民教指導員辦公室均予裁撤分別歸併第一第二第三各科辦公

5.財委會留主任委員一人其審核員在縣政府第二科辦公單設書記僱員裁撤由行署職員兼秘書室之助理秘書統計員一科之檢定禁烟科員二科之試用科員三科之督學及請准增設之辦事員均予裁減僱員亦減設二名

各裁汰人員得視其能力分別併編於第三科担任政治宣傳工作

6.縣政府衛生院改為行署衛生隊負巡廻医療之責

7、省保安處無線電台隨行署進退應由縣府電話室併編為電訊隊負電報電話通訊之責

8、城區警察所應改編為行署警察隊負維持行署所在地及鄉鎮治安之責

9、監獄員不設監犯依法分別保释及移解後方安全縣分或行署設所收押

10、軍法承審員裁撤司法處暫附行署辦公並兼辦軍法案件

11、各科室應分股辦事其辦法由各科室臨時定之

12、行署各科室人員均應酌予裁減其員額如附表

13、行署組織及人員如有不適合實際環境時得隨時變更增減之

195

福鼎縣政府行署組織表

科室別	職別	名額	備考
	縣長	一	
秘書室	秘書	一	助理秘書及统计員各一人政警八名均裁減
	辦事員	三	加置庶務收發管卷各一人
	雇員	六	原設八人減二人
	勤務	七	
第一科	科長	一	
	科員	三	原五員減檢定員禁烟科員各一員
	技士	一	

196

科別	職別	員額	備考
	工作指導員	一	
第二科	科長	一	
	科員	二	原設三名減試用科員一名僅用會計及普通科員各一員必要時普通科員亦裁減之
	審核員	一	
第三科	科長	一	本科於必要時改為政治科科長科員改為政治人員戰教指導員改為政治指導員
	科員	二	
	戰教指導員	一	
第五科	科長	一	
	办事員	一	
合計	三〇	三〇	

（二）原縣治之防守

原縣治防守擬分三道防綫如下：

第一綫　硤门　秦嶼　黄岐　南鎮　沙埕

第二綫　吳羊山　白琳　八尺门　前岐

第三綫　白琅山　龍山（井）　南陽山　望山（南山）

前項防綫地帶之防禦工事，除第一綫全部及第二綫之八尺门，均已築成外，其餘已在設法搶築中。

兵力總數計有（1）縣保安隊（2）常備兩中隊（3）自衛團壯丁大隊（4）義勇警察隊（5）壯丁模範隊，以上共五個單位，約共壹千人，其兵力分配如下：

第一綫由縣保安隊及常備第一中隊并由駐沙埕之保二團一中隊取得連絡

共同防守。

第二線由常備第二中隊及自衛團壯丁大隊構築工事，共同防守。

第三線由各區自衛隊壯丁模範隊義勇警察隊等共同防守。

（三）國民抗敵自衛團之調度

自衛團之常備隊，由各中隊長切实掌握，各區自衛團隊之預备隊，由各該正副隊長率帶，並切实掌握，較為幹練之壯丁一分隊以為基幹，後备隊由各該保隊長加以嚴密組織而便指揮，並指定防區協助正規軍担任抗戰

（四）壯丁之召集及補充

壯丁之召集，由各級幹部切实負責，各分隊之班長平時對於本班壯丁，時常联絡，各分隊並須時行緊急集合，以資熟練，各保甲長对於各

集互務、須切實負責、俾遇緊急時能達到名集迅速而得補充容易。

（五）老弱婦孺之遷移及救濟

老弱婦孺之遷移疏散以集體行動為原則、每聯保編為一團、設正副團長各一人、五保至十保為一分團、設分團長分團附各一人、各聯保奉到遷移疏散命令後、應立即通知各保遵令向預定地帶（遷移疏散、但預定地帶）因战互関係、不能遷移時、得由各該主管官臨時命令指定之、各分團並應於互生之編配下列各隊：

（1）警衛隊　由四十一歲以上男丁選充之

（2）通訊隊　由四十一歲以上及十六歲至十八歲之男丁中抽選之。

（3）運輸隊　由四十一歲以上之男丁或強健婦女中抽選之。

（4）雜務隊　由四十一歲以上之男丁及婦女中選派之。

關於救濟事宜、依照非常時期難民救濟各種辦法之規定酌量情形、分別實施。

（六）被佔區域內之秘密留守人員

被佔區域內之秘密留守人員由自衛團司令部遴選曾受特務工作訓練之適當人員、臨時指定担任、

（七）縣聯政府所屬各機關之疏散及集合

縣政府所屬與軍事無關之各機關、遇事態緊急時、得先飭令疏散至後方安全地點辦公、其疏散及集合由縣府以命令行之。

（八）地方公款及錢粮之保管

地方公款及錢粮由經辦人員負責謹慎保管、縣金庫既隨縣政府進退、則

現幣可勿多備，以防疏失之虞。

（九）縣政府印信与有关財政籍册串票及其重要文卷之移置与保管

各種会計簿册票據串票税单証照及文卷户籍等，择其重要与次要者，分别整理檢裝簡箱，先行運儲行署，其普通者，於事態緊急無法運走之時，一律焚燬之，並縣政府印信由經管人員妥慎保管。

（十）有关軍事設备及可供軍用物資之處置

有关軍事設备之重要道路、橋樑、碉堡、防禦工事，及足資敵用建築物等，必要時一律破坏之，又可供軍用之物資如食糧、食鹽、農具、船隻、及一切足資敵用之金屬器具，倘因搬運不便，不能運走時，妥加埋藏或参雜毒物，使失效用，或集中指定地点，待命焚燬破坏之。

（十二）監犯囚犯之處置

本縣監犯計分於司法之已決者苗人未決者廿八人軍法已決者廿乙人未決者四。人計共一百十九人其分于軍法之五年以上已決者共二人茲擬再全數依法調服軍役五年以下之已決者審察情形按照非常時期處理軍事犯辦法各條款之規定呈准予以保釋其未決者除情節比較重大必須加以羈押者外一概厲行責付交保辦法以減少獄犯之擁擠其不合法定難予保釋及調服軍役者依法須亟戒嚴及有戰事發生時予以遷移（隨政府所在地之安全地帶遷移）或釋放司法犯之所有辦法亦大致如此現正辦理調服軍役手續。

（十三）文化教育機關之處置

本縣地形山嶺重疊惟東南一隅沿海一旦有事勢必遷移各機關於縣之西南及西北两方面爰将處置情形列表如下：

應遷校名	應遷地点	應遷校名	應遷地点
縣立桐城中心小学	曾陽	縣立透堤简小	章嶺
縣立桐城忠民校	曾陽	縣立山门简小	溪頭
縣立桐北小学	西陽	鄉立武陽黄仁简小	舉州
區立沙江小学	茭陽	縣立茗陽简小	疊石
縣立桐南初小	西昆	鄉立熊嶺鳳桐简小	馬冠
縣立硖门简小	礤溪	縣立分阌简小	淡竹洋
縣立秦屿中心小学	白琳	鄉立楊府西桥初小	吴洋山

學校	地點
縣立貫嶺民校	南溪
鄉立松宮初小	茶洋
縣立梅溪簡小	廣化
縣立橋亭簡小	大山
縣立黄歧民校	蔣陽
縣立松陽簡小	仙蒲
鎮立店下小学	金溪
鄉立澳漈初小	翁潭
鄉立石苎初東稼簡小	湖林頭
私立廣陵萬真初小	翠郊
鎮立夏井初小	果陽
鄉立國光照蒼簡小	桑園
鄉立西宅簡小	楮樓
第一中山民校	天竹
第二中山民校	沈青
鎮立蟹峯初小	縉陽
縣立佳山簡小	亭边
聯立岡盤初小	油坑
縣立大岳簡小	王孫
鎮立歧陽小学	頭點

私立谷山初小　浮　鄉

附註：1.各校重要校具先期飭令保管靜候遷移

2.教職員除先原有職務外指定幹員當地秘密工作失業者予以登記分別派遣

3.學生除隨校遷移者外一律發予借讀證明書

4.新遷校舍先期飭令當地保甲長尋覓並予登記

5.必要時得酌當地情形裁併或停办之。

福鼎县政府关于繁荣抗战后方基点致福建省保安第二旅旅长的快邮代电（一九三九年四月九日）

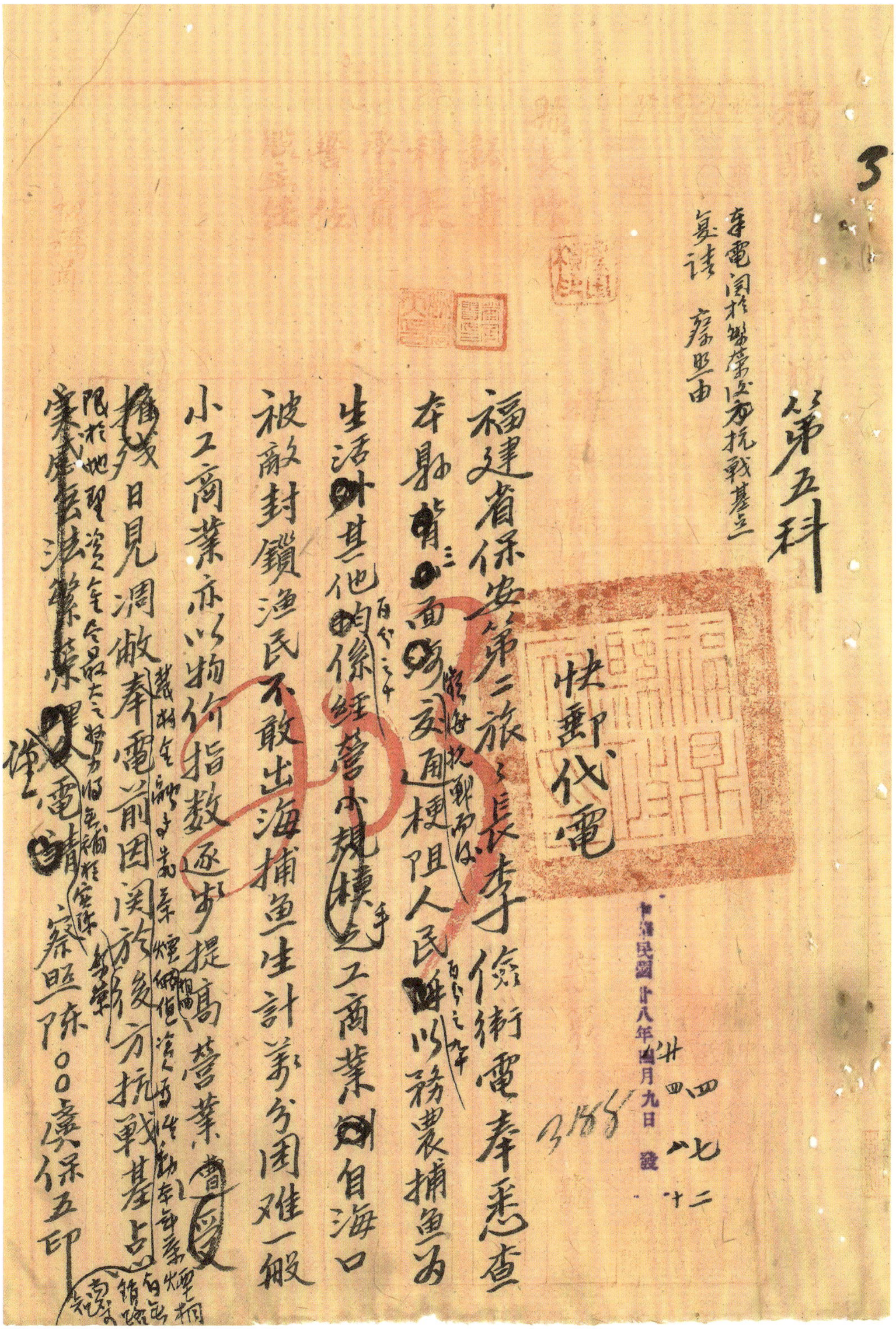

第五科

奉電關於繁榮後方抗戰基点 復請 察照由

快郵代電

福建省保安第二旅旅長李 儉衔電奉悉查本縣背山面海交通梗阻人民以務農捕魚為生活其他均係經營小規模之工商業自海口被敵封鎖漁民不敢出海捕魚生計萬分困難一般小工商業亦以物價指數逐步提高營業日見凋敝奉電前因關於後方抗戰基点限於地理實無法繁榮 電請 察照 縣長〇〇 虞保五印

中華民國廿八年四月九日發

福建省国民抗敌自卫团闽东区司令部关于核示筹设行署计划书等事致福鼎县县长的批回
（一九三九年四月二十五日）

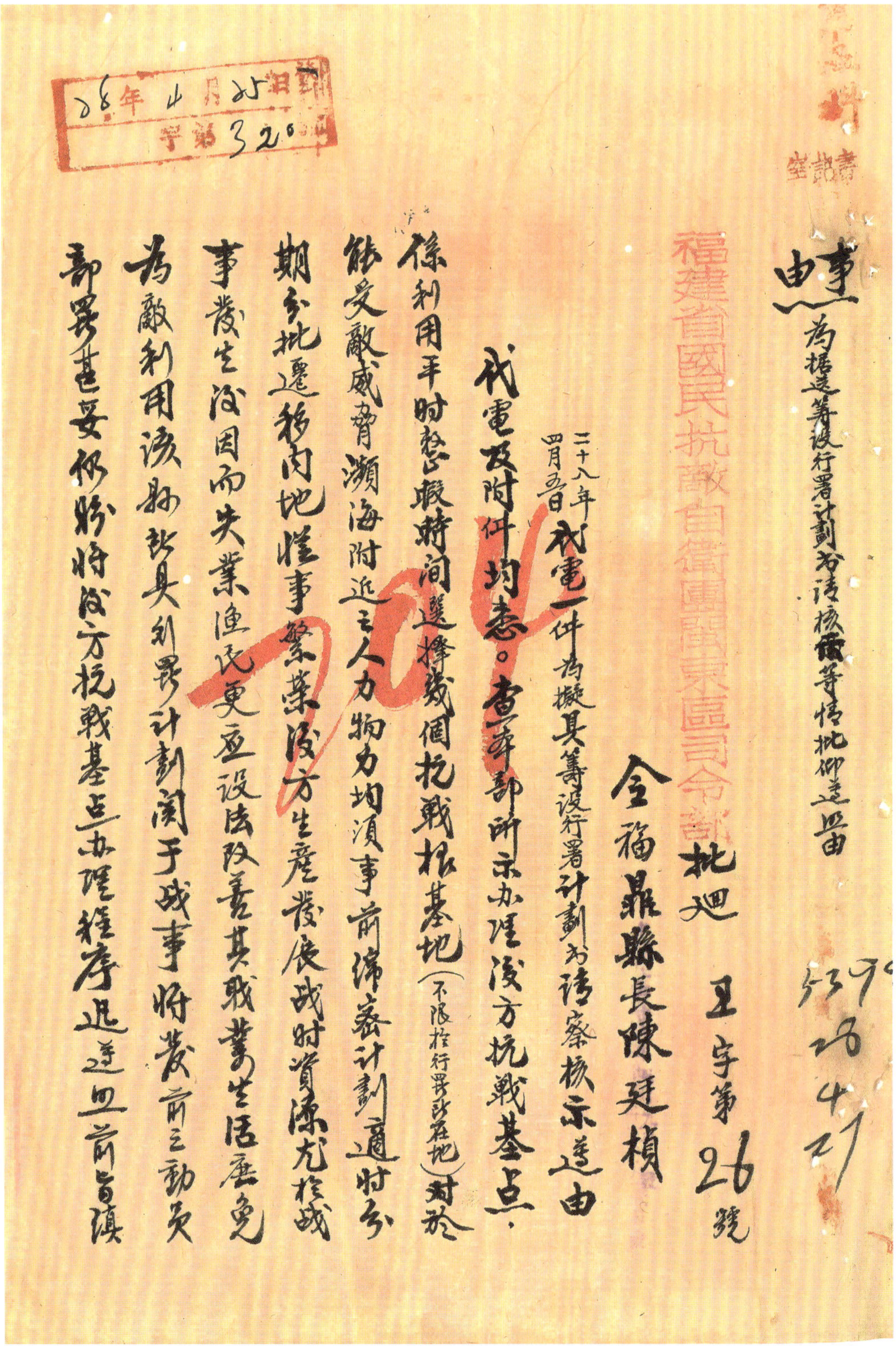

28年4月25日 字第320
書記室
事由：為據遵籌設行署計劃書請核示等情批仰遵照由
福建省國民抗敵自衛團閩東區司令部 批迴 王字第26號
令福鼎縣長陳廷楨
二十八年四月五日代電一件為擬具籌設行署計劃書請察核示遵由
代電及附件均悉。查本部所示辦理設方抗戰基點，係利用平時整暇時間選擇幾個抗戰根基地（不限於行署所在地）對於能受敵威脅瀕海附近之人力物力均須事前縝密計劃，適時分期分批遷移内地，惟事繁費鉅，設方生產發展戰時資源，尤於戰事發生後因而失業漁民更應設法改善其職業生活，庶免為敵利用。該縣所具行署計劃關于戰事將發前之動員部署甚妥，仰將將設方抗戰基點办理程序迅遵照前旨慎

審計處送部以憑核轉為要。 原件暫存

此批。二

中華民國二十八年四月 日

兼司令李樹棠

副司令劉子英

兼副司令張鍊聲

朱沛霖

古田才

行

福建省第一区行政督察专员公署关于自卫计划应注意事项致福鼎县政府的电（一九三九年四月二十六日）

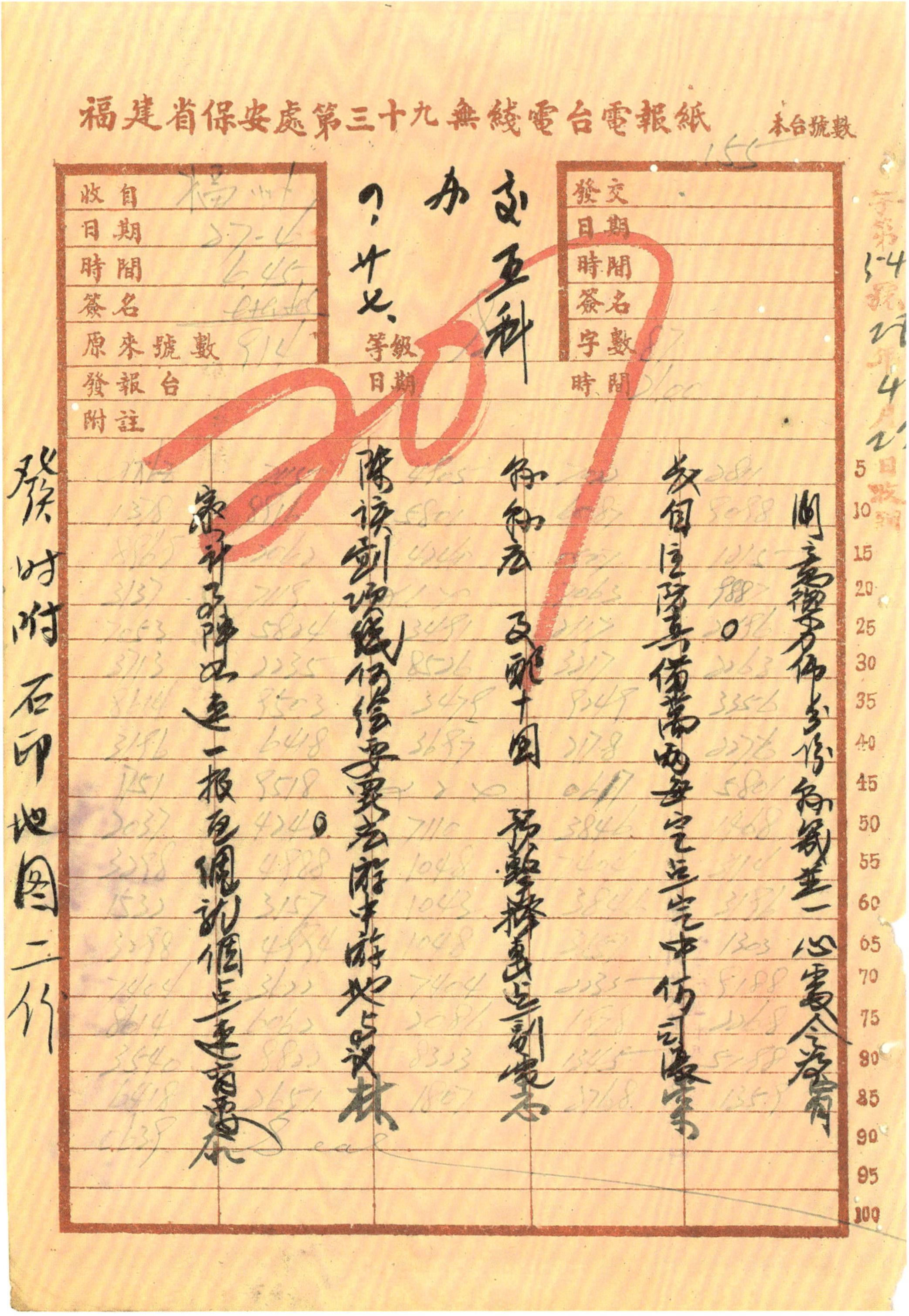

福建省保安處第三十九無綫電台電報紙

本台號數

收自
日期
時間
簽名
原來號數
發報台
附註

等級
日期

發交
日期
時間
簽名
字數
時間

交五科

办

〇廿七

發時附石印地圖二份

福鼎县政府关于遵拟繁荣抗战后方基点计划报核事致福建省国民抗敌自卫团闽东区司令部的代电

（一九三九年五月十一日）

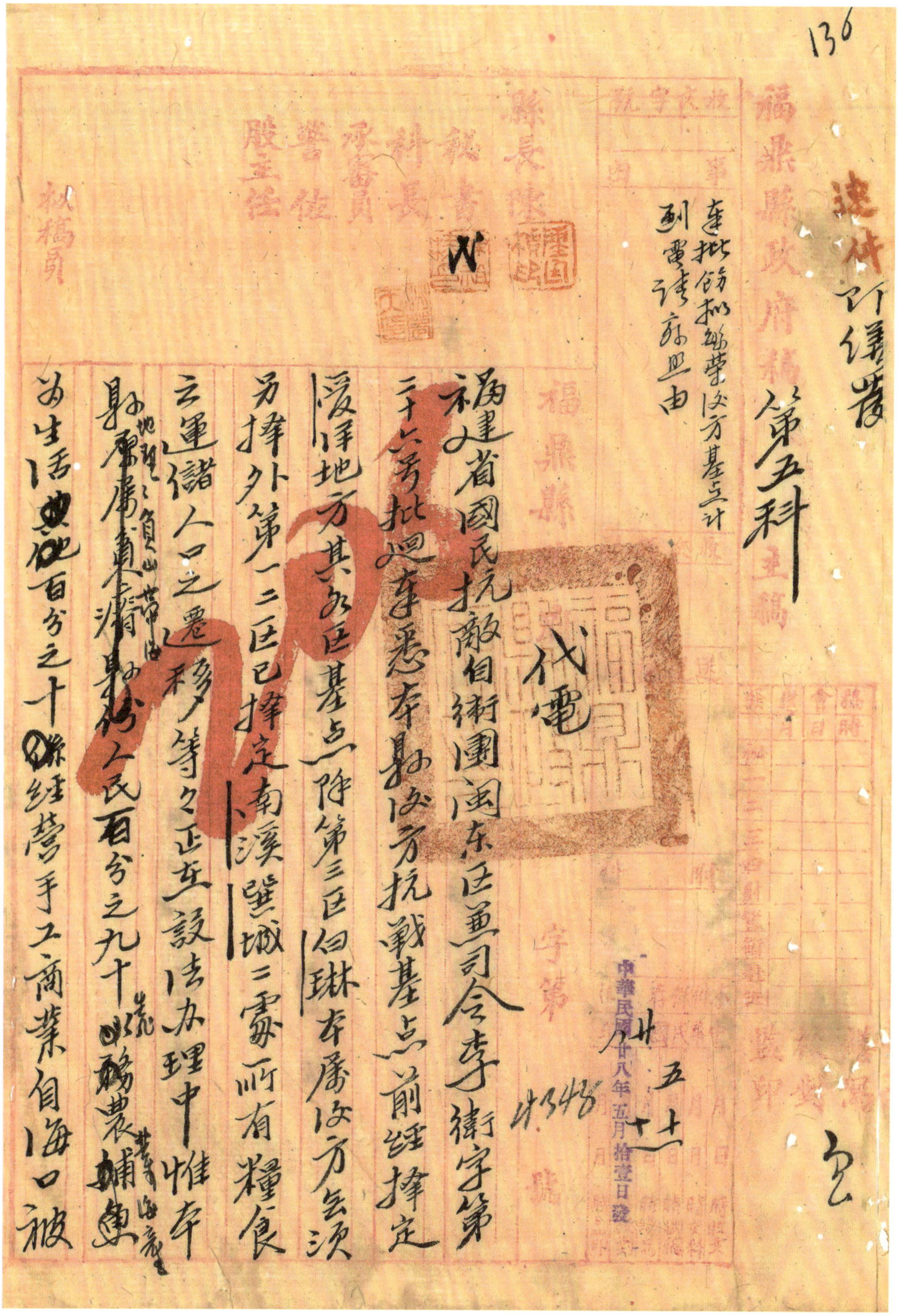

敵封鎖漁民不敢出海捕魚生計萬分困難一般小工商業亦以物價指數逐步提高營業日見凋敝農村金融專恃茶烟桐油價值資以活動本年茶烟桐有無銷路尚未可知是以（而茶烟桐油產於山地而福鼎沿海產品於前方沿海漁民朝捕[illegible]）繁榮後方抗戰基點限於地理資金即盡最大之努力亦將無補於實際（除在淪陷區僑胞仍可於範圍內督促民眾努力[illegible]）事批前因理合電請

察照

福鼎縣〇〇真保印

福鼎县政府关于报送自卫计划及所绘具之地势要图致福建省第一区行政督察专员的代电
（一九三九年五月十六日）

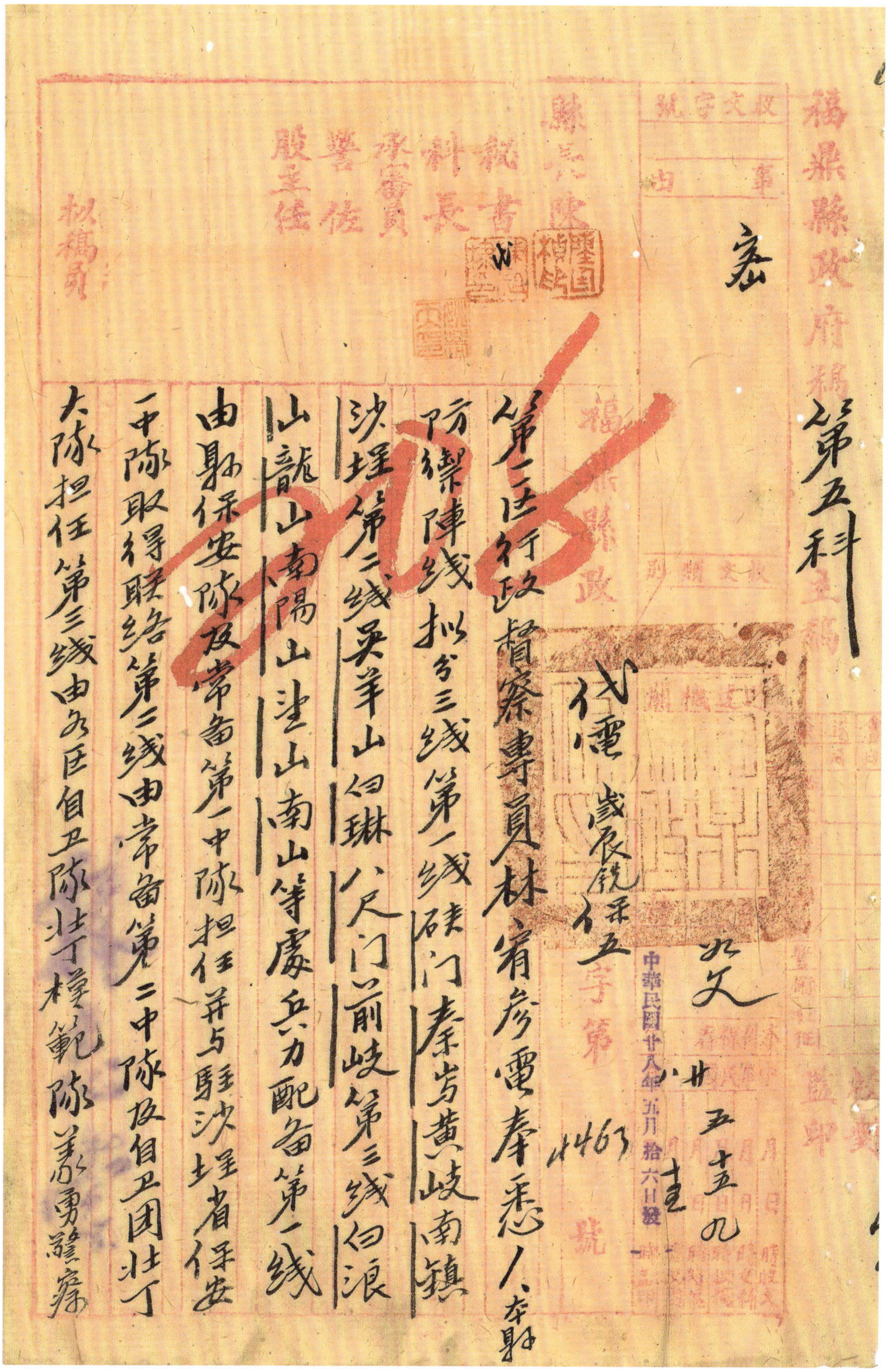
福鼎縣政府稿

第五科

密

縣長陳
秘書
科長
承審員
警佐
股主任
擬稿員

代電 歲辰銑保五字第　號

中華民國廿八年五月拾六日發

第一區行政督察專員林：宥彥電奉悉。本縣防禦陣線擬分三線：第一線硤門、秦嶼、黃岐、南鎮、沙埕；第二線吳羊山、白琳、八尺門、前岐；第三線白琅山、龍山、南陽山、建山、南山等處。兵力配備：第一線由縣保安隊及常備第一中隊擔任，并與駐沙埕省保安二中隊取得聯絡；第二線由常備第二中隊及自衛團壯丁大隊擔任；第三線由各區自衛隊壯丁模範隊義勇隊隊担任之游擊點預定店下、巽城、前岐、桥亭、貫嶺、南溪、果陽、管陽、礤溪等處，並以管陽為中心點，奉電前因，理合绘具本县地势圖二份，随電报請

察查。陳〇〇。删辰。保五印

附本县地势圖二份

中華民國廿八年五月廿六日發

福建省第一区行政督察专员公署关于所送自卫计划及要图准予存核致福鼎县县长的指令
（一九三九年五月三十日）

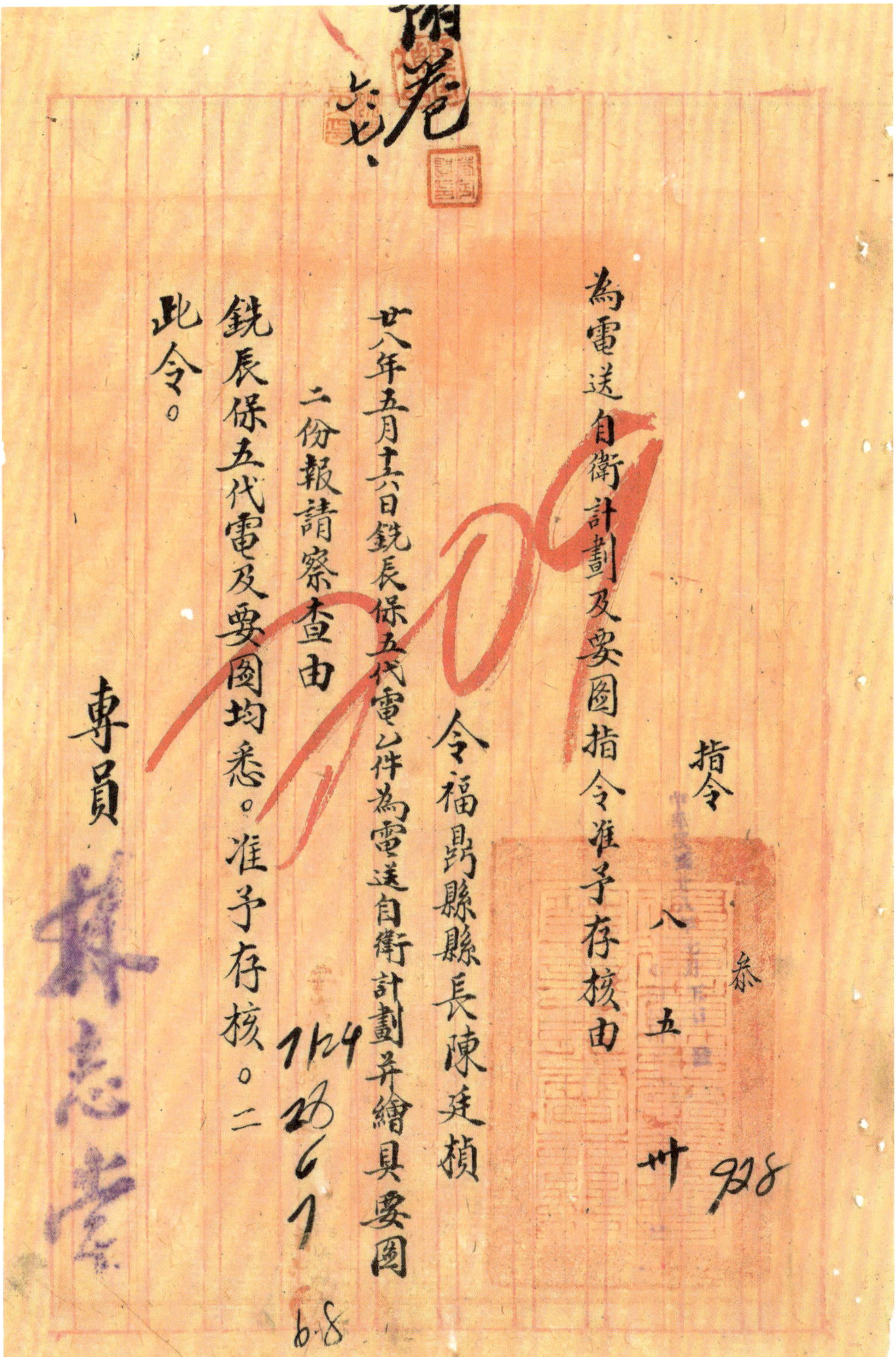
歸卷

指令 叅 八五卅

為電送自衛計劃及要圖指令准予存核由

令福鼎縣縣長陳廷楨

廿八年五月十六日銑長保五代電乙件為電送自衛計劃并繪具要圖二份報請察查由

銑長保五代電及要圖均悉。准予存核。

此令。

專員

福鼎县政府关于请求发还防务木料费移为游击根据地防御工事费致驻闽绥靖公署主任的电（一九三九年七月五日）

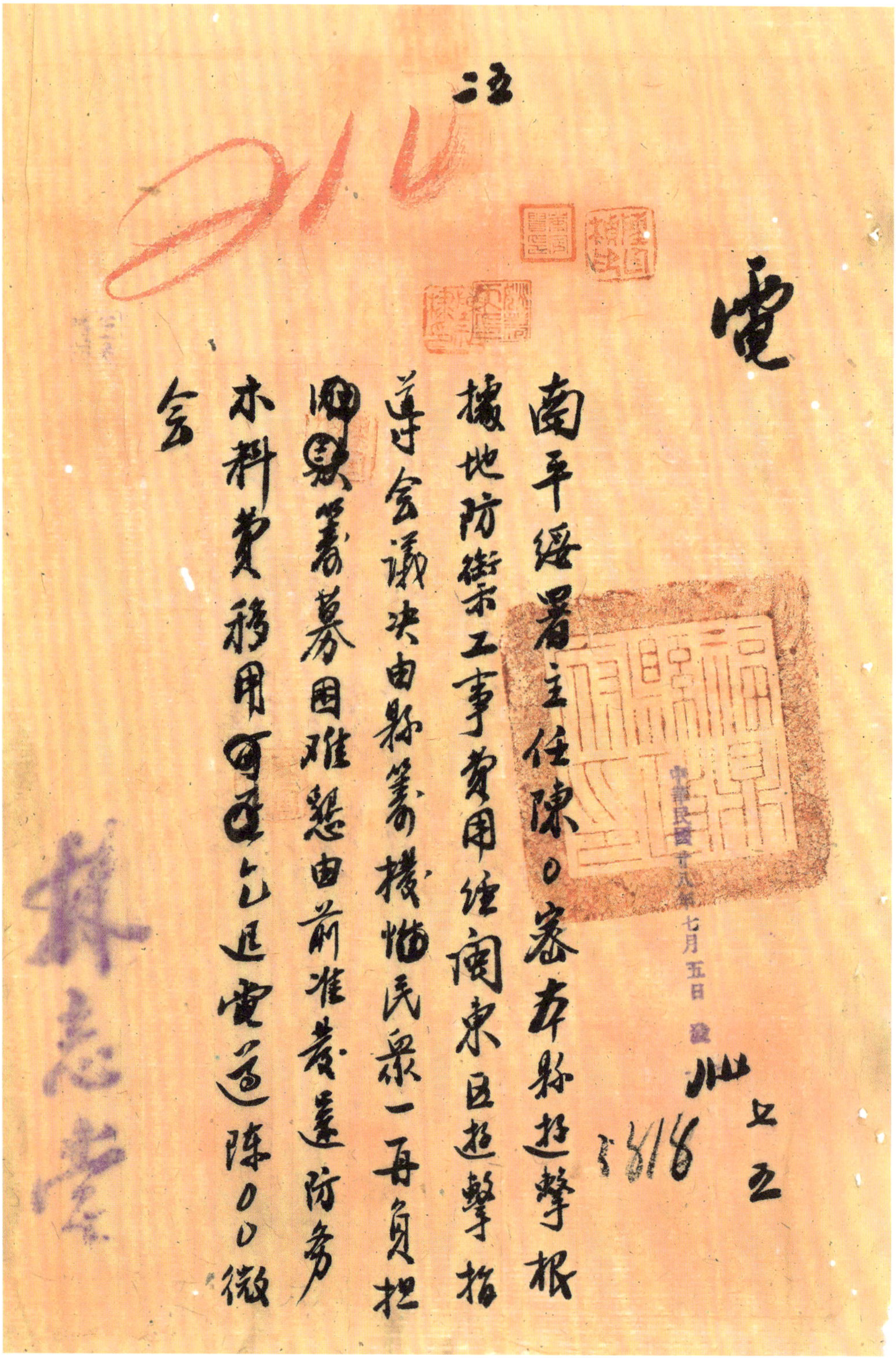

電

南平綏署主任陳○密本縣游擊根
據地防禦工事費用經閩東區游擊指
導會議決由縣籌撥惟民眾一再負担
因縣籌募困難懇由前准發還防務
木料費移用可否乞迅電遵陳○○微
分

驻闽绥靖主任公署关于速呈游击根据地树立计划等情致福鼎县政府的电（一九三九年七月十日）

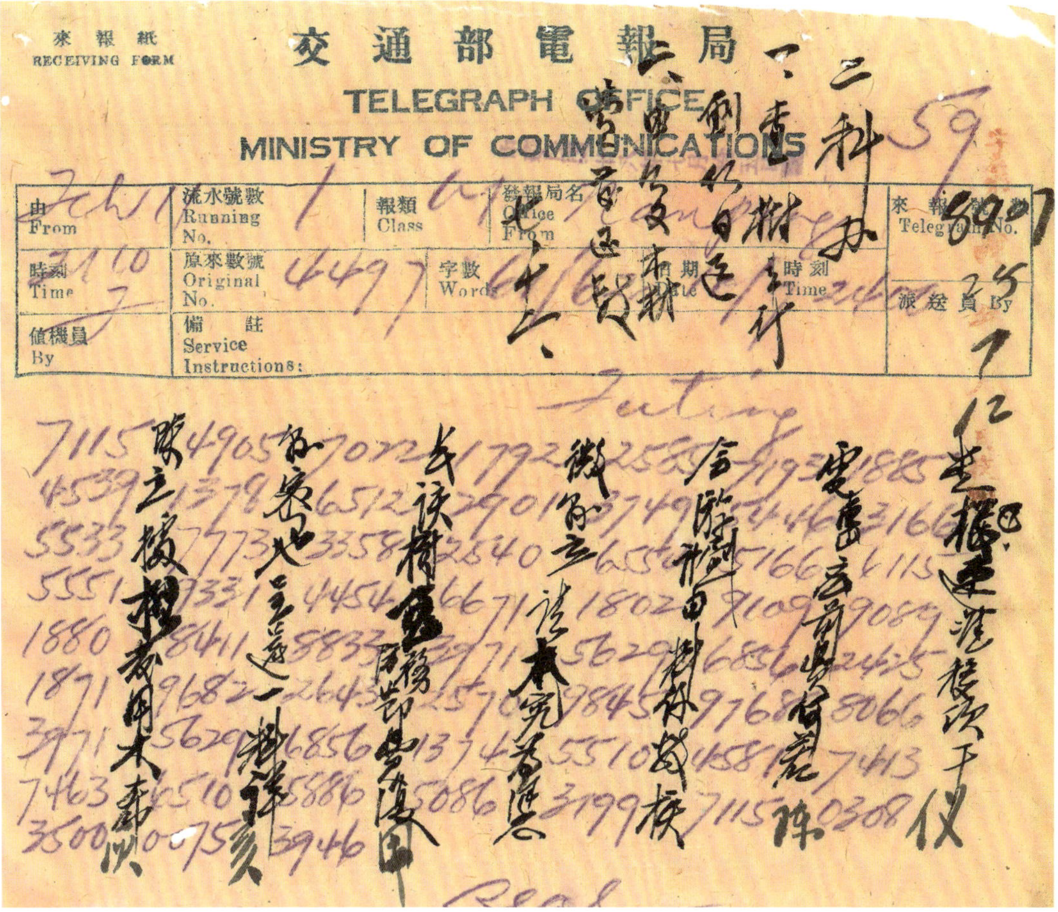

福鼎县政府关于呈报防务木料费详情致驻闽绥靖公署主任的电（一九三九年七月十五日）

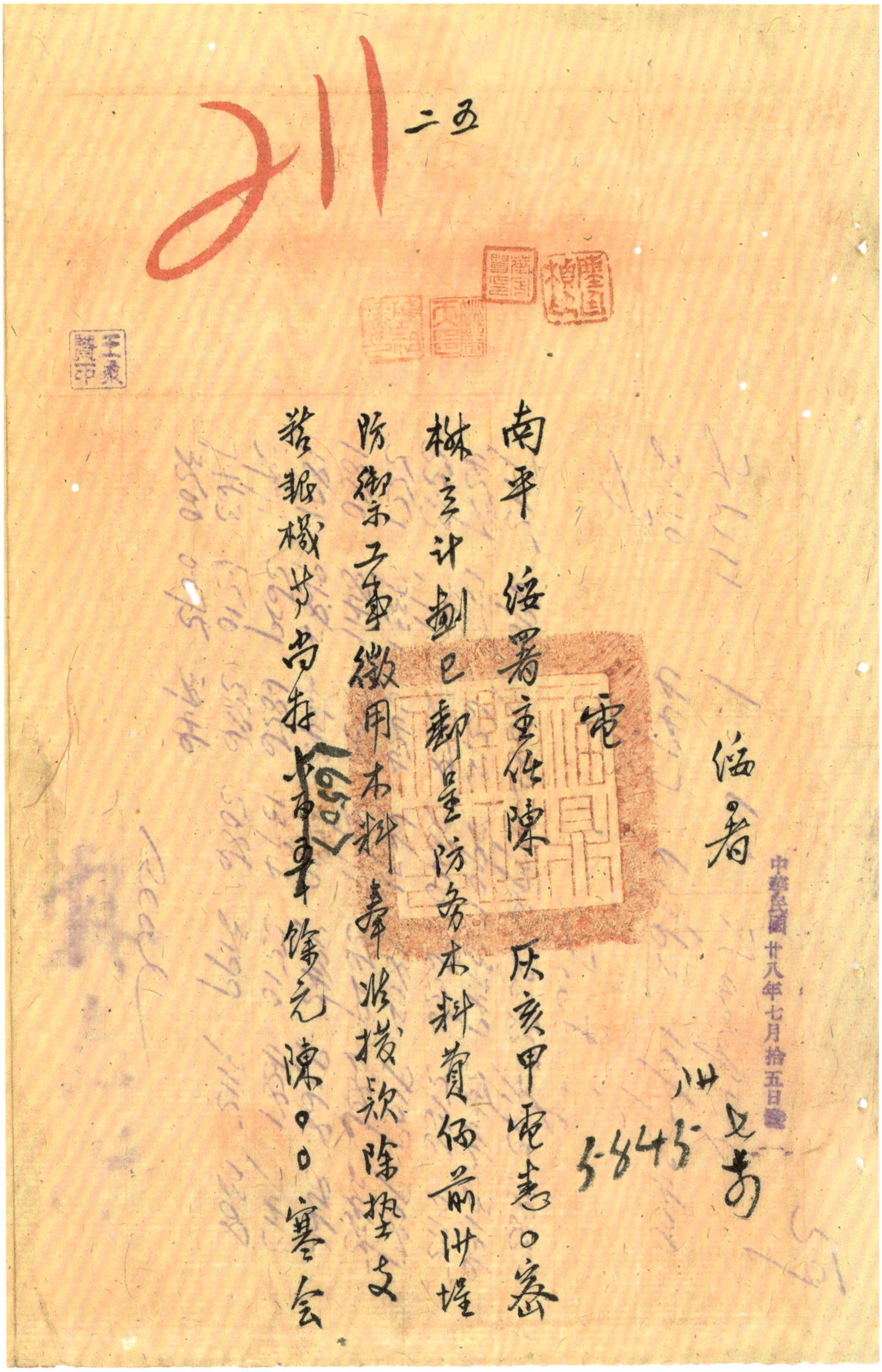

福鼎县政府关于仍拟暂迁行署于管阳并派员督迁等事致福建省政府主席陈仪、福建省第一区行政督察专员林志棠、福建省国民抗敌自卫团闽东区司令李树棠的电（一九三九年七月十八日）

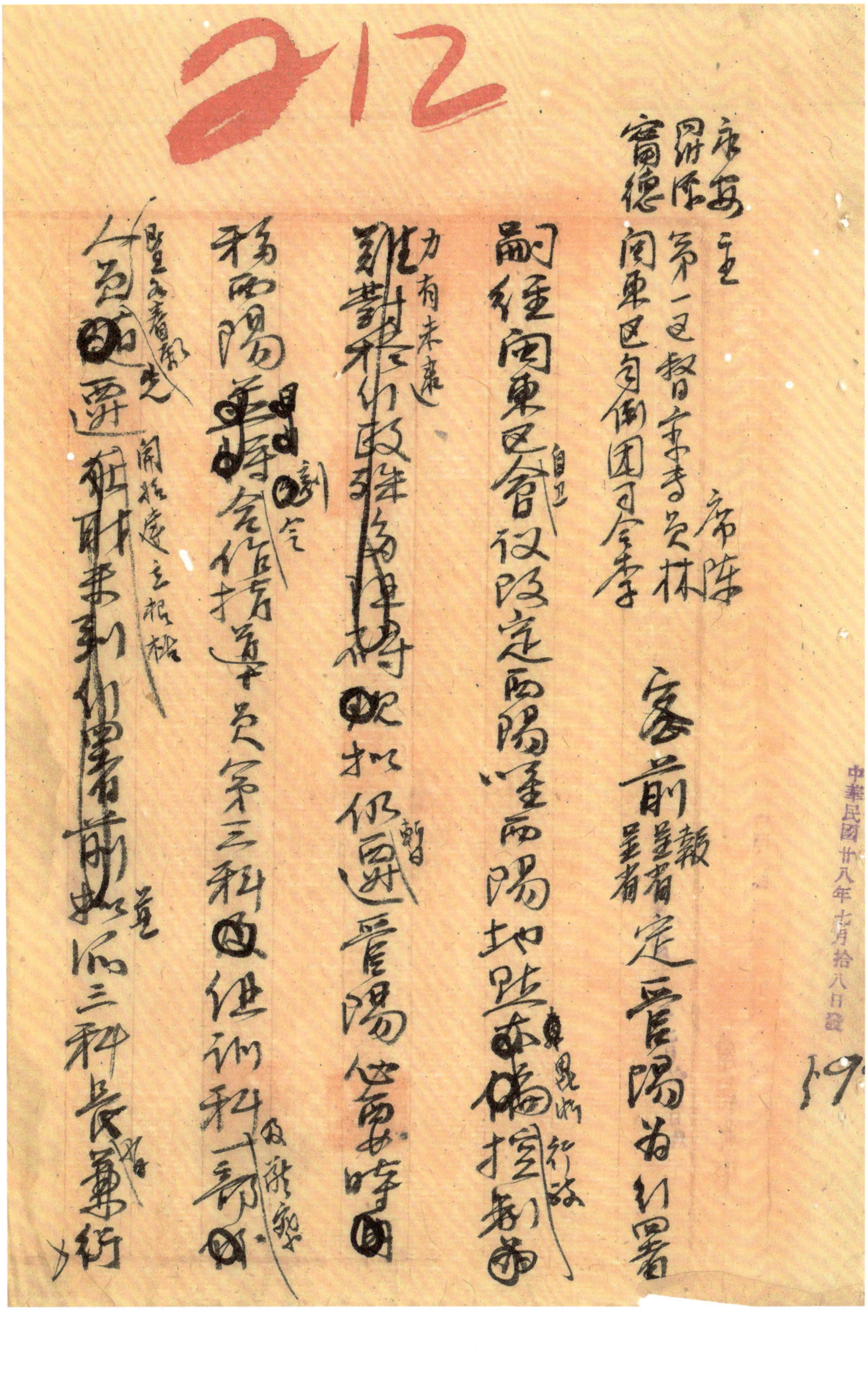

署主任以便转饬军队分电闽東区司令暨专署外，乞
省府暨闽東区司令专署

電覆　陈子[illegible]叩　午佳

科長　秘書　王[illegible]縣長　七卅六

中華民國廿八年七月拾九日發

中華民國廿八年[illegible]

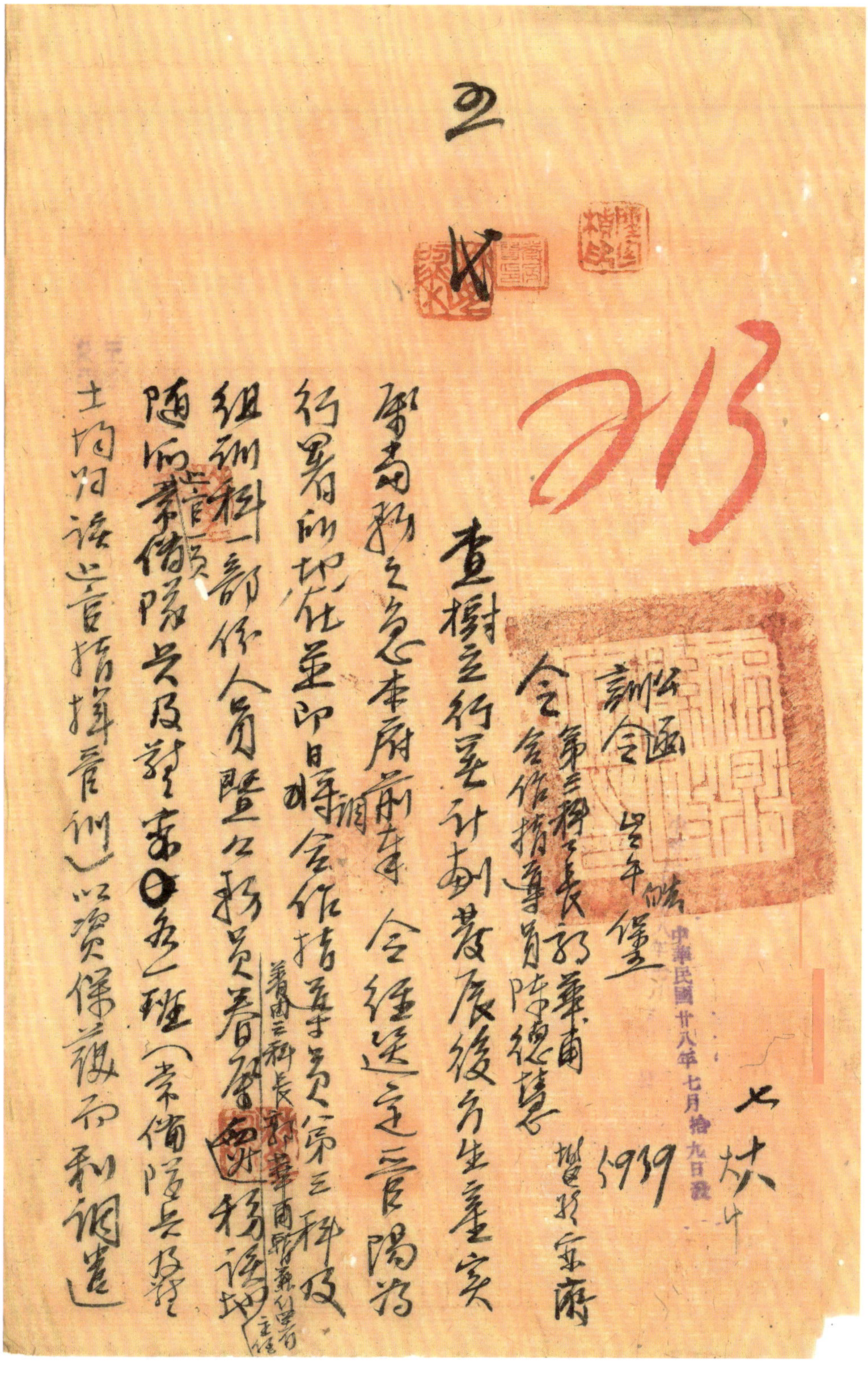

中華民國廿八年七月拾九日發

公函
訓令 字第4939號

令 第三科科長鄭華甫
合作指導員陳德慧

查樹立行署計劃發展後方生產實
屬當務之急本府前奉令經選定管陽為
行署所在地並即日將合作指導員第三科技
組訓科一部份人員暨公務員眷屬移該地
隨同常備隊員及警察各一班（常備隊長及警
士均歸該管指揮管訓）以資保護而利調遣

福鼎县政府关于选定管阳为行署所在地并派员组织训练民众发展生产等情致该县国民抗敌自卫团司令部的公函及致第三科科长、合作指导员的训令（一九三九年七月十九日）

所有组训民众暨后备基干要务均由该专任副区队长负责

长督率办理，除分令外，相应函请

查照，并饬遵照，并将该联队长到差日期见复为荷。此致

仰遵照，将指保正副联队长到任日期报告为要。此令

福鼎县抗敌自卫团司令部

中华民国廿八年十月十八日

中华民国廿八年十月十八日发

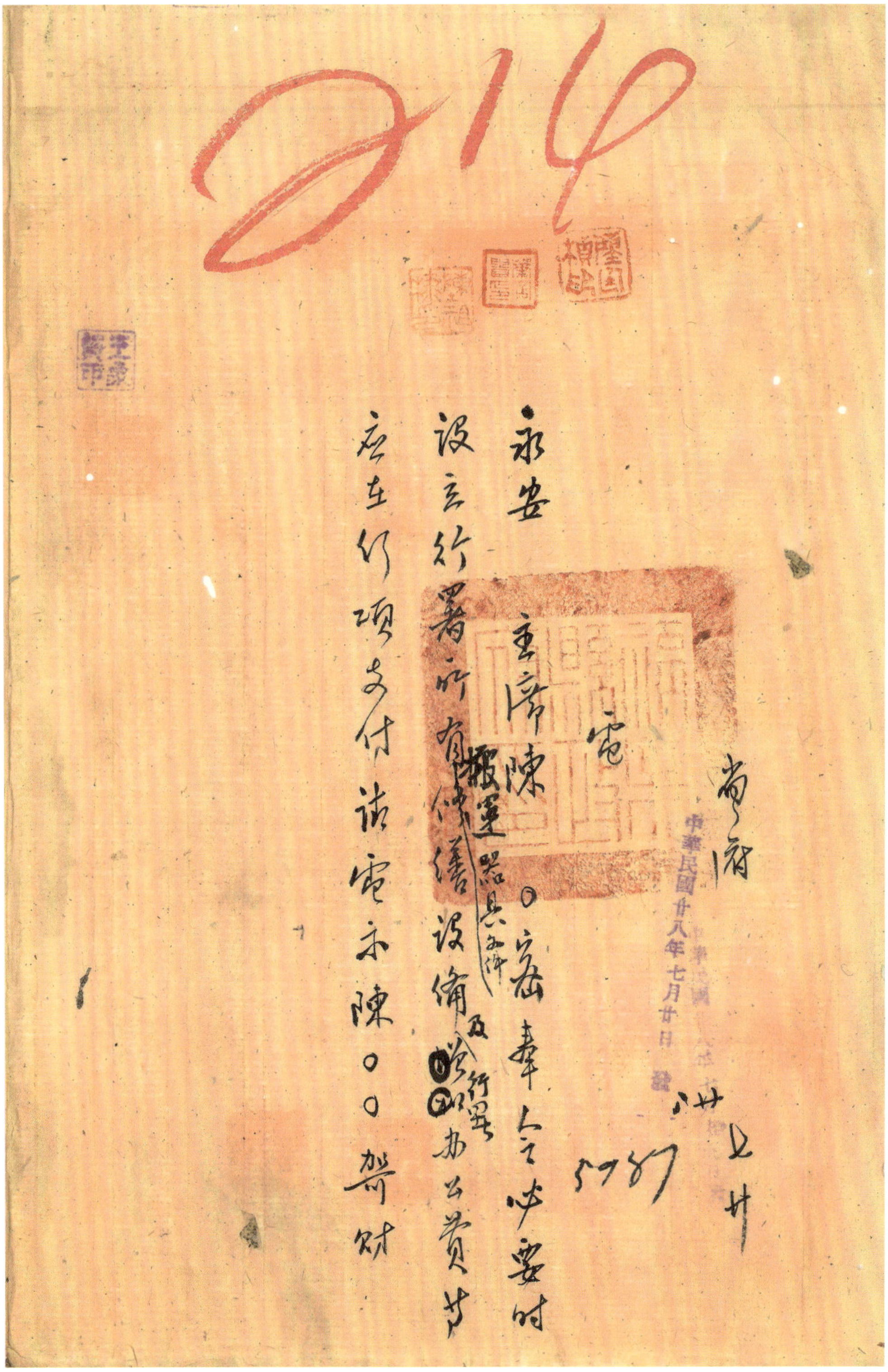

福鼎县政府关于设立行署所需各项费用应在何项支付致福建省政府的电（一九三九年七月二十日）

福建省国民抗敌自卫团闽东区司令部关于核示拟迁移之行署地点等情致福鼎县县长的批回

（一九三九年七月二十二日）

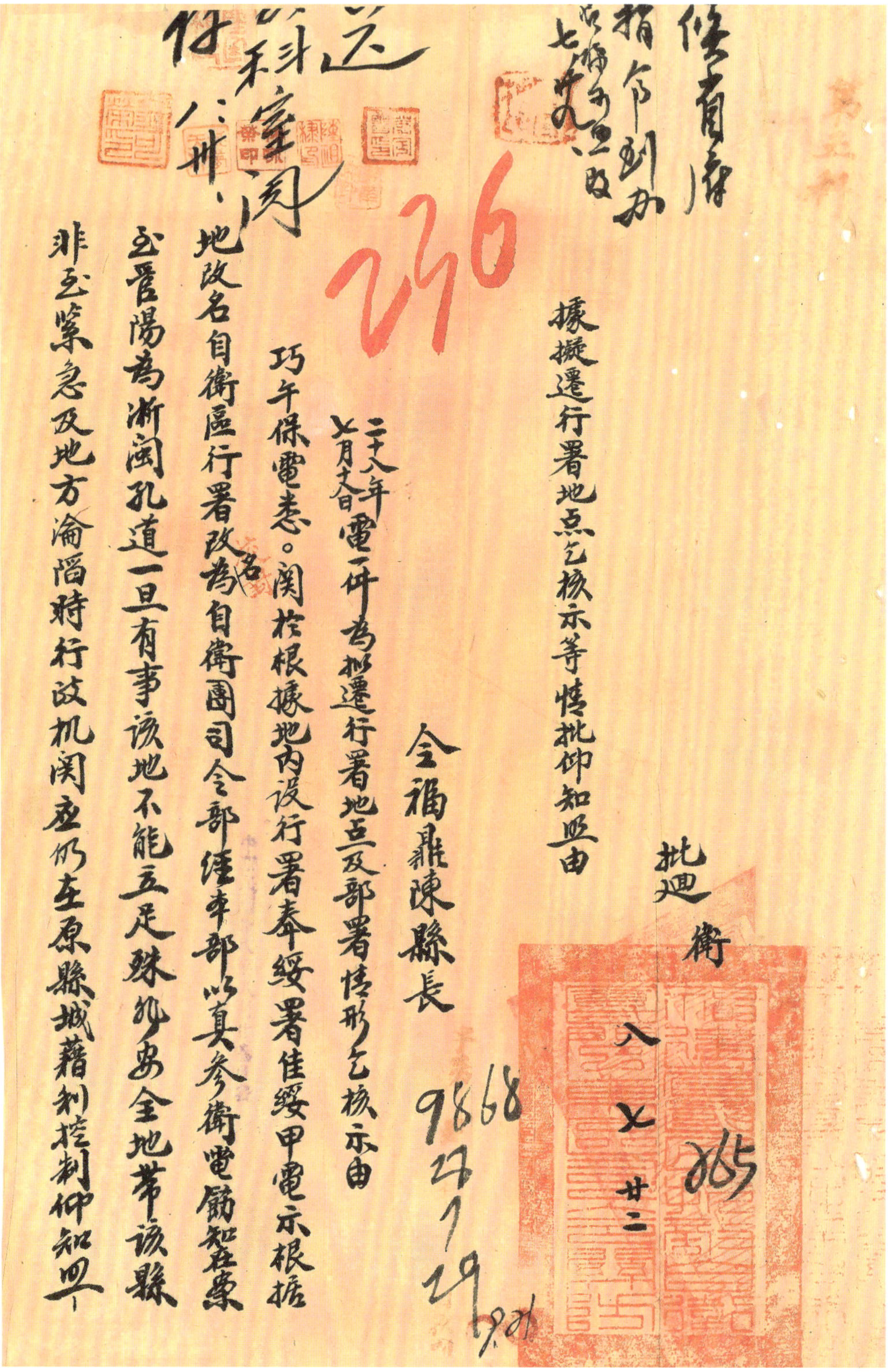
批迴　衛　八七廿二

據擬遷行署地点乞核示等情批仰知照由

仝福鼎陳縣長

二十八年七月支合電一件為擬遷行署地点及部署情形乞核示由

巧午保電悉。関於根據地内設行署奉綏署佳綏甲電示根据地改名自衛區行署改名為自衛團司令部經本部以真參衛電飭知在案至霞浦為浙閩孔道一旦有事該地不能立足殊非安全地帶該縣非至緊急及地方淪陷時行政机関應仍在原縣城藉利控制仰知照！

此批。

兼司令李樹棠
副司令劉子英
兼副司令張琫聲
侯定遠
古田才

福鼎县国民抗敌自卫团司令部关于派遣协理员率带壮训分队长前往工作事致该县政府的公函

（一九三九年七月二十三日）

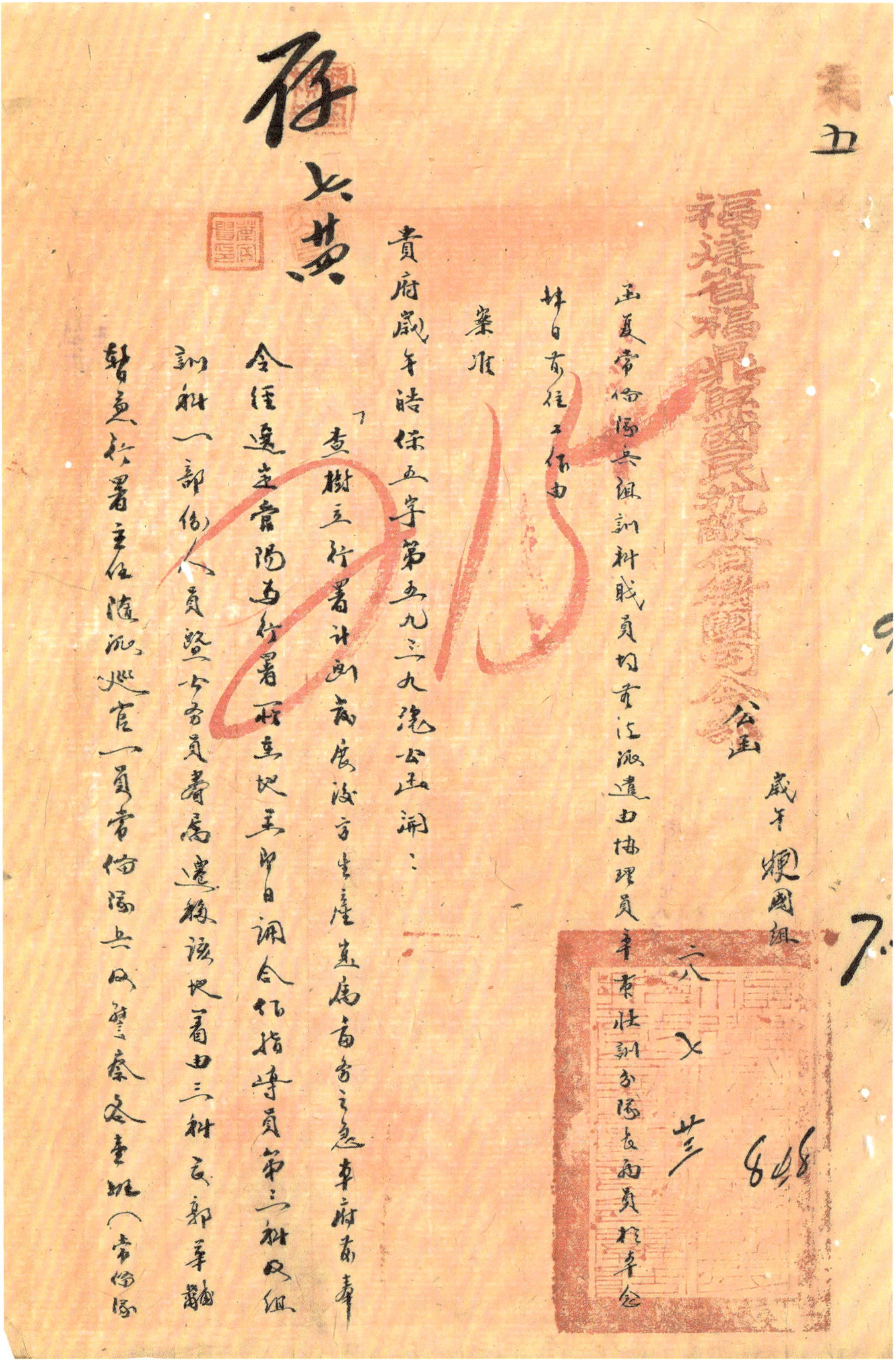

五

福建省福鼎縣國民抗敵自衛團司令部公函

戌午 穗國組

二八 七 廿三

848

7

函復常備隊兵組訓科職員切實派遣由協理員率帶壯訓分隊長兩員於本

廿日前往工作由

案准

貴府戌午皓保五字第五九三九號公函開：

「查樹立行署計劃爲促進生產建國當務之急本府奉

令經遴定當湖為行署所在地並即日調合作指導員第三科及組

訓科一部份人員暨本府負責局處遷移該地著由三科長郭華龍

暫兼行署主任濠溪巡官一員常備隊兵數名參各專班（常備隊

存 七 黄

兵及警士均歸該巡官指揮管訓，以資保護而利調遣。所有組訓民眾、裁

廢土匪諸要務，均由該專任巡官秉承本縣長督率辦理。除分令外，

相應函請查照，並希轉飭遵照，並仰將員兵啓行日期見復為荷。」

等由。准此。查常備一、二中隊長兵悉數調派各區，往兵來同赴本部組訓，所存職

員僅有書記、科員各壹員，均無法派遣。茲派軍民合作協理員趙學忠、李

萬生、調分隊長安樺、崔銓兩員於本月念肆日前往工作。除分令外，相應

函復

查照為荷。

此致

福鼎縣政府

行

兼司令陳廷楨

副司令何俊森

張劍雄

福鼎县政府合作指导员陈德慧关于遵令赴行署日期致该县县长的报告（一九三九年七月二十八日）

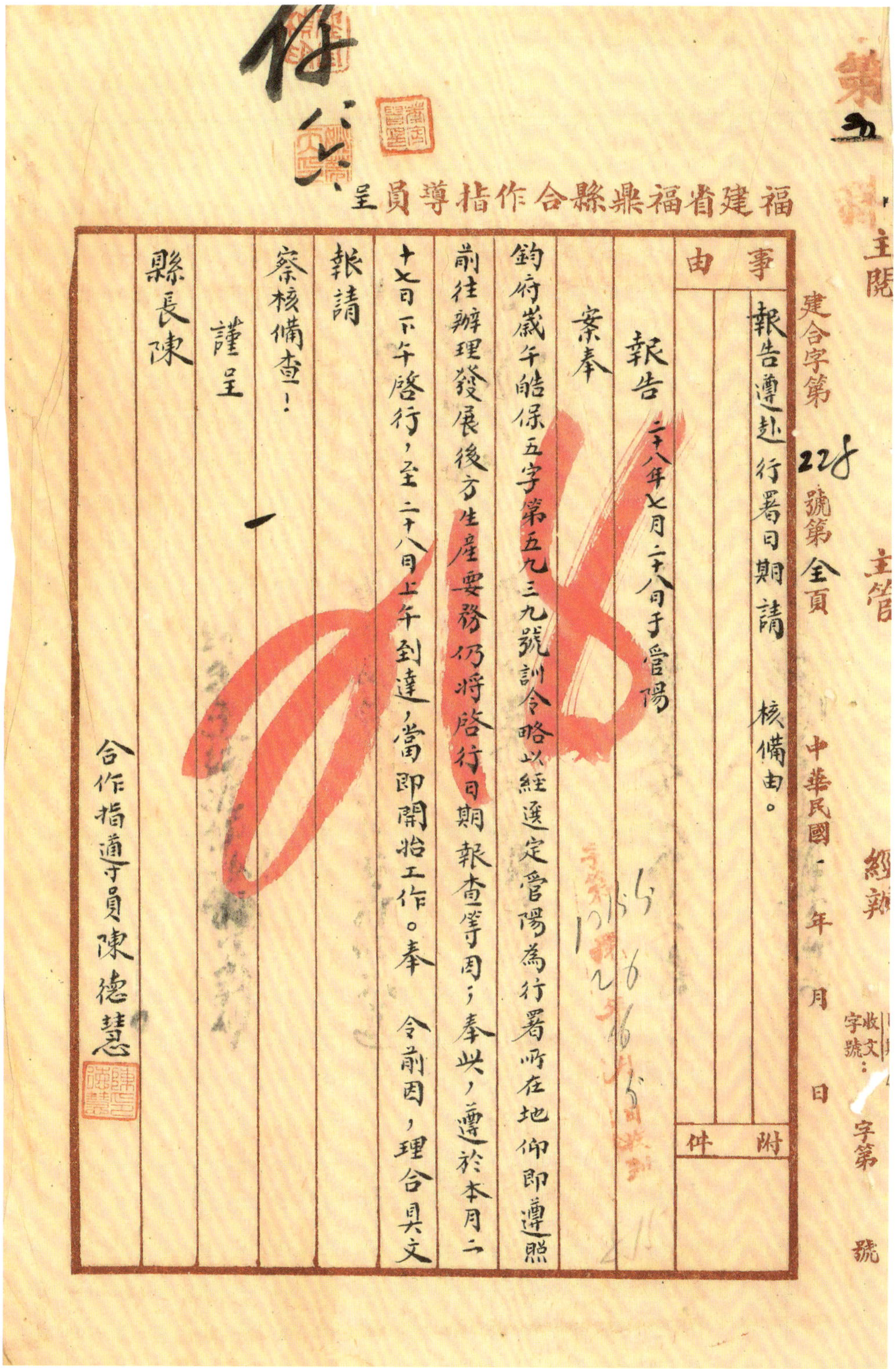

福建省福鼎縣合作指導員呈

建合字第228號　第全頁

中華民國　年　月　日

事由：報告遵赴行署日期請　核備由。

附件

報告　二十八年七月二十八日于晉陽

案奉

鈞府歲午皓保五字第五九三九號訓令略以經選定晉陽為行署所在地仰即遵照前往辦理發展後方生產要務仍將啓行日期報查等因；奉此，遵於本月二十七日下午啓行，至二十八日上午到達，當即開始工作。奉　令前因，理合具文報請

察核備查！

謹呈

縣長陳

合作指導員陳德慧

福鼎县国民抗敌自卫团司令部关于游击根据地应准备事项中资源移存、人民迁徙二项请详拟办法送部汇转致该县政府的公函（一九三九年七月二十八日）

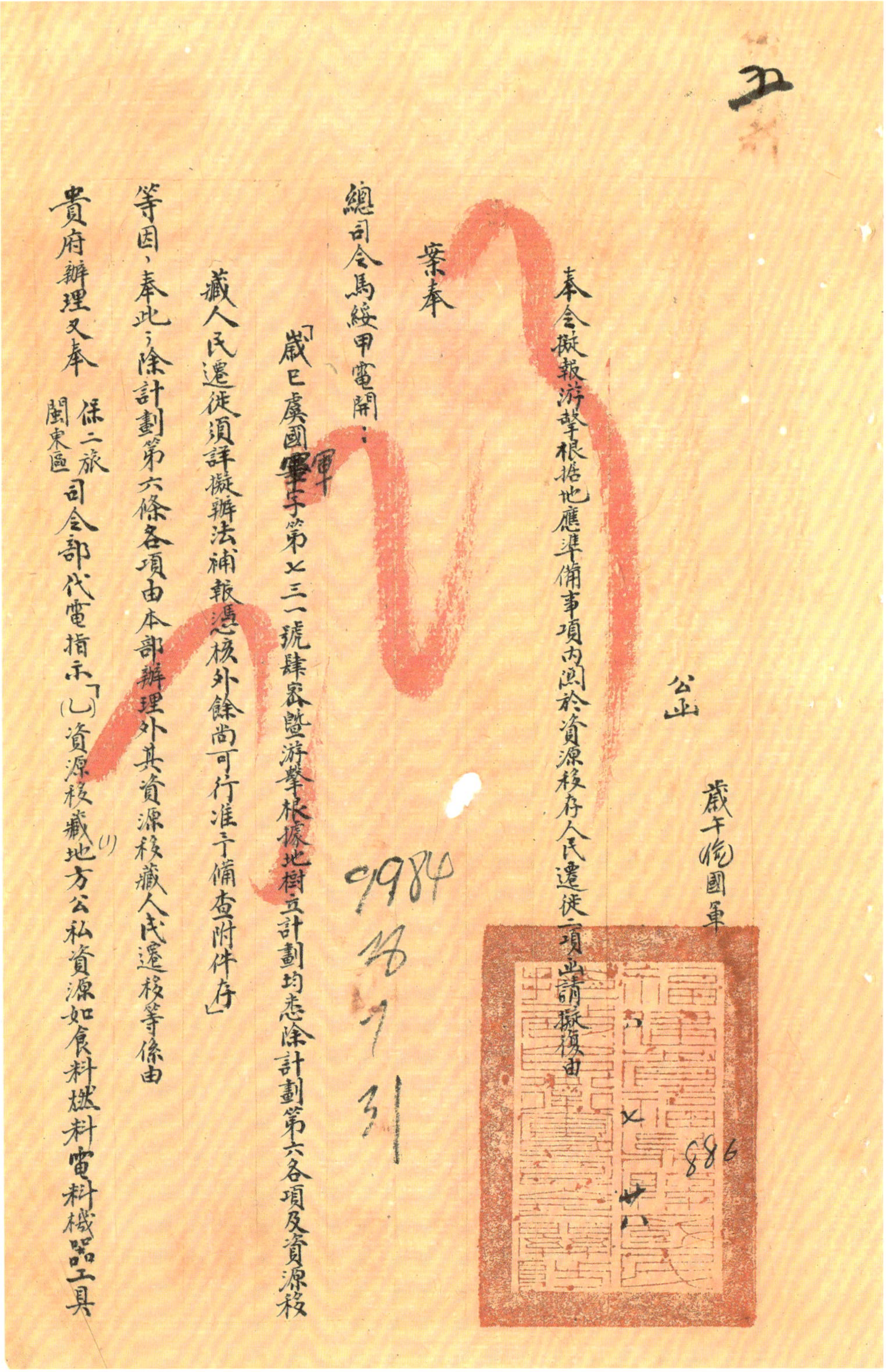

五
奉令擬報游擊根據地應準備事項內關於資源移存人民遷徙二項請詳擬辦法由
公函
歲午儉國軍
案奉
總司令馬綏甲電開：
「歲巳虞國軍甲字第七三一號肆密暨游擊根據地樹立計劃均悉，除計劃第六各項及資源移
藏人民遷徙須詳擬辦法補報憑核外，餘尚可行，准予備查，附件存」
等因，奉此。除計劃第六條各項由本部辦理外，其資源移藏人民遷移等係由
貴府辦理，又奉
保二旅閩東區司令部代電指示「(乙)資源移藏地方公私資源如食料燃料電料機器工具
9984

工業原料或材料各種金屬獸類等應移儲於遠後方之內地及游擊根據地並應儘量內遷人民資源或使自行埋藏之户籍稅冊及糧房人員應事先轉移游擊根據地內不得任意焚燬或拋棄資敵（丙）人民遷徙、積極疏散遷入游擊根據地或內地力謀安全之老弱貧困無力疏散者應會仝地方政府慈善團體妥為周濟以資保全奉電前因相應一併函請

查照並希於三日內詳擬辦法送部彙轉為荷

此致

福鼎縣政府

兼司令陳廷楨

副司令何俊森

張劍雄

福鼎县国民抗敌自卫团司令部关于转达自卫团司令部须随县长兼司令行动及根据地称为自卫区等致该县政府的公函（一九三九年八月一日）

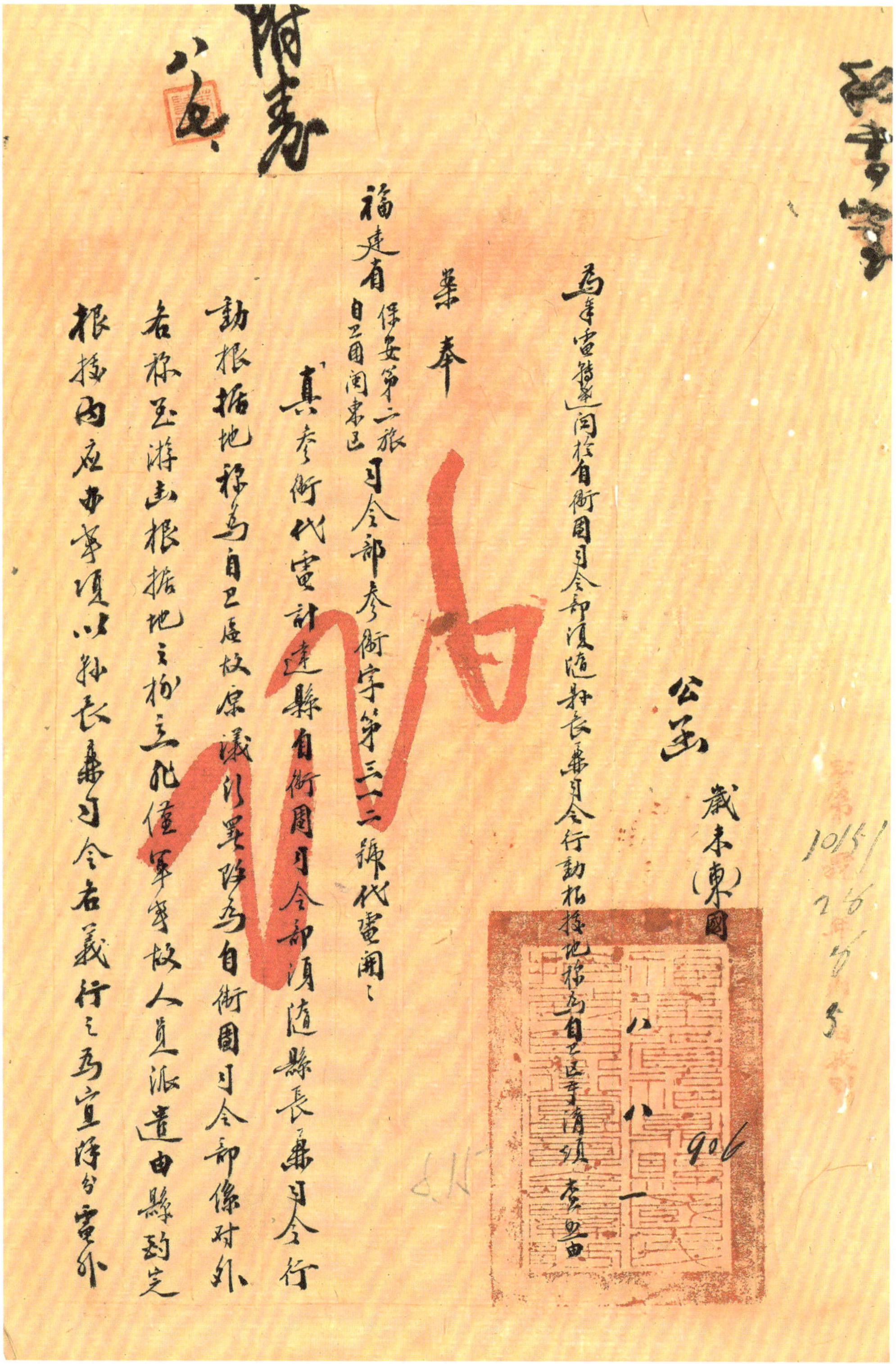
附卷 八五
公函 歲未（東）國 八八一
為準電轉達閩松自衛團司令部須隨縣長兼司令行動根據地稱為自衛區等請煩查照由
案奉
福建省保安第二旅自衛團閩東區司令部參衔字第三一二號代電開：
真參衔代電計達縣自衛團司令部須隨縣長兼司令行動根據地稱為自衛區按原議則異除為自衛團司令部係對外者稱至游擊根據地之物立化僅軍事故人員派遣由縣酌定根據內應無事項以縣長兼司令名義行之為宜等因電外

特電達為

等因奉此，相應函達，希

查照為荷

此致

福鼎縣政府

227

兼司令 陳達楨

副司令 何俊森

副司令 張劍雄

福建省政府关于行署搬迁等费用应先编造预算批准后由地方预备费用开支致福鼎县政府的电

（一九三九年八月一日）

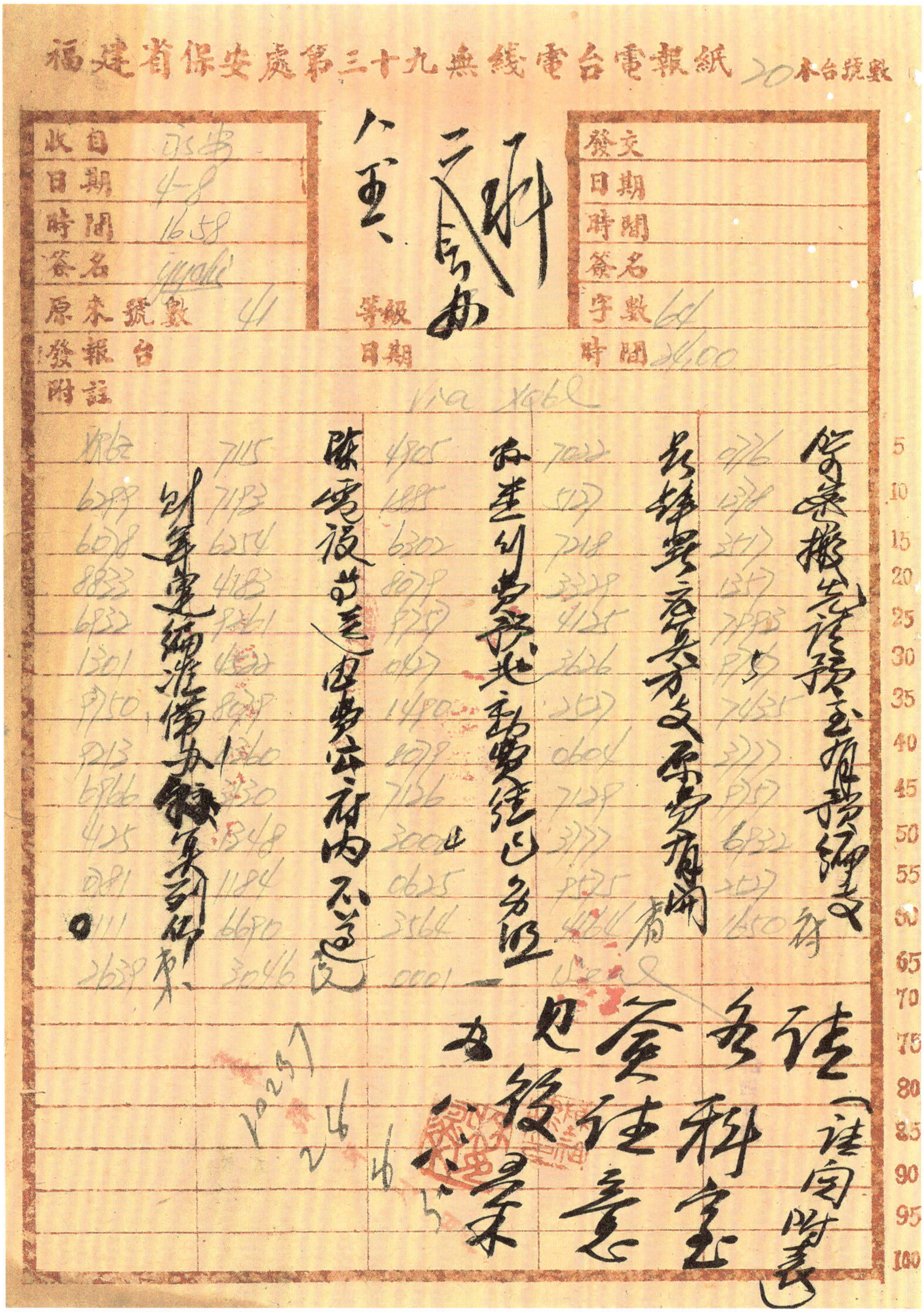
福建省保安處第三十九無線電台電報紙

本台號數

收自

日期

時間

簽名

原來號數

等級

發文

日期

時間

簽名

字數

發報台

日期

時間

附註

福鼎县政府关于资源移存、人民迁徙二项请自行拟定致该县国民抗敌自卫团兼司令陈廷桢的公函
（一九三九年八月三日）

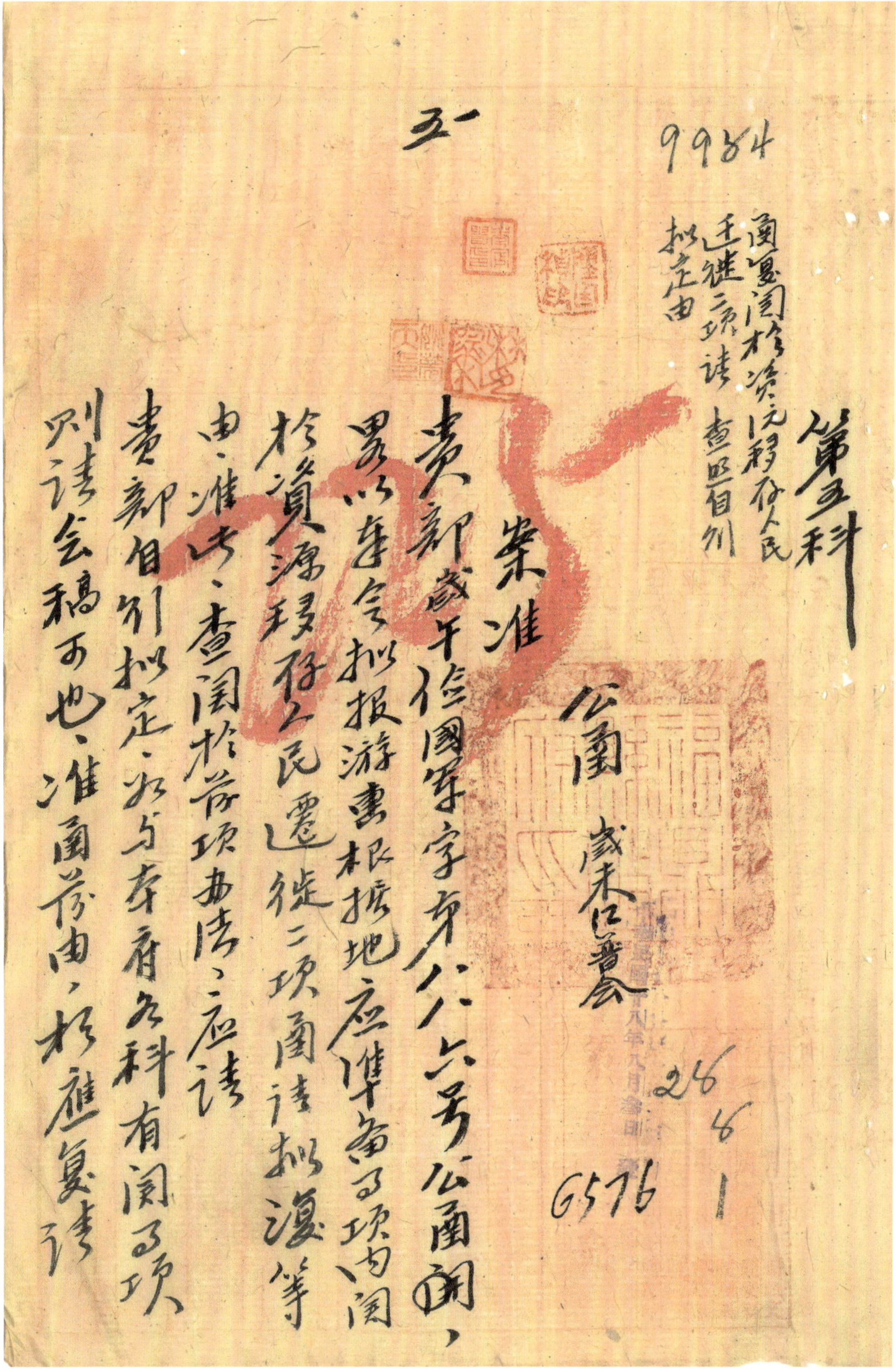

五一

9984

第五科

函复关于资源移存人民迁徙二项请查照自行拟定由

公函

案准
贵部戌午佳国军字第八八六号公函开：略以奉令拟报游击根据地应准备各项内关于资源移存、人民迁徙二项，函请拟复等由。准此。查关于前项办法，应请
贵部自行拟定，如与本府各科有关各项，则请会稿可也。准函前由，相应复请

26
8
1

6576

查照为荷。

此致

福鼎縣國民抗敵自衛團總司令陳

銜名

福鼎县国民抗敌自卫团司令部关于资源移存、人民迁徙等项办法应由县府各主管科拟定等致该县政府的公函（一九三九年八月五日）

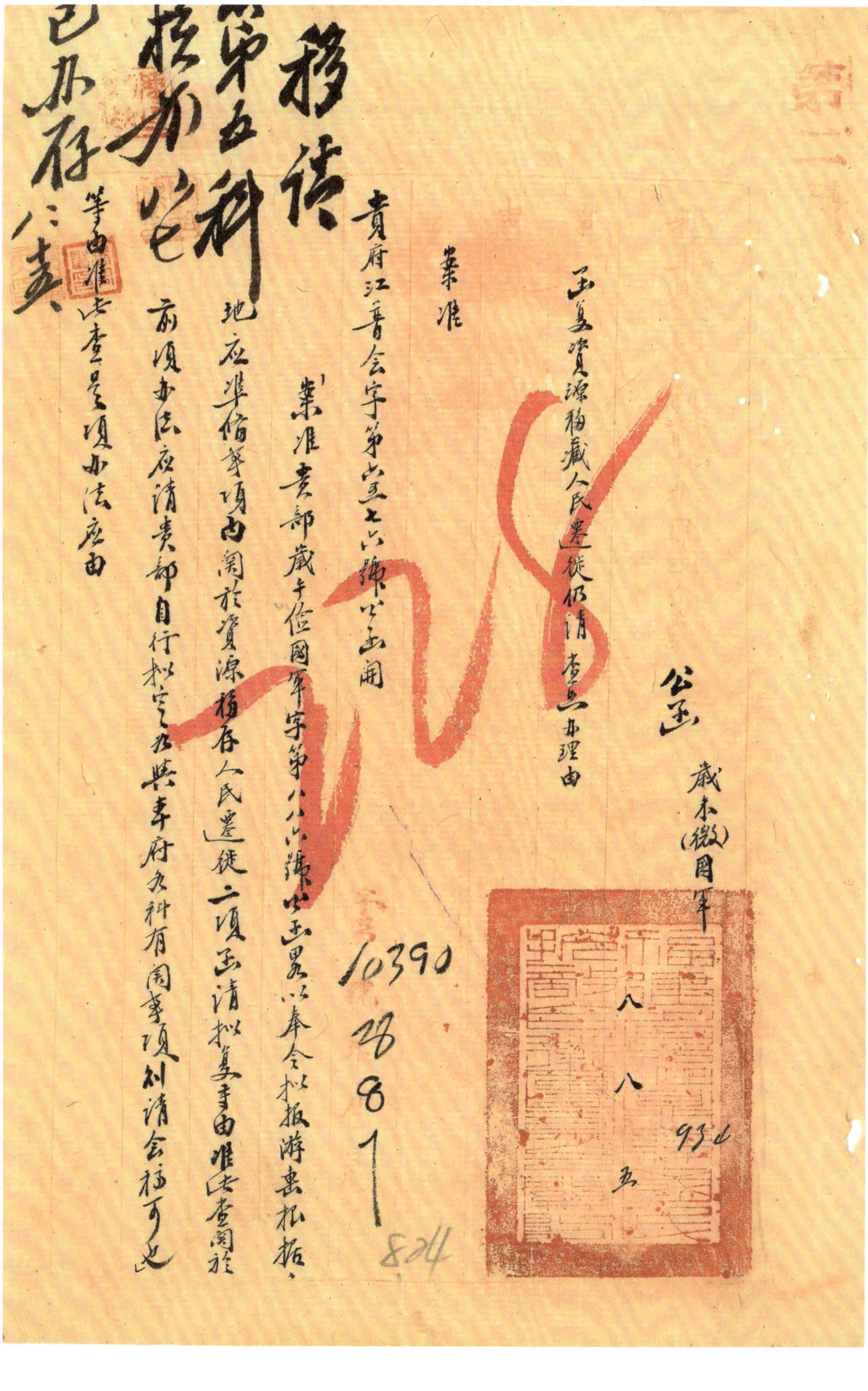

公函　歲未(徵)同军　八八五

函复资源移藏人民迁徙仍请查照办理由

案准

贵府江晋会字第六三七六号公函开：

"案准贵部歲午信国军字第八八六号公函略以奉令拟报游击根据地应准备等项内关于资源移存人民迁徙二项函请拟复等由，准此。查关于前项办法应请贵部自行拟定并与本府各科有关事项列请会拟可也。"

等由，准此。查是项办法应由

移待第五科核办

已办存

八·廿五

10390

28

8

1

824

936

貴府辦理會案需係待報甚急請迅飭辦理本縣戶口調查及糧食統計商民
登記等各主管科擬訂辦法送部以憑彙轉為荷

此致

福鼎縣政府

229

兼司令 陳廷楨

副司令 何俊森

張劍雄

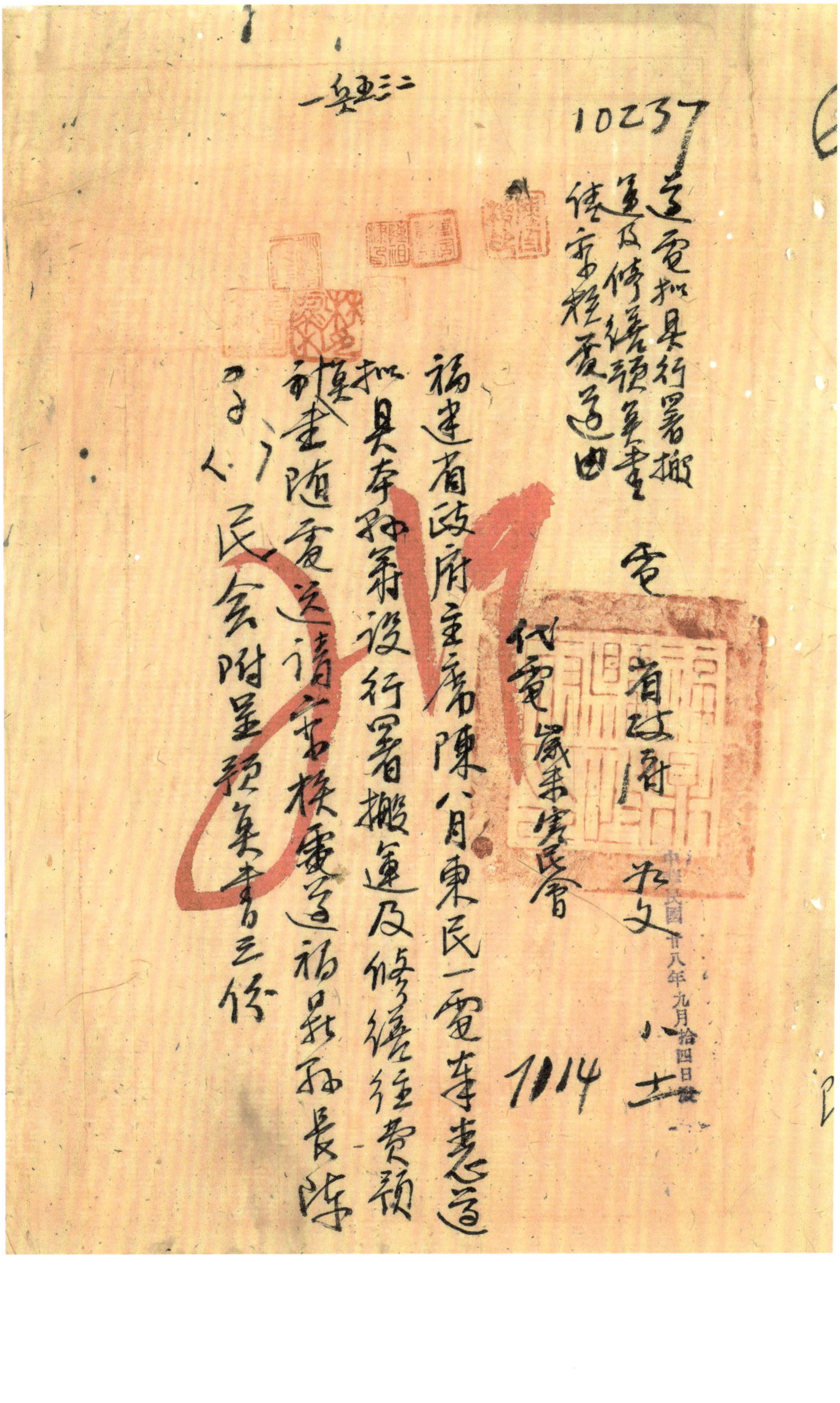

10237

送電擬具行署搬運及修繕預算書請察核發還由

電　省政府

代電　福鼎縣政府　發文　八七　1114

福建省政府主席陳：八月東民一電奉悉。遵擬具本縣籌設行署搬運及修繕經費預算書，隨電送請察核發還。福鼎縣縣長陳子人未寒民叩。附呈預算書三份。

福鼎县政府关于拟具行署搬运及修缮预算书致福建省政府主席的代电（一九三九年八月十四日）

福建省政府关于报核疏散地点办理实情及选定地点致福鼎县政府的电

（一九三九年八月十七日）

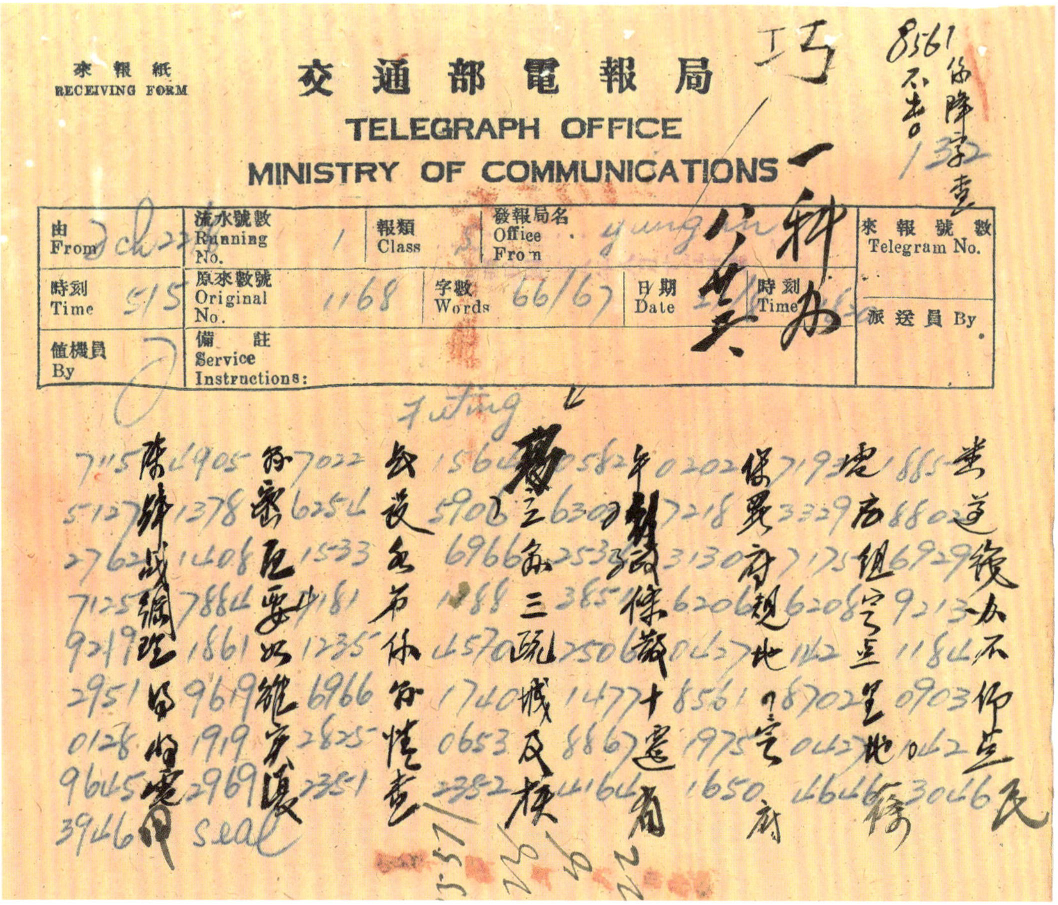
来报纸 RECEIVING FORM

交通部電報局

TELEGRAPH OFFICE

MINISTRY OF COMMUNICATIONS

由 From	流水號數 Running No.	報類 Class	發報局名 Office From	來報號數 Telegram No.
時刻 Time	原來數號 Original No.	字數 Words	日期 Date	時刻 Time
值機員 By	備註 Service Instructions:			派送員 By

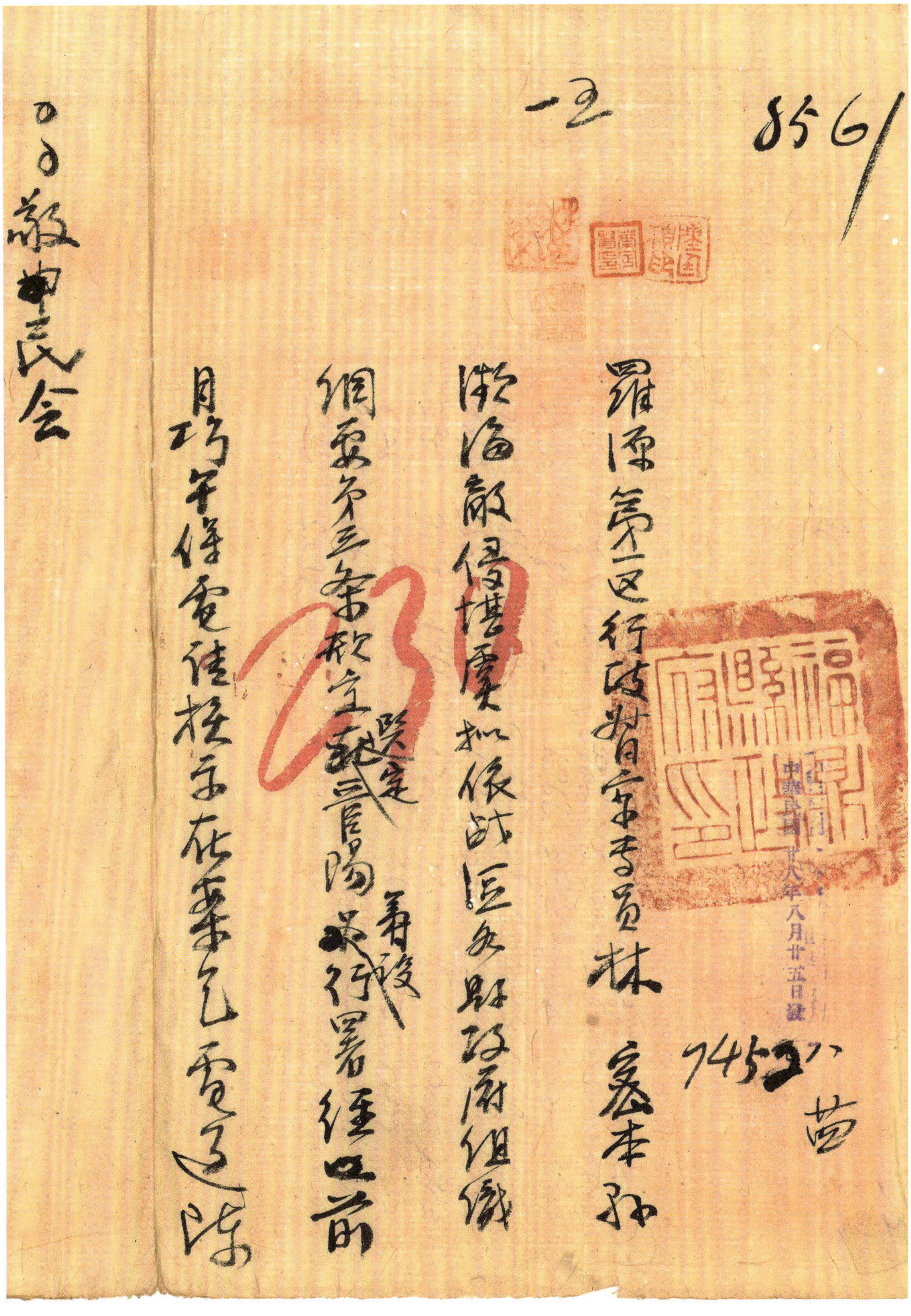
羅源第一区行政督察专员林　密。本孙
微渝敌侵堪虞，拟依战区县政府组织
纲要第三条规定选定管阳筹设行署，经以前
月巧午保电陈核示在案，乞电示遵。陈

福鼎县政府关于请示选定管阳筹设行署致福建省第一区行政督察专员的密电（一九三九年八月二十五日）

福建省第一区行政督察专员公署关于选定管阳筹设行署尚属可行致福鼎县政府的电

（一九三九年八月二十九日）

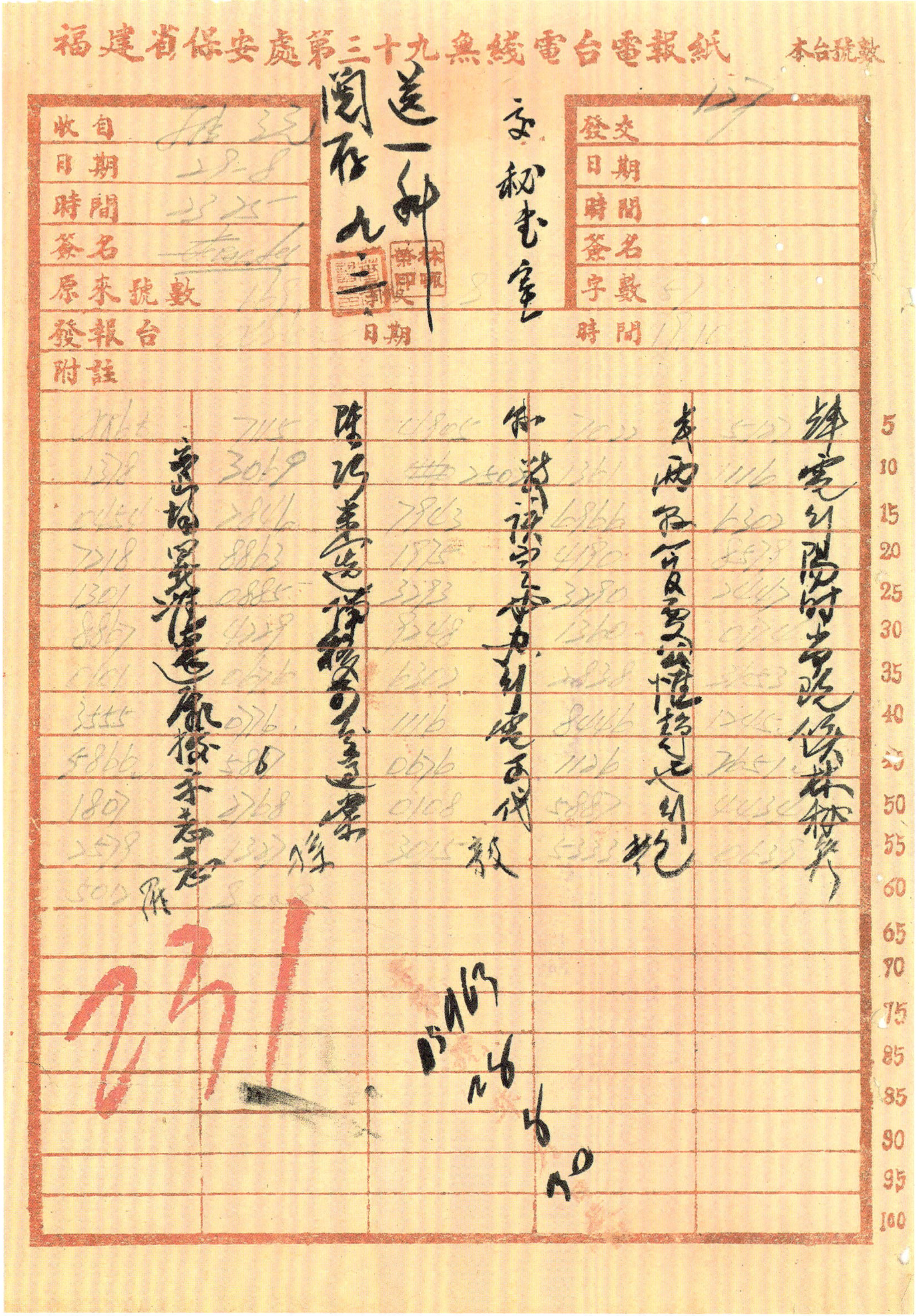

福鼎县政府关于选定管阳筹设行署等候批示及为避空袭应在十里内疏散办公致福建省政府的电
（一九三九年九月六日）

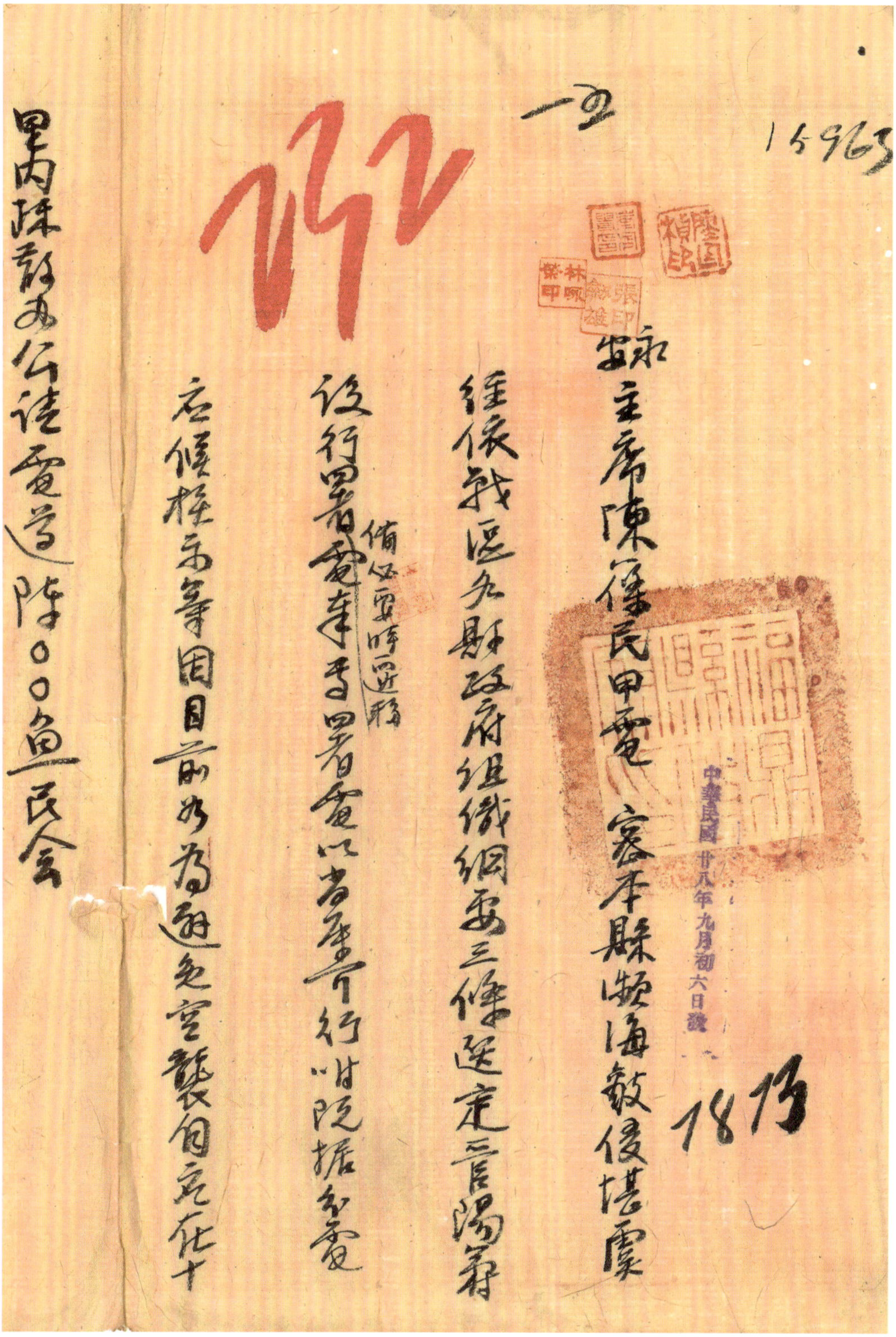
永安
主席陈：保民甲电 密。本县濒海，敌侵堪虞。
经依战区各县政府组织纲要三条选定管阳筹
设行署，电奉 专署电以尚未实行，据（备以需时再迁移）
应候核示等因。目前如为避免空袭，自应在十
里内疏散办公。谨电覆。福鼎县长陈○○鱼 民会

中华民国廿八年九月初六日发

福建省政府关于发还所送之筹设行署预算书请遵照指示办理致福鼎县县长的电（一九三九年九月七日）

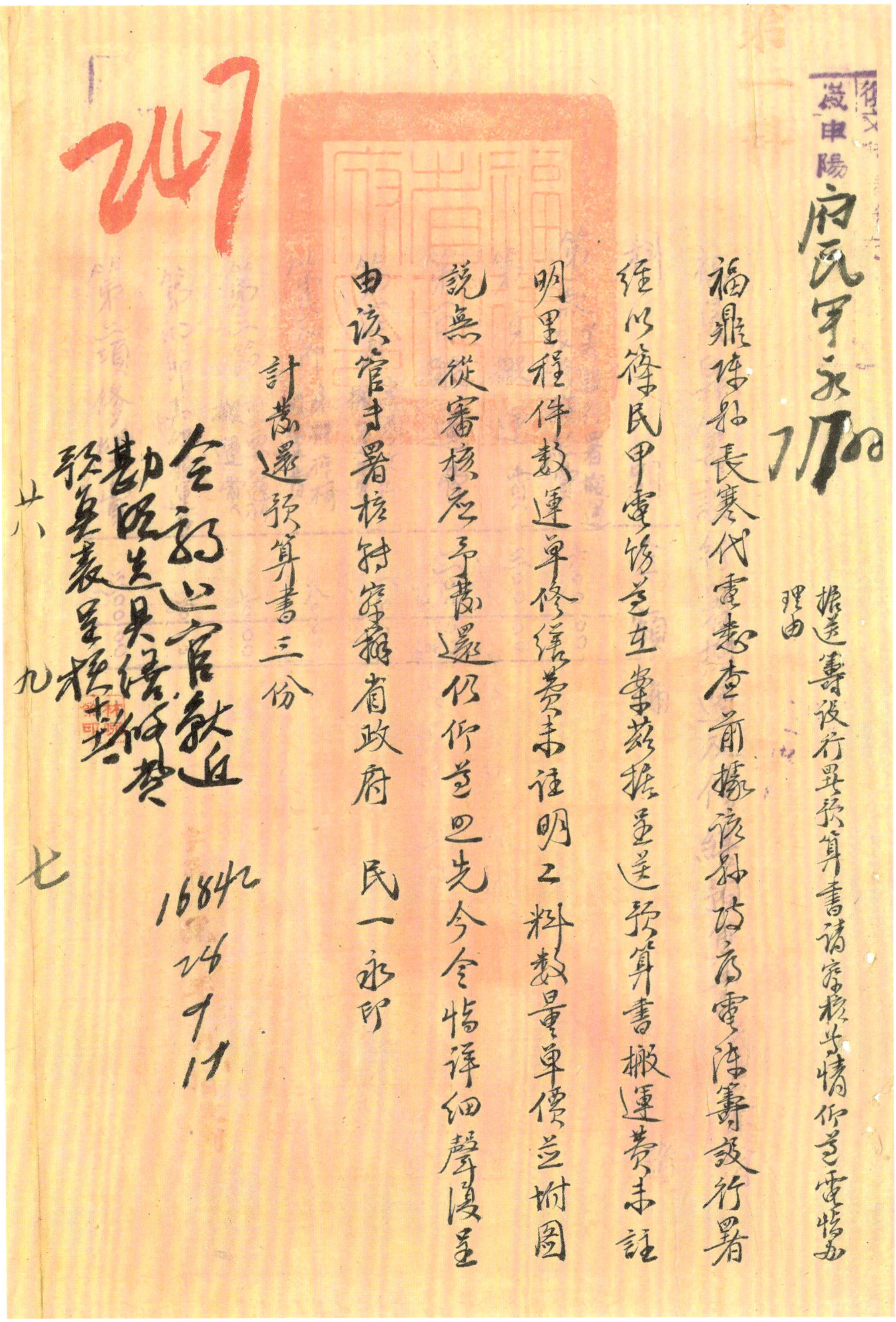
府民甲永

據送籌設行署預算書請審核并請作並電飭遵 理由

福鼎縣縣長寒代電悉查前據該縣政府電陳籌設行署

經以條民甲電飭並在案茲據呈送預算書搬運費未註

明里程件數運單修繕費未註明工料數量單價並附圖

說無從審核應予發還仰即並迅先令飭詳細聲復呈

由該管專署核轉審辦 省政府 民一永印

計發還預算書三份

附：福鼎县筹设行署搬运及修缮预算书（一九三九年八月）

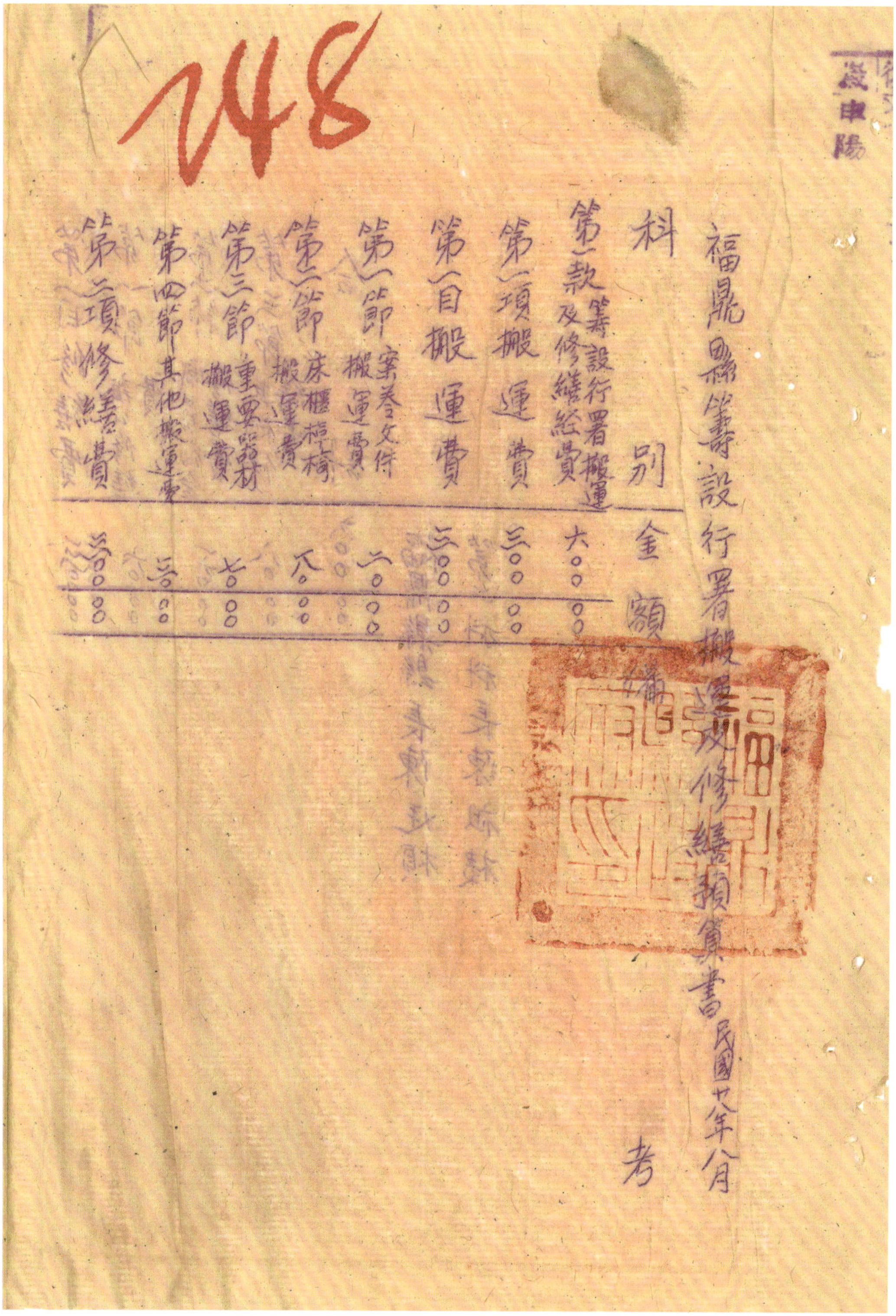

福鼎縣籌設行署搬運及修繕預算書　民國廿八年八月

科別	金額		備考
第一款 籌設行署搬運及修繕經費	六〇〇	〇〇	
第一項 搬運費	三〇〇	〇〇	
第一目 搬運費	三〇〇	〇〇	
第一節 案卷文件搬運費	一〇〇	〇〇	
第二節 床櫃桌椅搬運費	八〇	〇〇	
第三節 重要器材搬運費	七〇	〇〇	
第四節 其他搬運費	五〇	〇〇	
第二項 修繕費	三〇〇	〇〇	

第一目修缮费	二九〇	〇〇
第一节 办公修缮费	六〇	〇〇
第二节 职员宿舍修缮费	一五〇	〇〇
第三节 其他修缮费	八〇	〇〇
合计	六〇〇	〇〇

福鼎县县长陈廷桢

第二科科长陈祖棣

福鼎县政府关于遵电拟具行署搬运及修缮预算书致福建省政府的代电（一九三九年九月十四日）

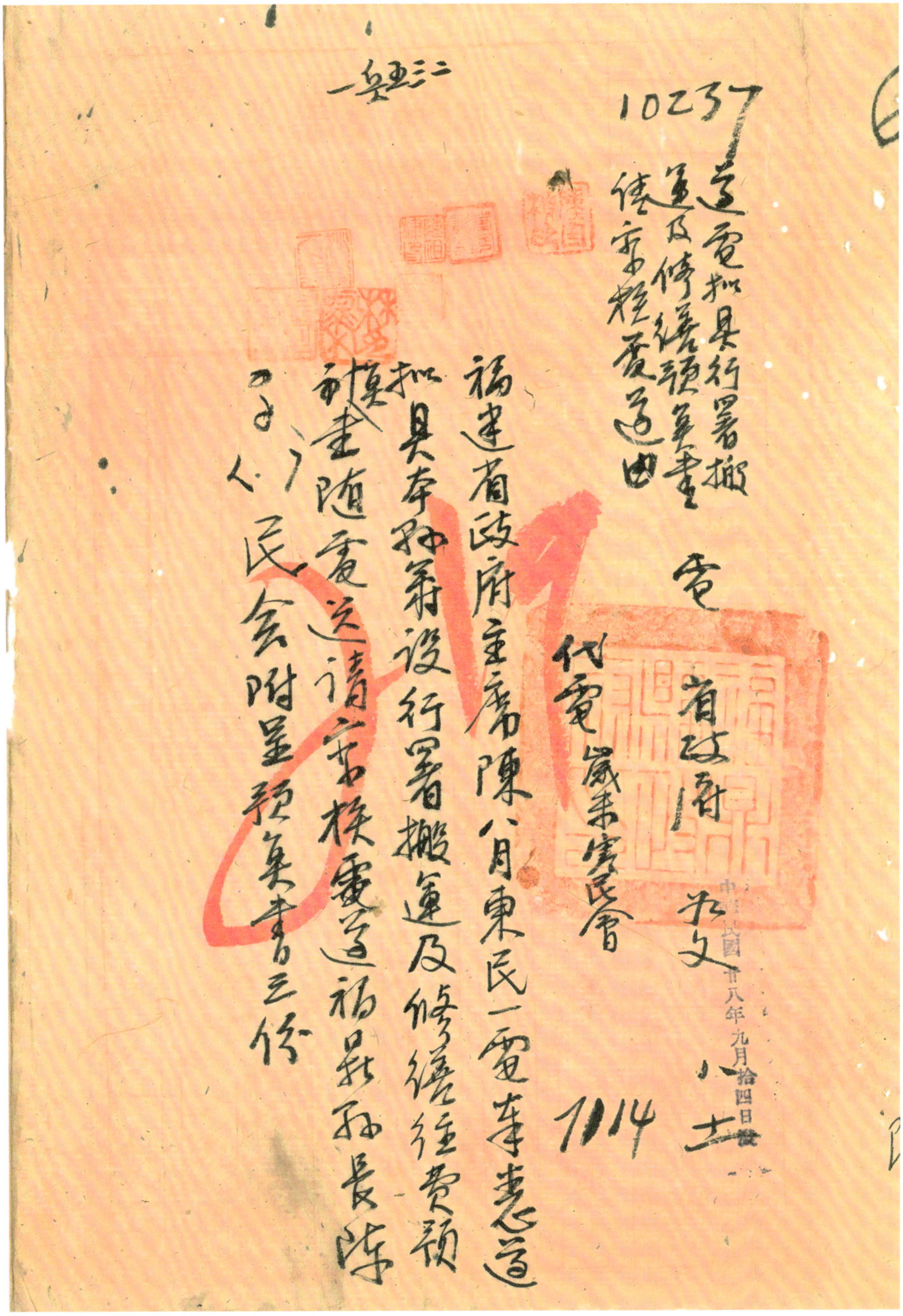
10237

遵電擬具行署搬運及修繕預算書請察核覆遵由

電 省政府 發文 八十一

中華民國廿八年九月拾四日發

代電 歲来寔民會 1114

福建省政府主席陳：八月東民一電奉悉。遵擬具本縣籌設行署搬運及修繕經費預算書，隨電送請察核覆遵。福鼎縣縣長陳子人民會。附呈預算書三份。

附：福鼎县筹设行署搬运及修缮经费预算书（一九三九年八月）

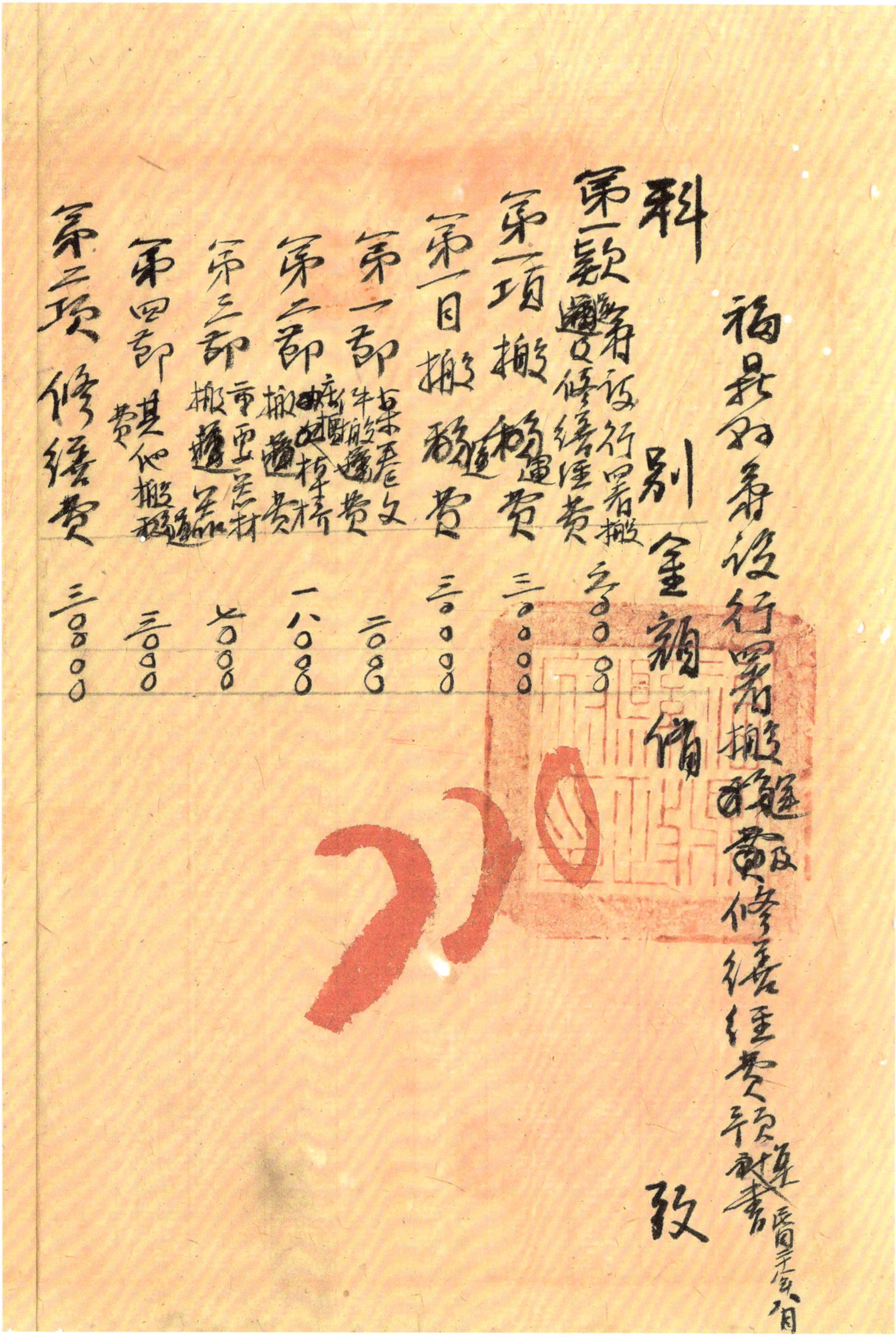

福鼎县筹设行署搬运费及修缮经费预算书

科别	金额	备攷
第一款 筹设行署搬运费修缮经费	六〇〇〇	
第一项 搬运费	三〇〇〇	
第一目 搬运费	三〇〇〇	
第一节 公案卷文件搬运费	二〇〇	
第二节 床铺桌椅搬运费	一八〇〇	
第三节 电灯电话器材搬运费	六〇〇	
第四节 其他搬运费	三〇〇	
第二项 修缮费	三〇〇〇	

第一月修繕費	三〇〇〇
第一部办公修繕費	叁〇〇〇
第二部職員宿舍修繕費	壹〇〇〇
第三部共仰修繕費	叁〇〇〇
合計	壹〇〇〇〇

福寿翁〻長陳之〻。

京三秋〻長陳禮。

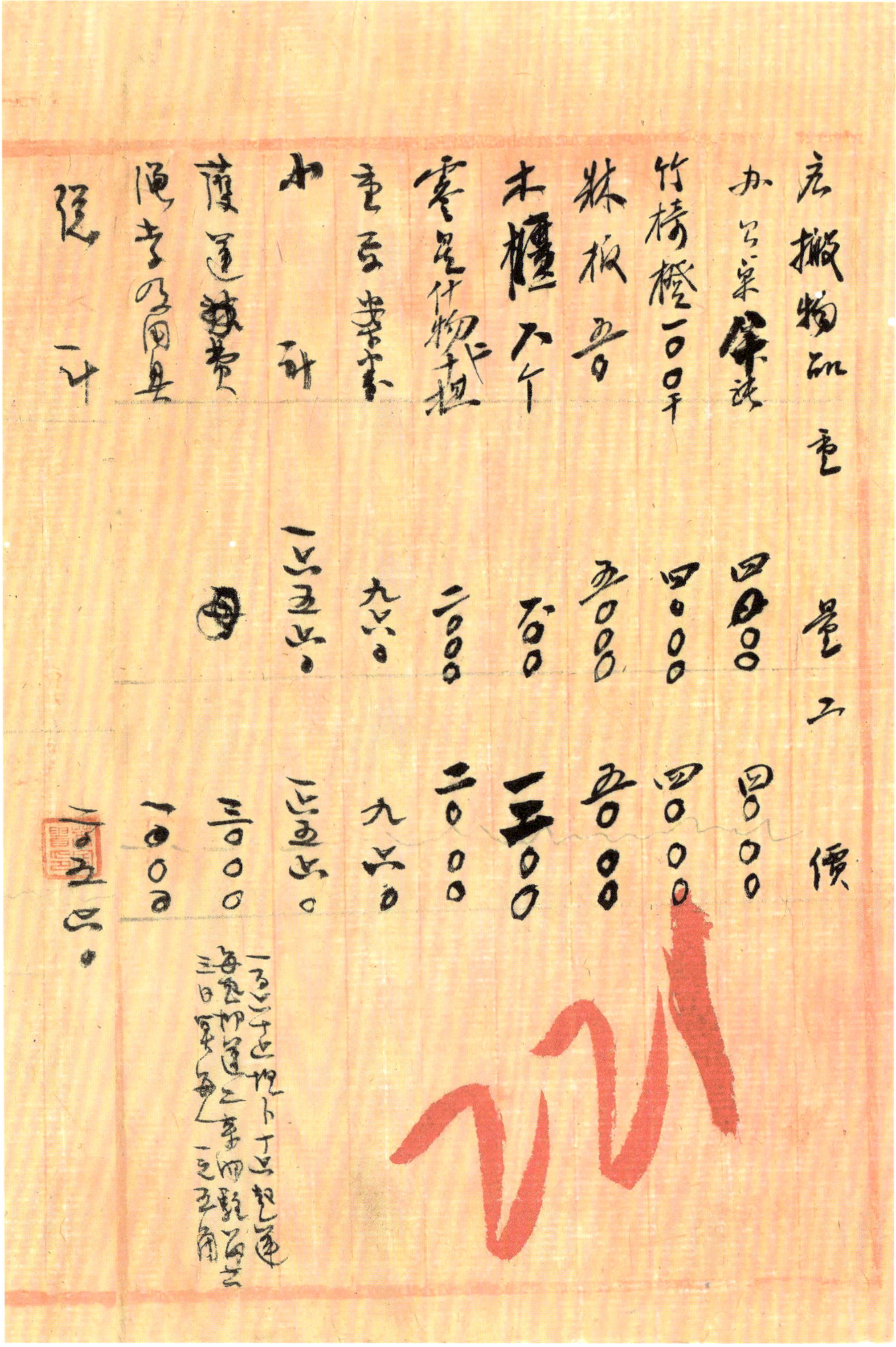

应搬物品	重量	工价
办公桌伞张	四〇〇〇	四〇〇
竹椅凳一〇〇平	四〇〇〇	四〇〇〇
牀板五付	五〇〇〇	五〇〇〇
木柜六个	六〇〇	一五〇〇
零星什物廿担	二〇〇〇	二〇〇〇
重要案卷	九八〇	九八〇
小计	一三五八〇	一三五八〇
护送旅费	免	三〇〇〇
沿途伙食费		一〇〇〇
总计		一七五八〇

一百二十五担以下十只起运
每担运之费用银五角
三日案每人一元五角

科室别	应搬何物	重量	工价
第三科	书橱及档案	200斤	另计
第五科	以上		
第二科	办公桌五张		
	档案橱二个		
	传票橱二个		
	账簿橱一个		
	木箱二个		
	账簿四十本		
合计			十五元

黄益之

兵役科
军法室
第一科
各保委员会
会计
总计

桐椅
廿只
收音机
电话机
桐椅

二架
五架
一架
二担

一元二角
一元二角
二元五角
二元四角
二七元六角
二百三十元二角

陈炎经
戳

福鼎县政府关于拟定自卫区构筑工事材料费预算书致驻闽绥靖公署的呈（一九三九年九月十四日）

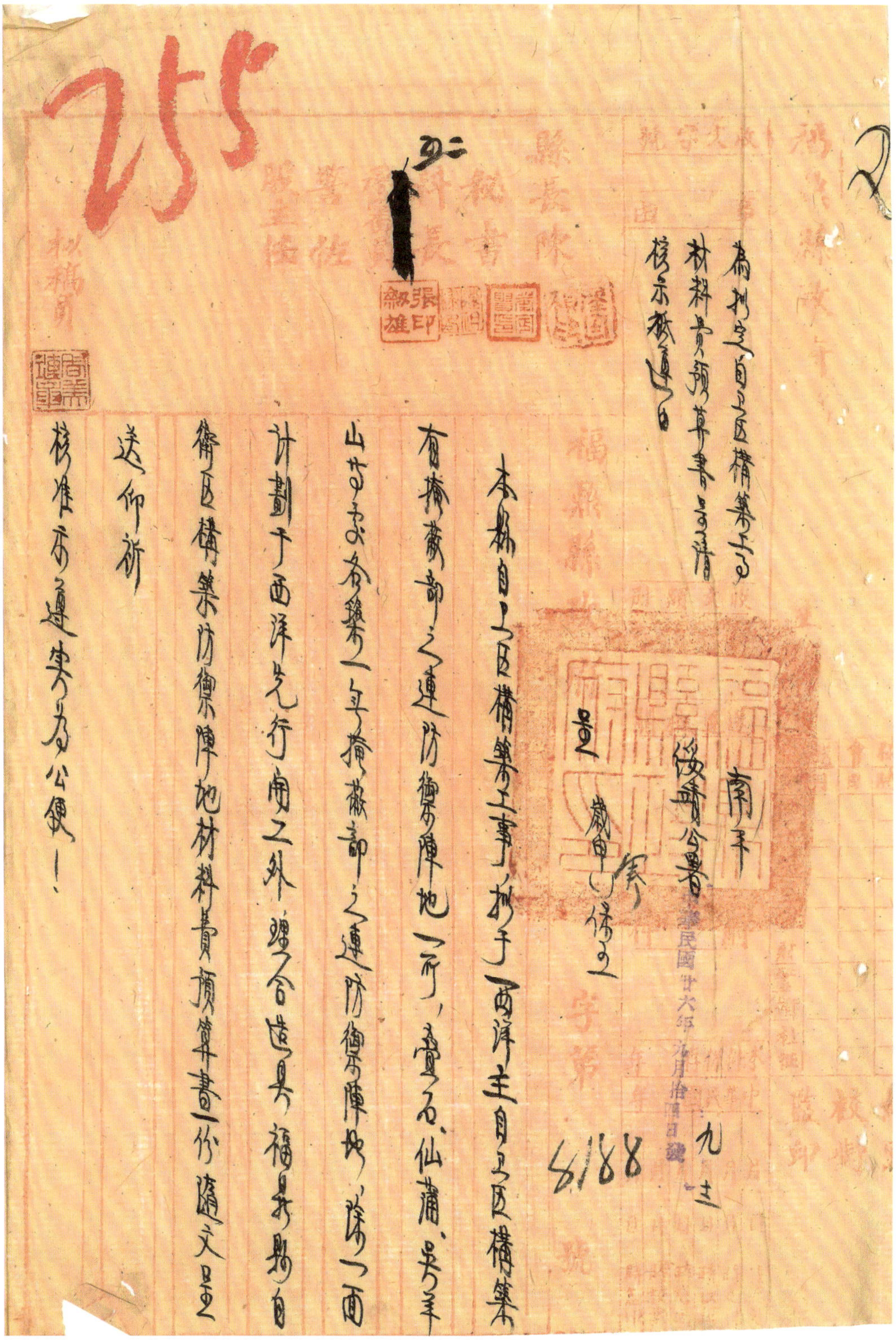

為擬定自衛區構築工事材料費預算書呈請核示祗遵由

呈 南平 綏靖公署

本縣自衛區構築工事，擬于西洋主自衛區構築有掩蔽部之連防禦陣地一所，賽岐、仙蒲、吳洋山等處各築一連掩蔽部之連防禦陣地，除一面計劃于西洋先行開工外，理合造具福鼎縣自衛區構築防禦陣地材料費預算書一份，隨文呈送，仰祈核准示遵，實為公便！

谨呈

兼绥靖主任陈

附呈 材料费预算书 一份

福鼎县长陈〇〇

附：福鼎县自卫区构筑防御阵地材料费预算书（一九三九年九月）

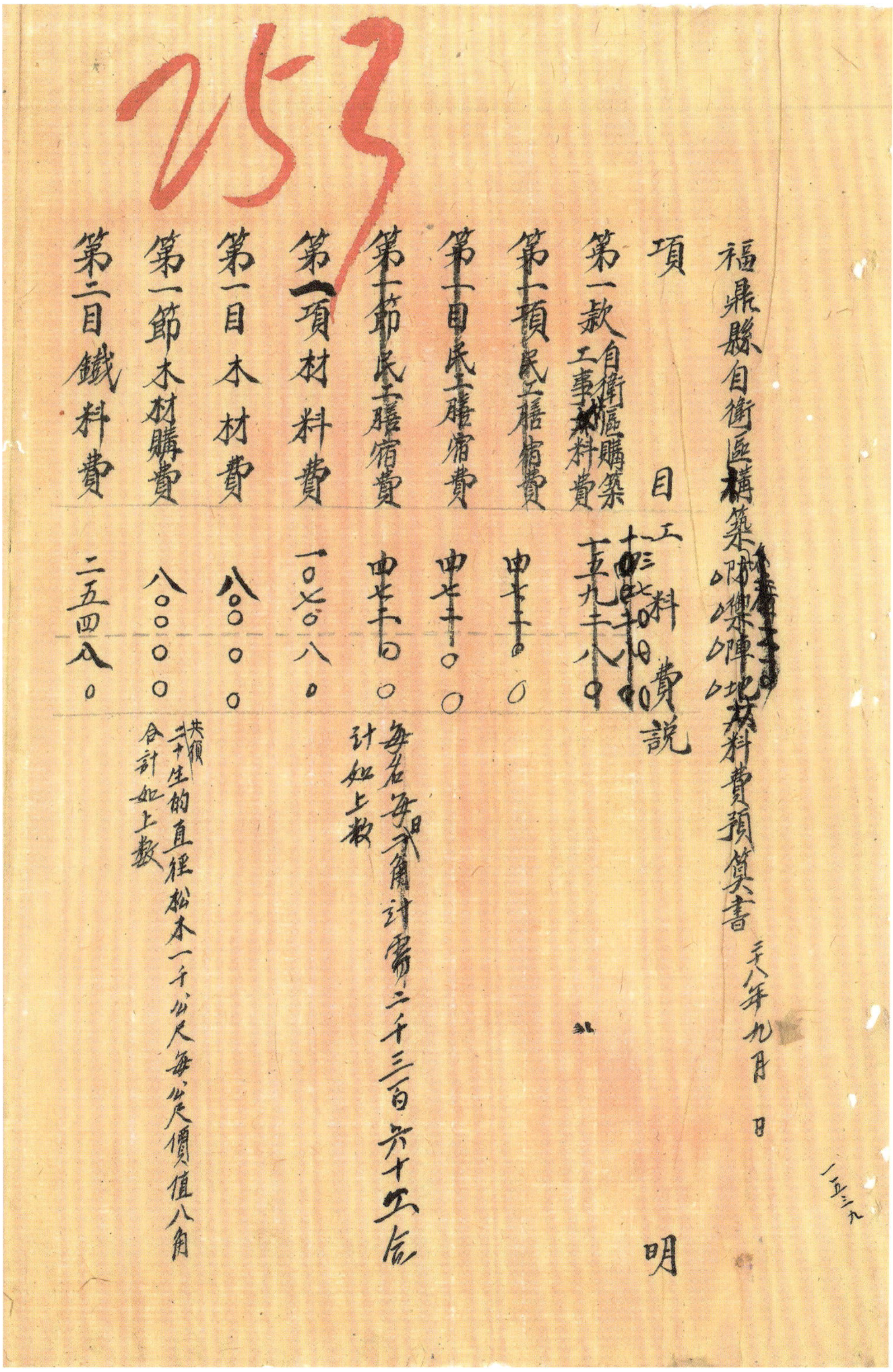

253

福鼎縣自衛區構築防禦陣地材料費預算書

二十八年九月　日

項目	工料費	說明
第一款 自衛區購築工事材料費	一五九三八〇	
第一項 民工膳宿費	四七二〇〇	
第一目 民工膳宿費	四七二〇〇	
第一節 民工膳宿費	四七二〇〇	每名每日貳角計需二千三百六十工名 計如上數
第一項 材料費	一〇五四八〇	
第一目 木材費	八〇〇〇〇	
第一節 木材購費	八〇〇〇〇	共須廿生的直徑松木一千公尺每公尺價值八角 合計如上數
第二目 鐵料費	二五四八〇	

一五三九

第一節 雨爪釘購費	二〇八〇	長六市寸二六〇個每個價值八分合計如上數
第二節 鐵絲購費	一三〇〇〇	十二號鐵絲一三〇斤每斤價值壹元合計如上數
第三節 鐵皮購費	八〇〇〇	四公分闊〇.〇〇五公尺厚一六〇公尺每公尺價值五角合計如上數
第四節 鉄釘購費	二四〇〇	大號洋釘四〇斤每斤價值六角合計如上數
第三項 經始標材費	一六〇〇	
第三目 經始標材費	一六〇〇	
第一節 木達尺購費	二〇〇	四公分闊一公尺長〇.〇二五公尺厚木製木達尺十條每條價值二角合計如上數
第二節 經始繩購費	一〇〇	長五公尺麻繩二十條每條價值五分合計如上數
第三節 石灰購費	四〇〇	一百斤、每擔一元、購二十五擔、合計如上數
第四節 標旗購費	七〇〇	十四面各色布質製成每面價值五角合計如上數
第五節 木樁購費	二〇〇	十個每個價值二角合計如上數

第二項　其他費　三百〇〇〇　三・〇〇

第一目　其他費　三百〇〇〇

第一節　其他費　三百・〇〇

工[木料搬運費民]作時茶水等費用及其他各種[特別用費等]臨時動支之

254

福鼎县政府关于召集民工构筑西阳自卫区防御工事致该县第三区区长的训令（一九三九年九月十六日）

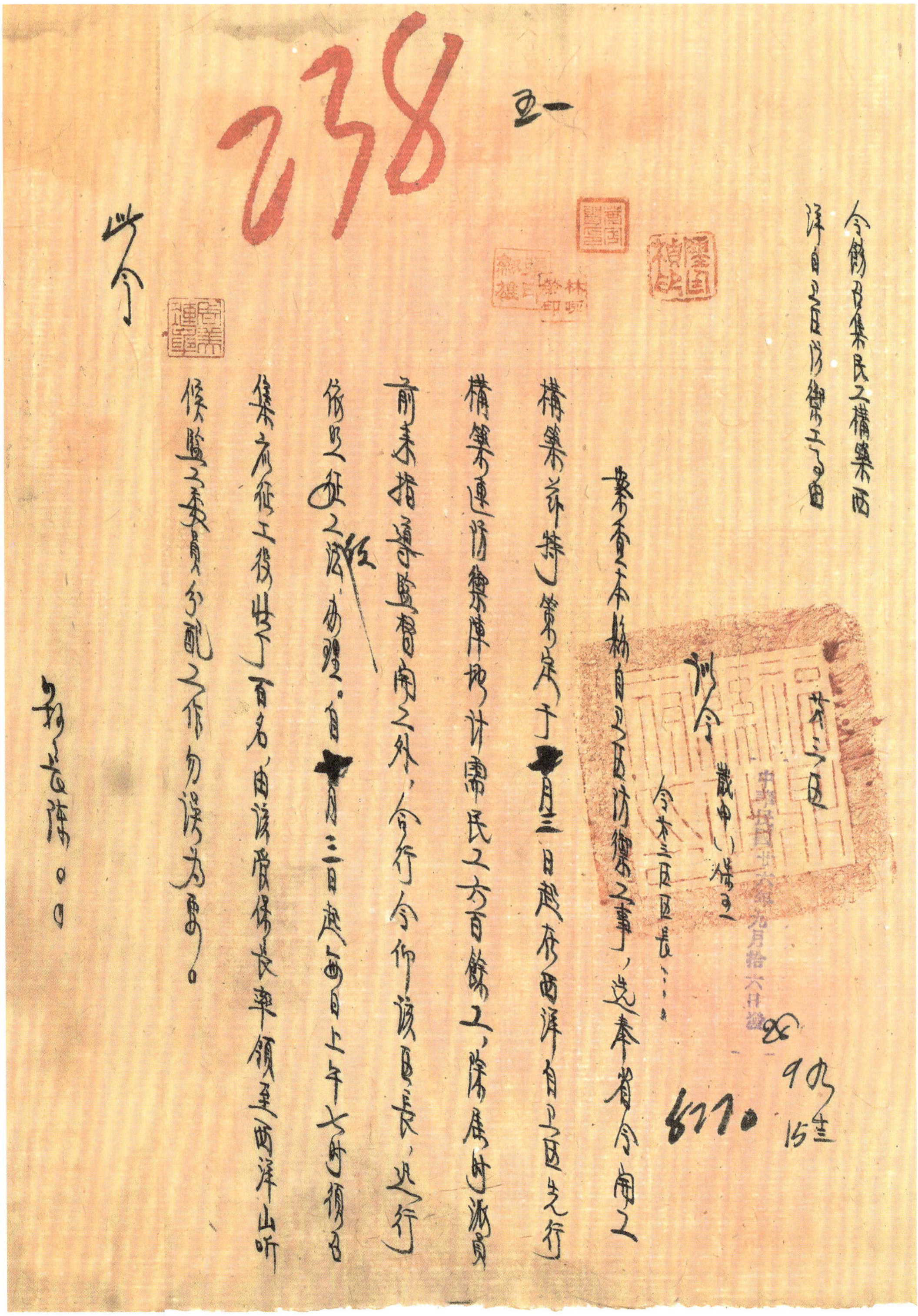
令飭召集民工構築西洋自衛區防禦工事由

第三區

訓令

令第三區區長……

案查本縣自衛區防禦工事，迭奉省令飭構築在案，茲特策定于十月三日起，在西洋自衛區先行構築連防禦陣地，計需民工六百餘工，除届時派員前來指導監督而外，合行令仰該區長，迅行依照征工之法辦理。自十月三日起，每日上午七時須召集應征工役廿丁百名，由該保保長率領至西洋山听候監工委員分配工作，勿誤為要。

縣長 陳○○

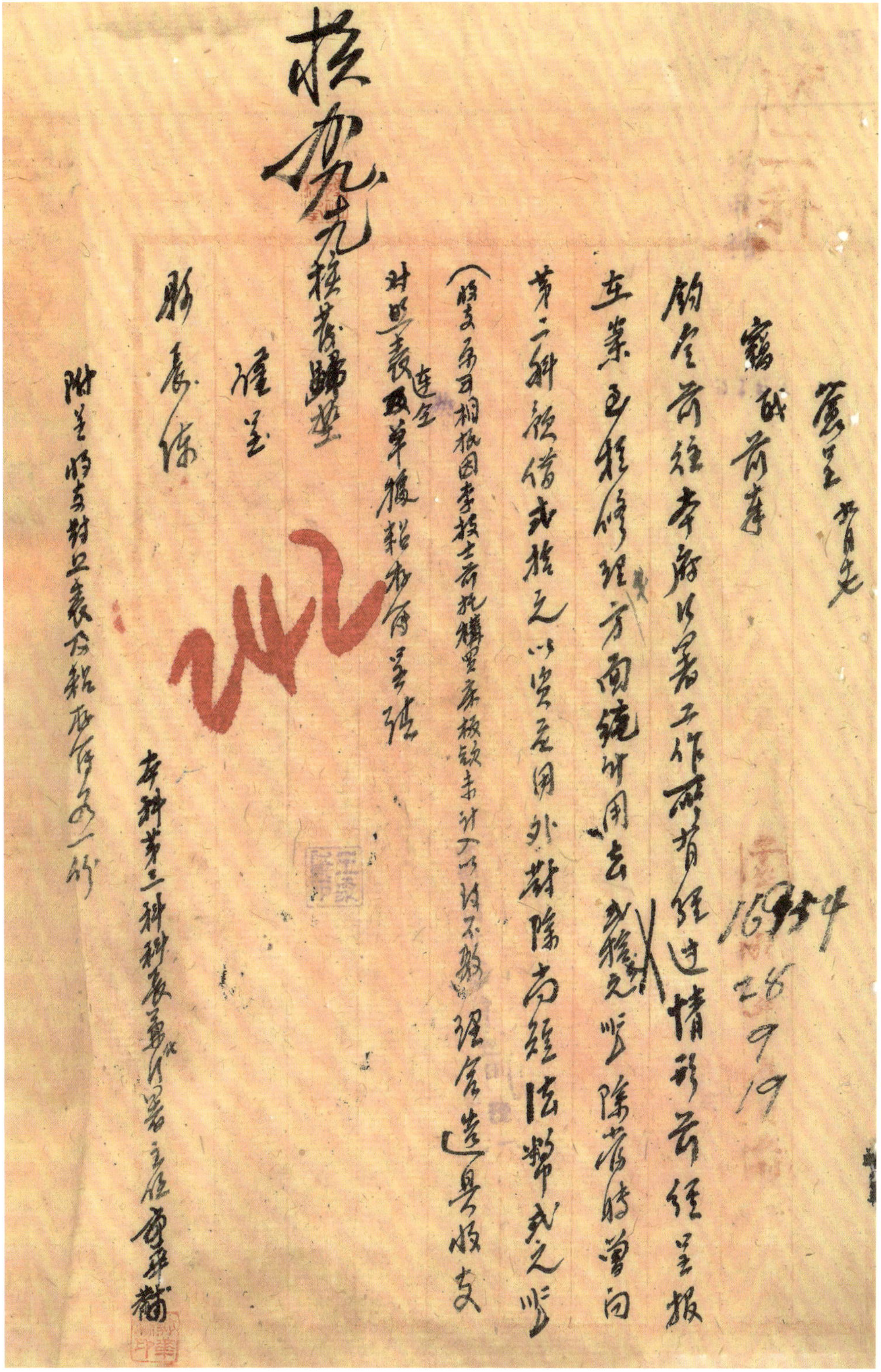

福鼎县政府第三科科长兼代行署主任郭华黼关于报送管阳行署修理费收支对照表及单据致该县县长的签呈（一九三九年九月十七日）

福建省政府关于选定管阳筹设行署情形应拟具计划书由专属核转致福鼎县县长的电

（一九三九年九月十八日）

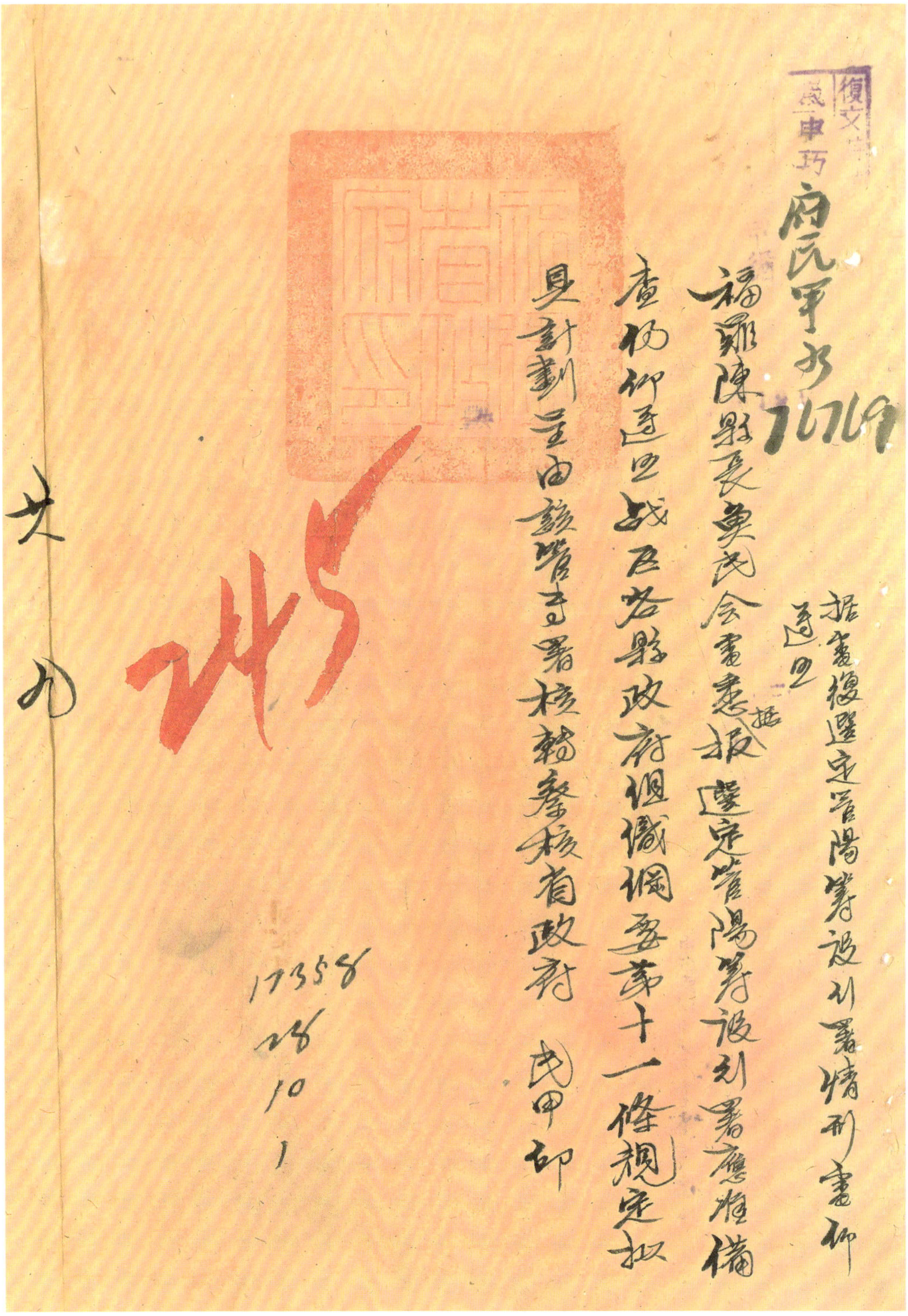
府民甲秘17169

福鼎陳縣長奠民佳電悉據選定管陽籌設行署應准備查仰遵照戰區各縣政府組織綱要第十一條規定擬具計劃呈由該管專署核轉察核省政府民甲卯

245

17358

28 10 1

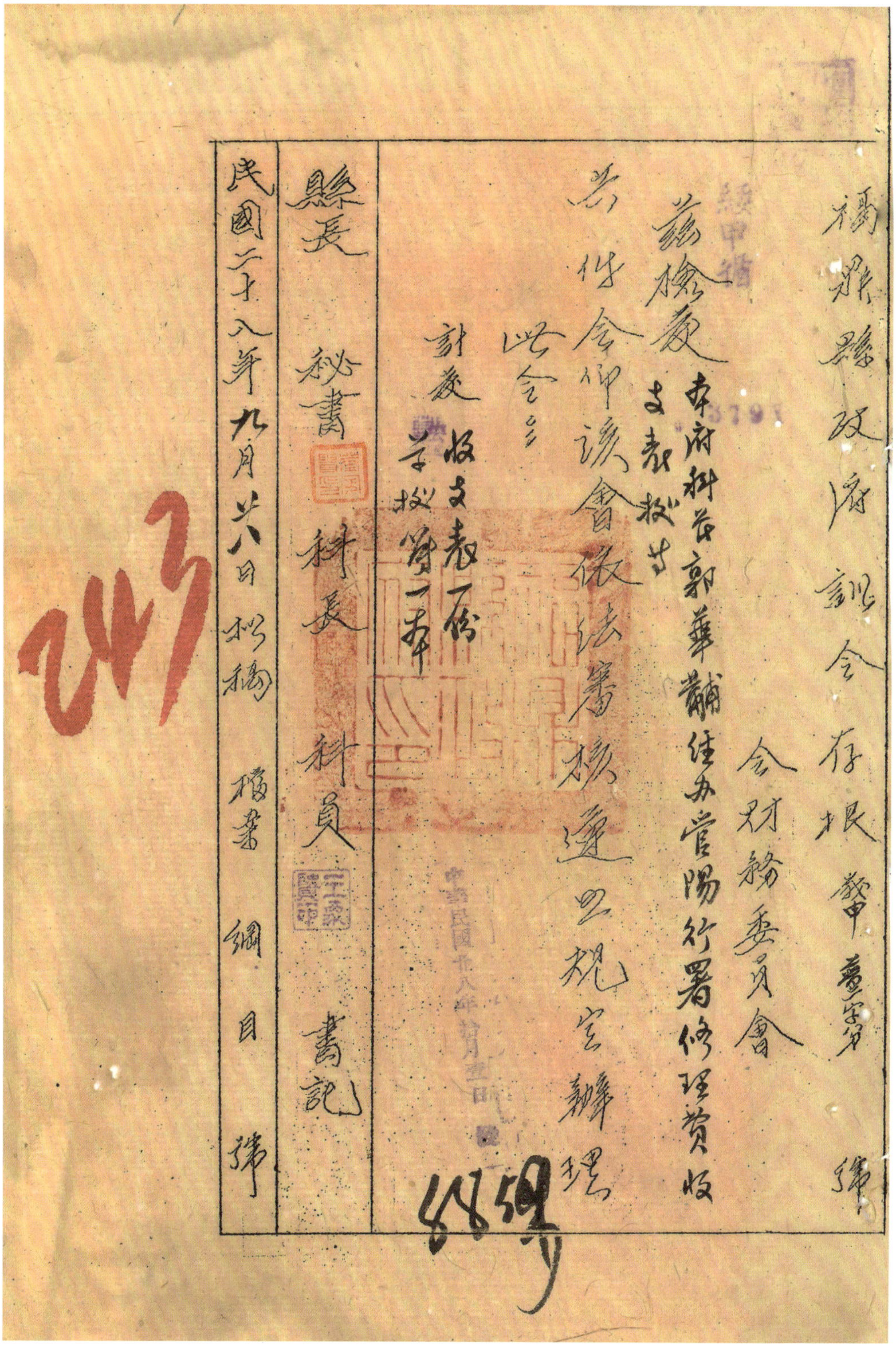
福鼎縣政府訓令 存根 字第 號

令財務委員會

茲檢發本府科員郭華黼經辦管陽行署修理費收支表暨單據等件令仰該會依法審核遵照規定辦理

此令

計發 收支表一份 單據一本

縣長 秘書 科長 科員 書記

民國二十八年九月廿八日 擬稿 檔案 綱目 號

福鼎县政府关于郭华黼经办管阳行署修理费收支对照表及单据依法审核遵照规定办理致该县财务委员会的训令（存根）（一九三九年十月一日）

驻闽绥靖主任兼二十五集团军总司令关于自卫区构筑工事材料预算书核示四点致福鼎县县长的快邮代电（一九三九年十月三日）

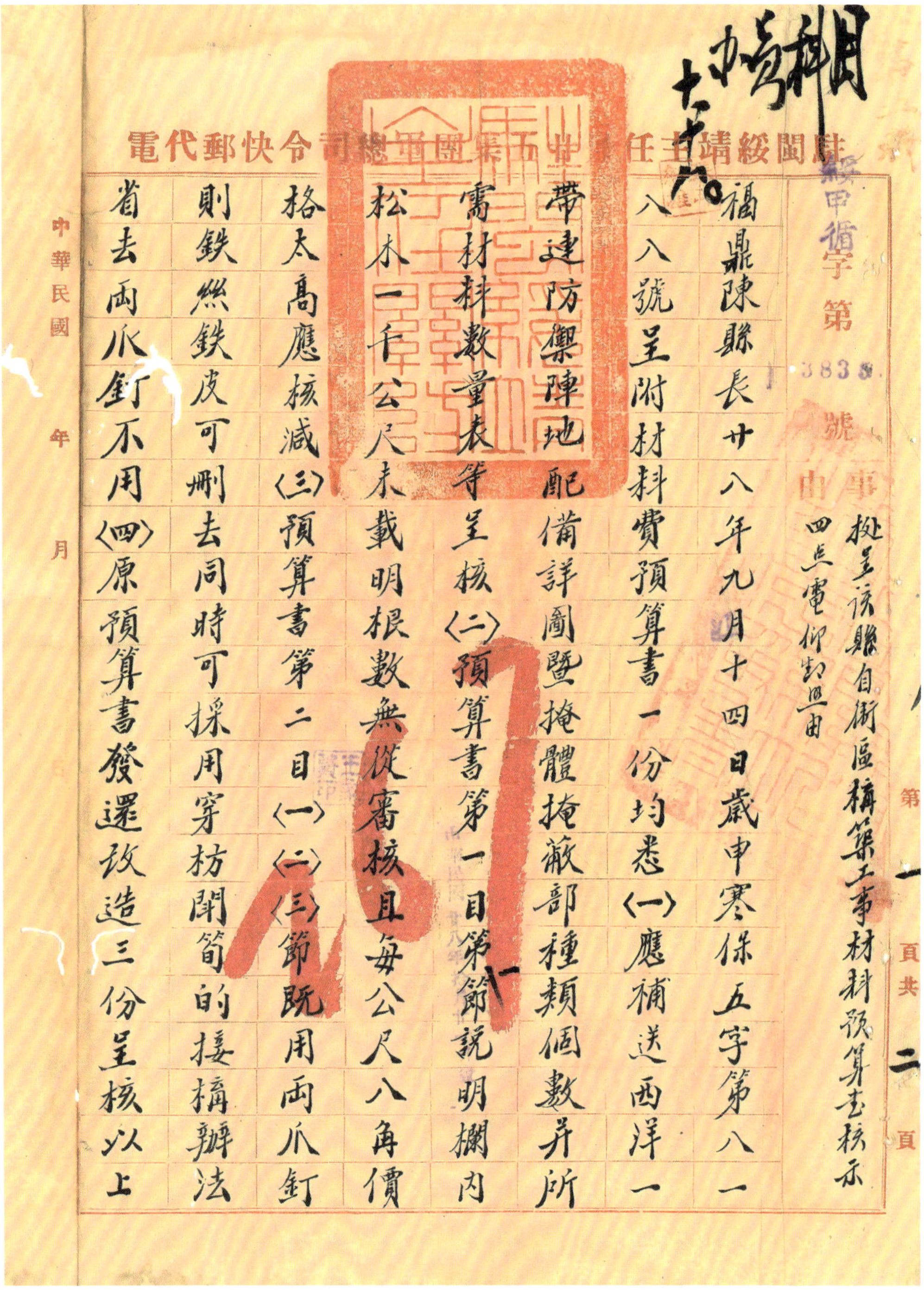

駐閩綏靖主任兼第二十五集團軍總司令快郵代電

綏甲循字第3838號

事由：擬呈該縣自衛區構築工事材料預算書核示四點電仰知照由

第一頁共二頁

福鼎陳縣長廿八年九月十四日蕆申寒保五字第八一八八號呈附材料費預算書一份均悉（一）應補送西洋一帶建防禦陣地配備詳圖暨掩體掩蔽部種類個數并所需材料數量表等呈核（二）預算書第一目第一節説明欄內松木一千公尺未載明根數無從審核且每公尺八角價格太高應核減（三）預算書第二目（一）（二）（三）節既用兩爪釘則鉄煞鉄皮可删去同時可採用穿枋開笥的接搞辦法省去兩爪釘不用（四）原預算書發還改造三份呈核以上

中華民國　年　月　日

駐閩綏靖主任兼廿五集團軍總司令快郵代電

綏甲術字第183號

事由

四項仰即遵照

南陳儀江

綏甲計發還預算書 份

中華民國廿八年十月 日

校對沈爾泉

第二頁共二頁

福鼎县政府第五科职员周美琏关于西阳自卫区防御工事应用器材等费用核销事致该县县长的报告（一九三九年十月十一日）

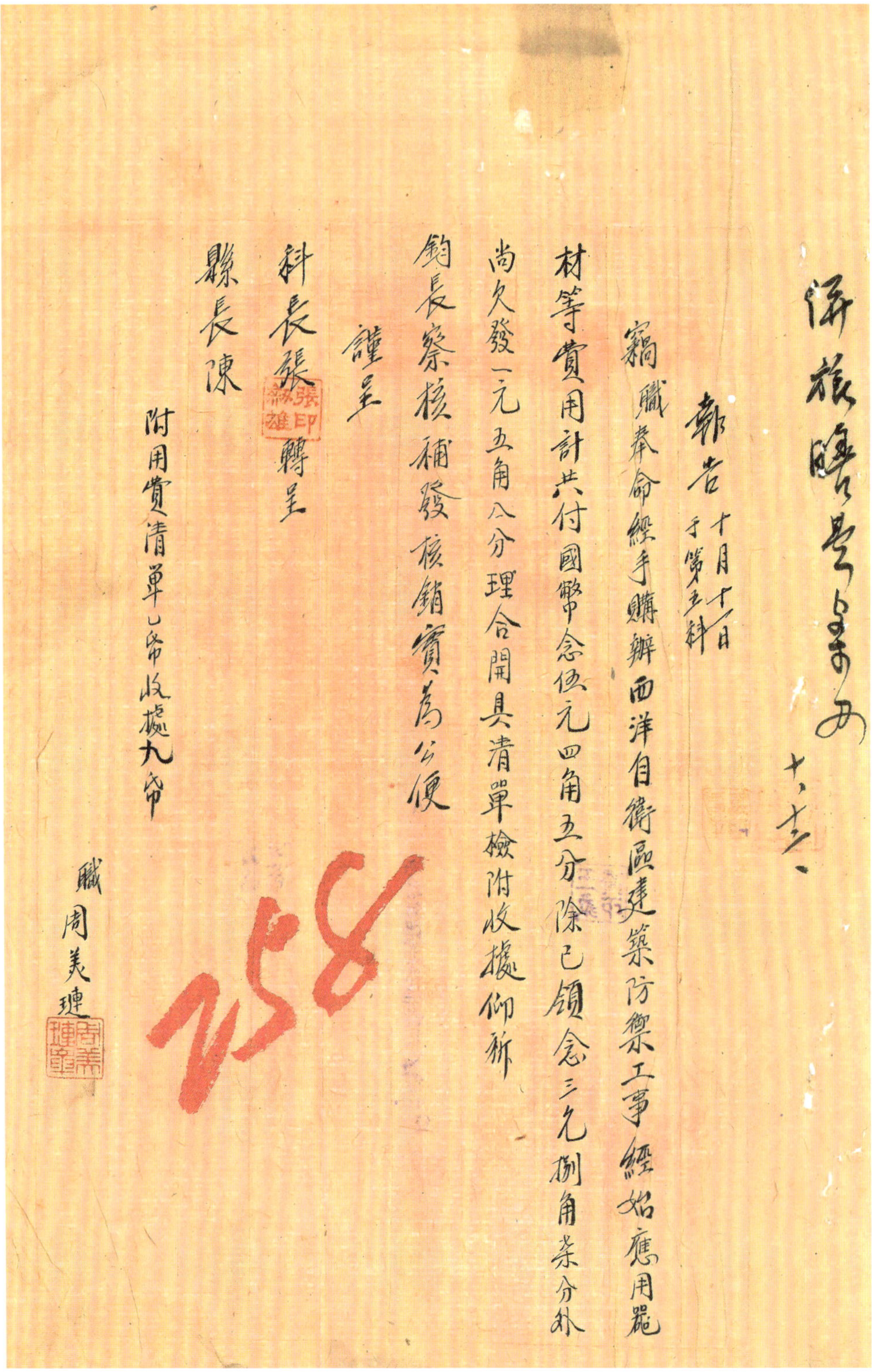

報告　十月十一日　于第五科

竊職奉命經手購辦西洋自衛區建築防禦工事經始應用器材等費用計共付國幣念伍元四角五分除已領念三元捌角柒分外尚欠發一元五角八分理合開具清單檢附收據仰祈

鈞長察核補發核銷實爲公便

謹呈

科長張轉呈

縣長陳

附用費清單一紙收據九紙

職周美璉

福鼎县政府关于严防汉奸等摧毁西阳防御工事致该县第三区区长的训令（一九三九年十月十二日）

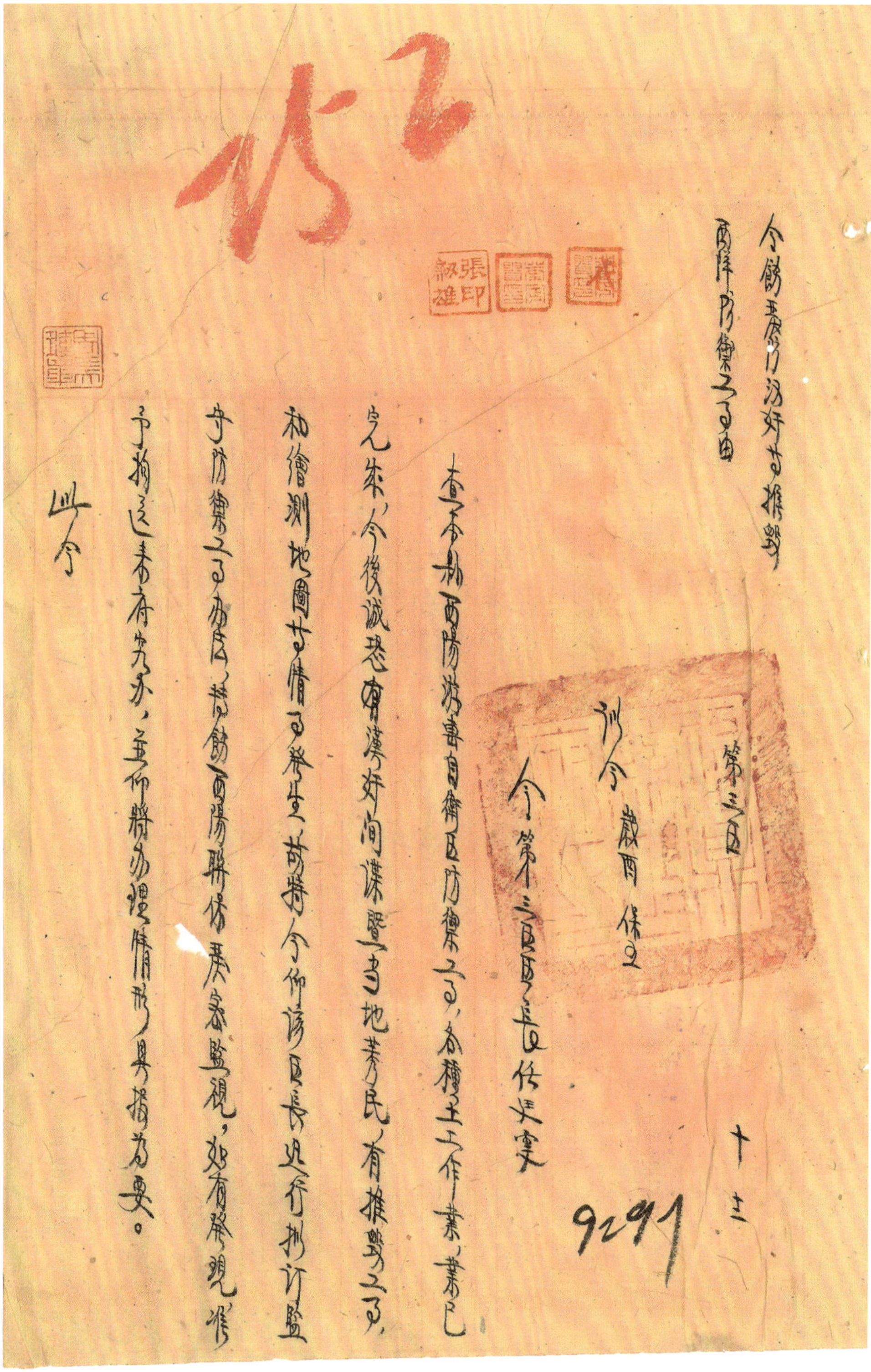

令飭嚴防汉奸等摧毀
西陽防禦工事由

第三區

訓令 殿西 保2

令第三區區長

查本縣西陽防禦自衛區防禦工事，各種土工作業，業已完成，今後誠恐有漢奸間諜暨當地居民有摧毀工事，私繪測地圖等情事發生，茲特令仰該區長迅行抄訂監守防禦工事辦法，並飭西陽聯保長密監視，如有發現，准予拘送本府究辦，並仰將辦理情形具報為要。

此令

十二

9291

福鼎县政府关于奉电呈送筹设行署计划书致福建省第一区行政督察专员的呈（一九三九年十月十三日）

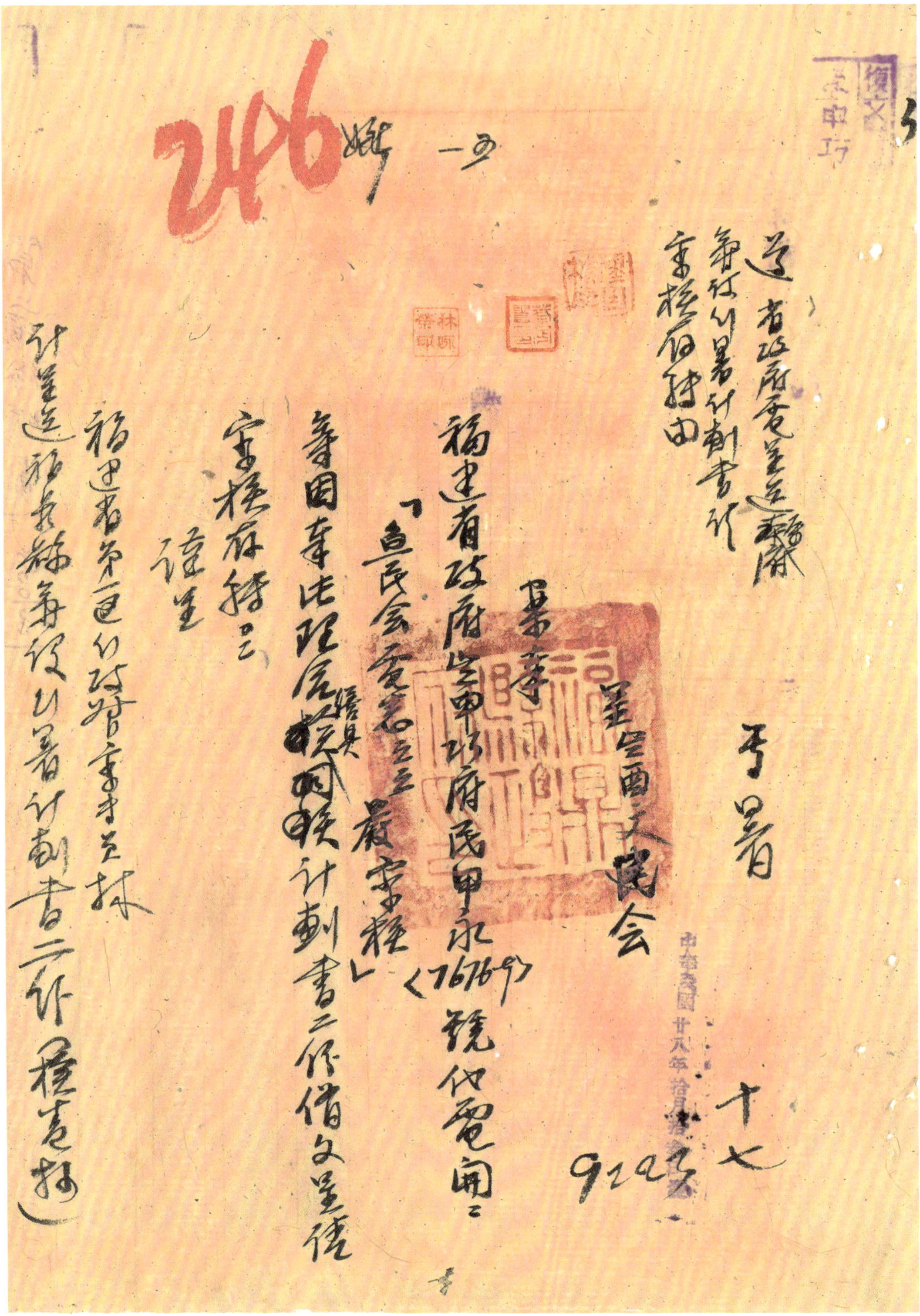

福鼎县政府关于勘查行署修缮费致该县管阳分驻所的训令（一九三九年十月十五日）

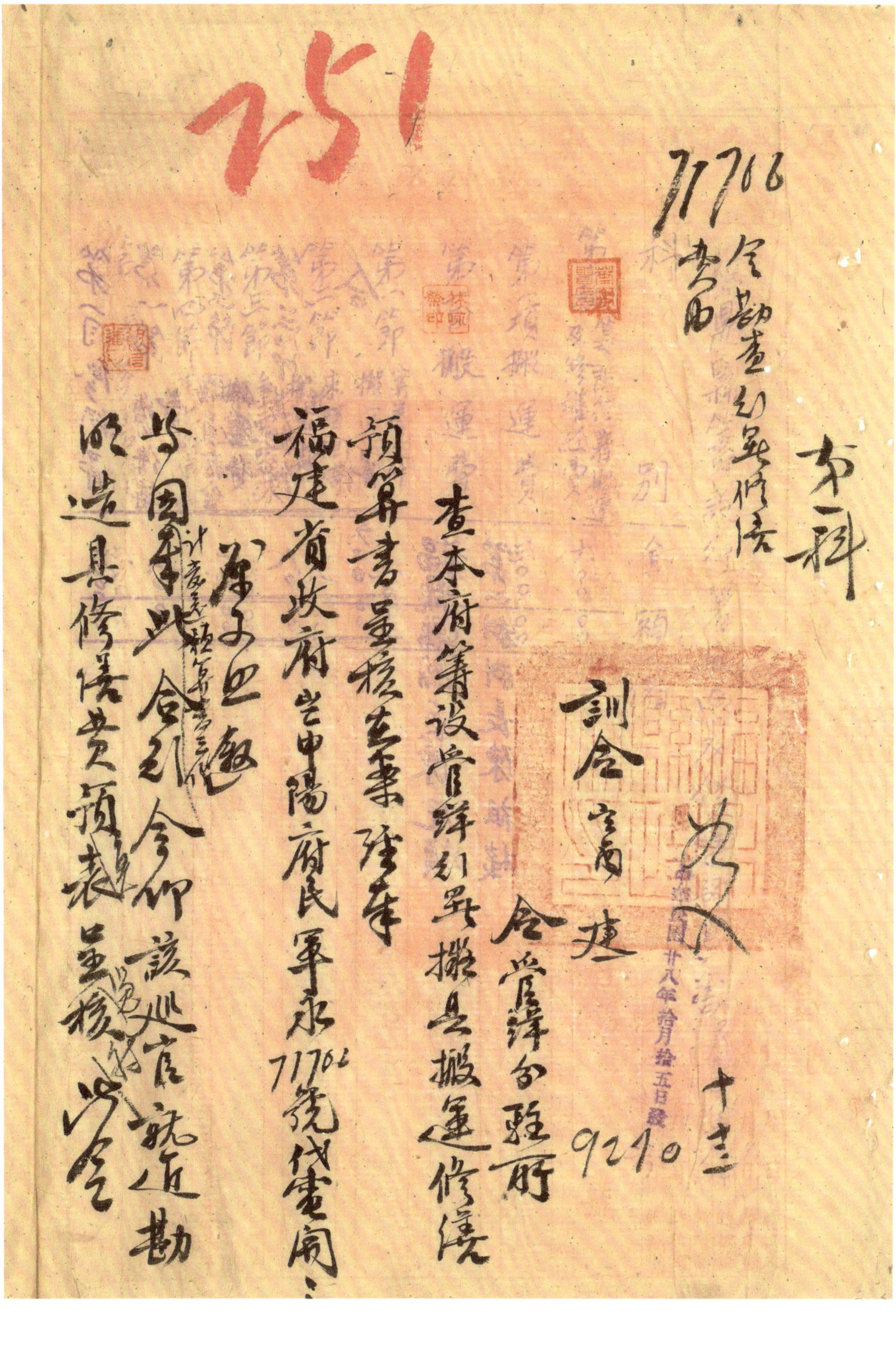

福鼎县国民兵义勇壮丁常备中队关于转呈出发西阳构筑工事出差旅费表请准发放致该县县长的报告（一九三九年十月十六日）

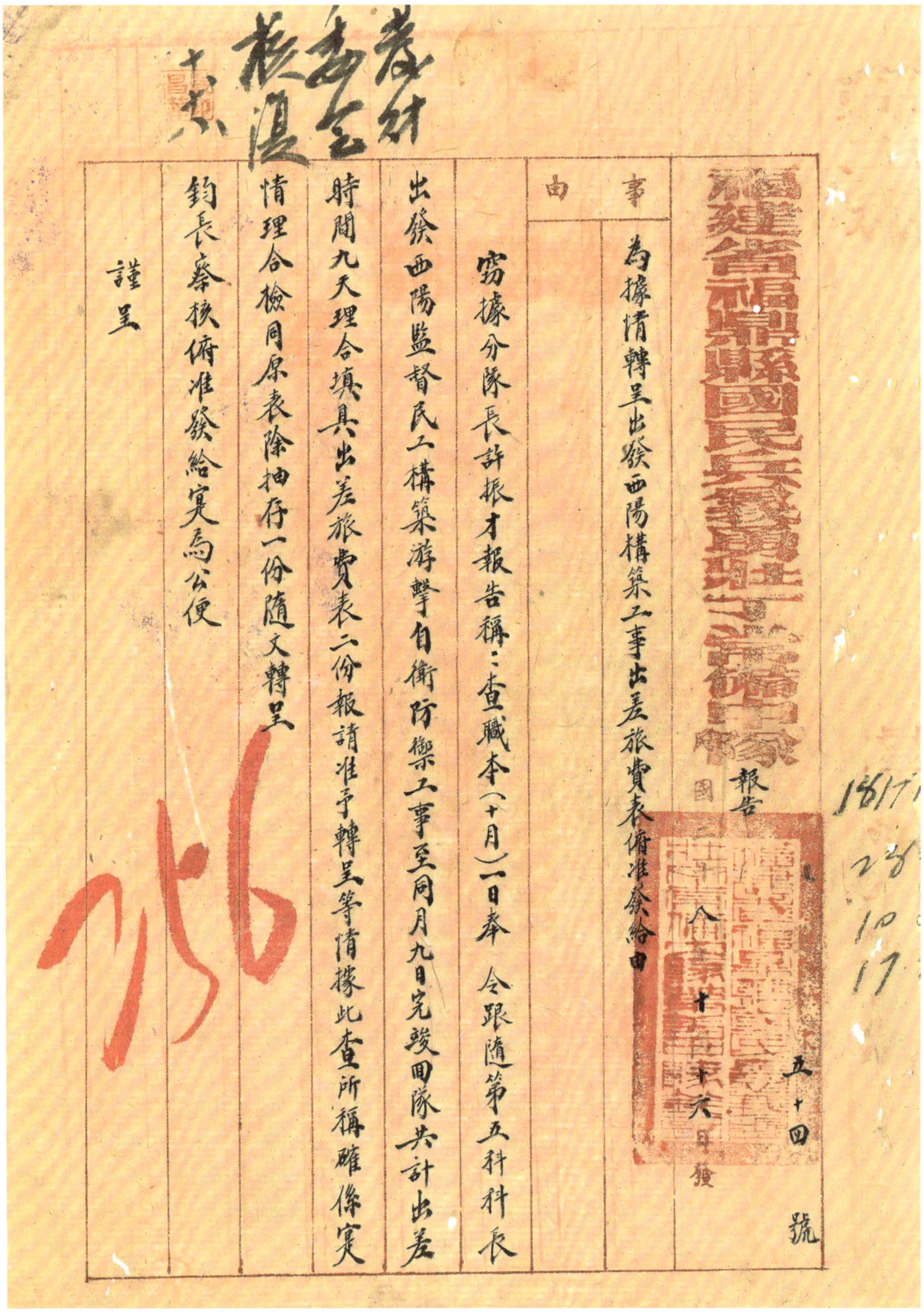

福建省福鼎縣國民兵義勇壯丁常備中隊 報告

五十四號

八年十月十六日發

事由：為據情轉呈出發西陽構築工事出差旅費表俯准發給由

竊據分隊長許振才報告稱：查職本（十月）一日奉令跟隨第五科科長出發西陽監督民工構築游擊自衛防禦工事，至同月九日完竣回隊，共計出差時間九天，理合填具出差旅費表二份，報請准予轉呈等情。據此，查所稱確係實情，理合檢同原表，除抽存一份，隨文轉呈

鈞長察核，俯准發給，實為公便。

謹呈

縣長陳

附呈送出差旅費表一份

常備中隊長陳　光

（印：陳光）

閱

福鼎县政府关于第五科科长张剑雄等出差旅费表及购办防御工事器材费依法审核办理致该县财务委员会的训令（存根）（一九三九年十月十六日）

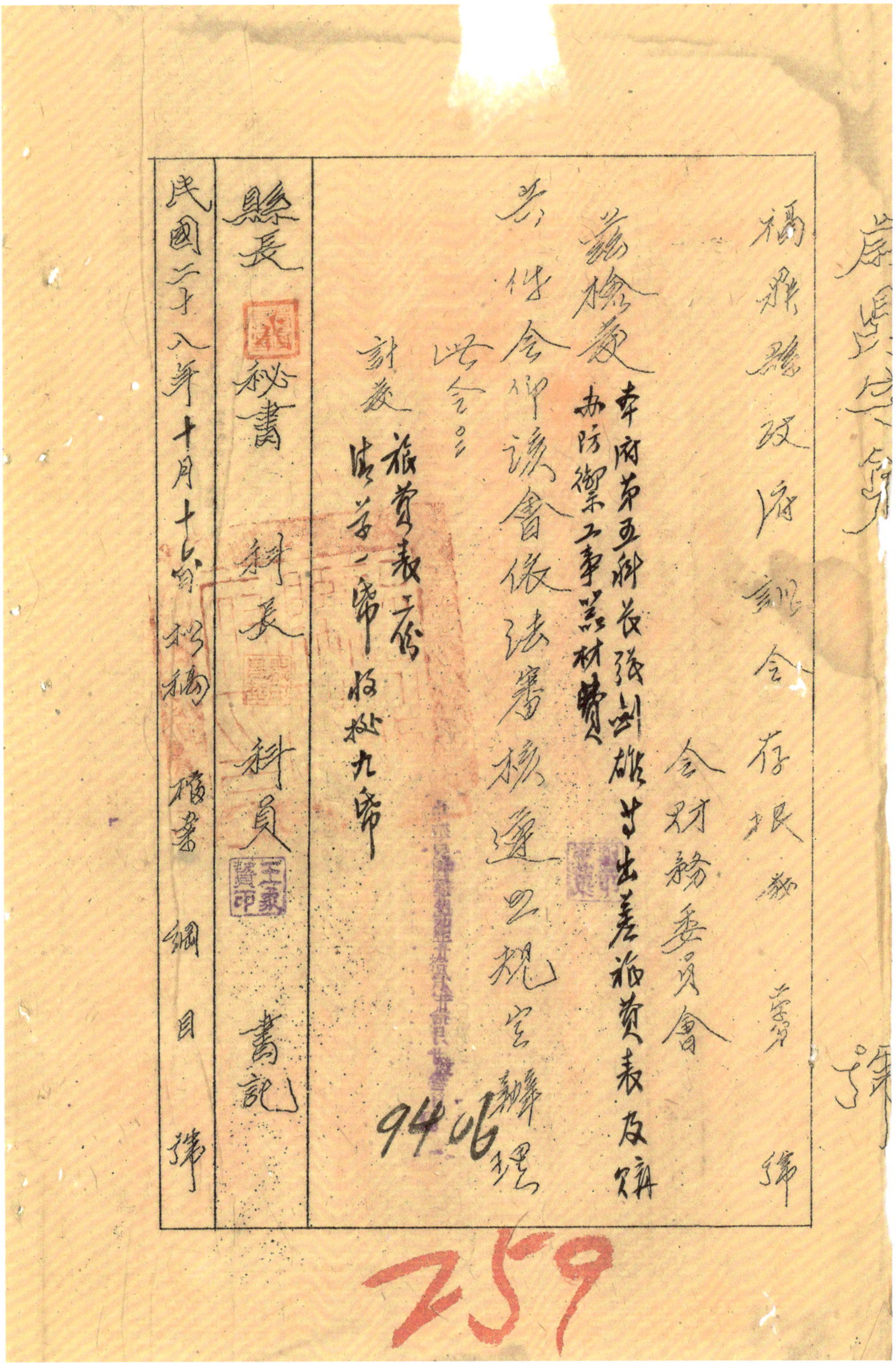

福鼎縣政府訓令存根 教字第 號

令財務委員會

案據本府第五科長張劍雄等出差旅費表及購辦防禦工事器材費

檢發

原件令仰該會依法審核逕照規定辦理

此令

計發 旅費表二張 清單一張 收據九張

縣長 秘書 科長 科員 書記

民國二十八年十月十六日 發 繕稿 校對 檔案 編目 號

9406

259

福鼎县国民兵义勇壮丁常备中队关于转报出发西阳协助构筑工事津贴费造具名册请准发放致该县县长的呈（一九三九年十月十八日）

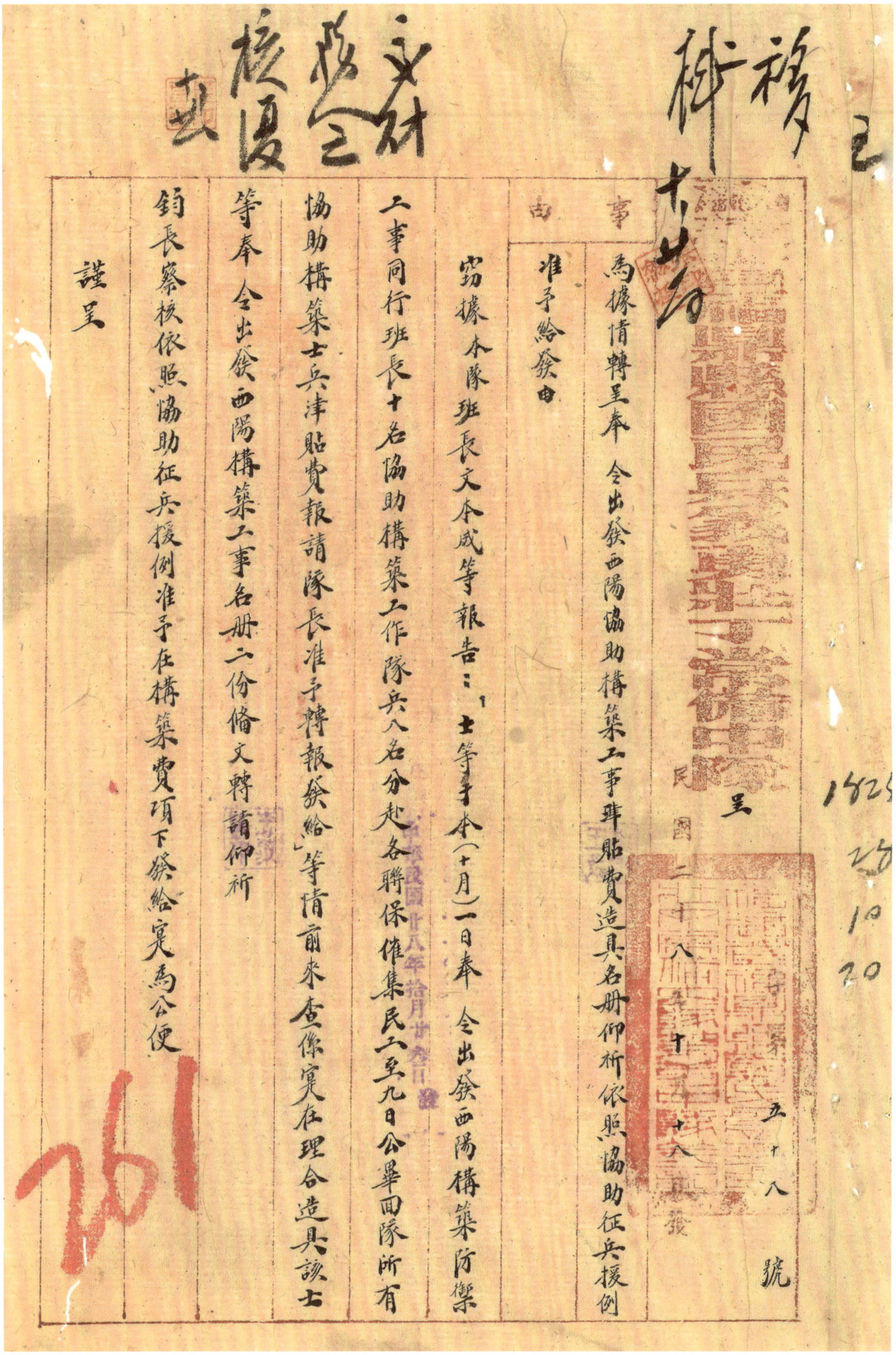

福鼎縣國民兵義勇壯丁常備中隊呈 民國二十八年十月十八日 五十八號

事由 為據情轉呈奉令出發西陽協助構築工事津貼費造具名冊仰祈依照協助征兵援例准予給發由

竊據本隊班長文本威等報告：「士等奉本（十月）一日奉令出發西陽構築防禦工事同行班長十名協助構築工作隊兵八名分赴各聯保催集民工至九日公畢回隊所有協助構築士兵津貼費報請隊長准予轉報發給」等情前來查係實在理合造具該士等奉令出發西陽構築工事名冊二份備文轉請仰祈

鈞長察核依照協助征兵援例准予在構築費項下發給實為公便

謹呈

縣長陳

附呈送士兵協助構築工事名冊二份

常倫中隊長陳　光

262

附：福鼎县国民兵义勇壮丁常备中队奉令出发西阳协助构筑工事士兵姓名册（一九三九年十月）

福鼎縣國民兵義勇壯丁常備中隊奉令出發西陽協助構築工事士兵姓名冊

姓名	出差天數	津貼款數	備考
文本成	九天	九〇	協助構築工事
梅國良	〃	〃	〃
白子明	〃	〃	〃
潘春蘭	〃	〃	〃
林時枝	〃	〃	〃
蕭阿棟	〃	〃	〃
卓云春	〃	〃	〃
王阿興	〃	〃	〃
李墩弟	〃	〃	〃
夏阿濟	〃	〃	

十月一日出發九日回隊

264

李向發	〃	〃	派赴各聯保催集民工
胡爽秋	〃	〃	〃
周良球	〃	〃	〃
黃勇吉	〃	〃	〃
顏克環	〃	〃	〃
章昌堅	〃	〃	〃
梁梓帝	〃	〃	〃
謝祝三	〃	〃	〃
合計	〃	一六二〇	

合計 一六三〇

中華民國二十八年十月　日

特務長翁炎芳

中隊長陳光

陳光

中華民國廿八年拾月廿七日發

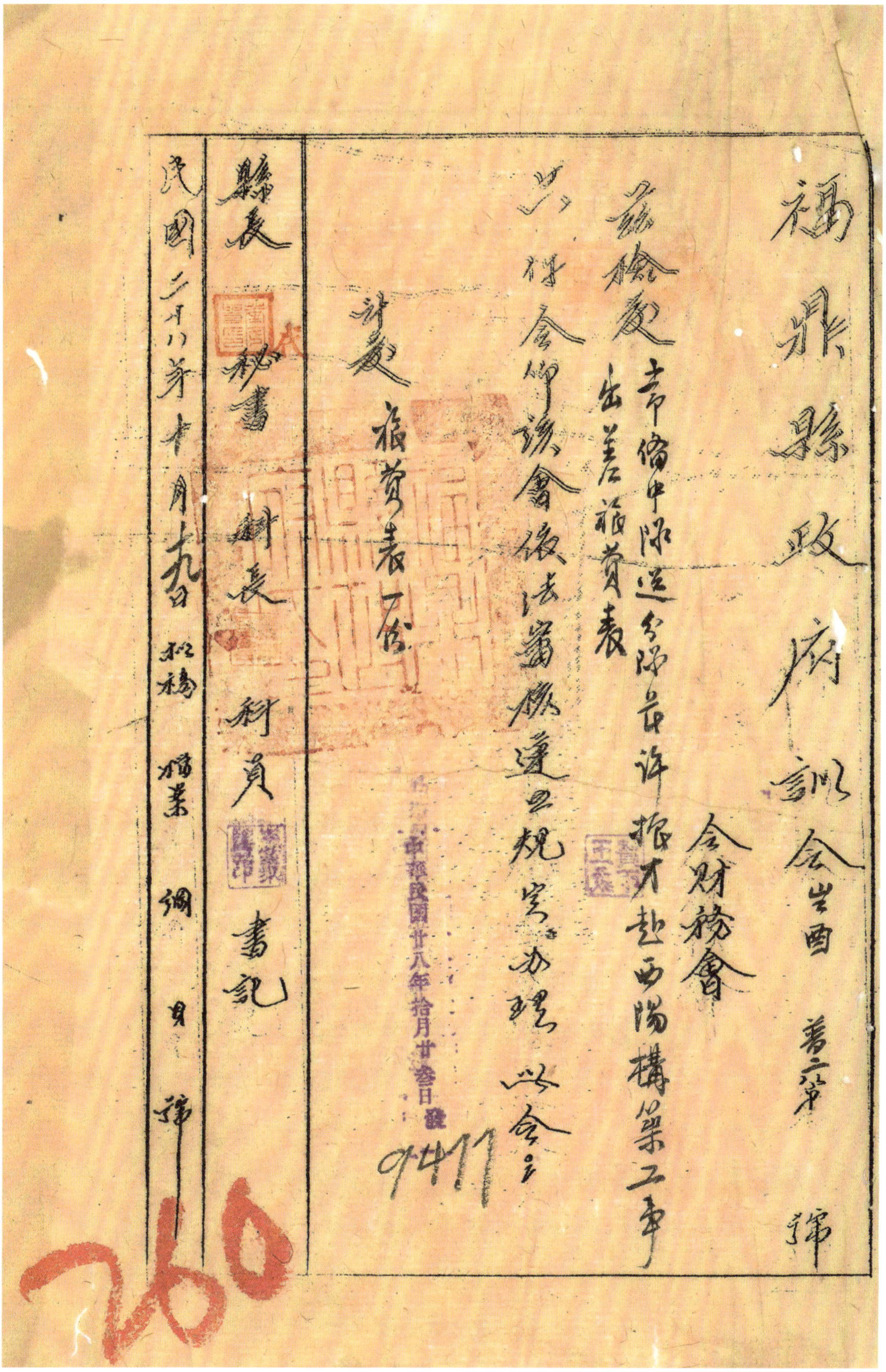
福鼎縣政府訓令 岩西 第 號
令財務會
茲據常備中隊分隊長許振才赴西陽構築工事
出差旅費表
此件令仰該會依法審核遵照規定辦理 此令
計發 旅費表一份
縣長 秘書 科長 科員 書記
民國二十八年十月十九日 擬稿 繕 編 號
中華民國廿八年拾月廿叁日發
9411
260

福鼎县政府关于常备中队分队长许振才赴西阳构筑工事出差旅费表依法审核办理致该县财务委员会的训令（一九三九年十月二十三日）

福鼎县政府关于常备中队班长文本成等协助西阳构筑工事津贴费清册依法审核办理致该县财务委员会的训令（一九三九年十月二十七日）

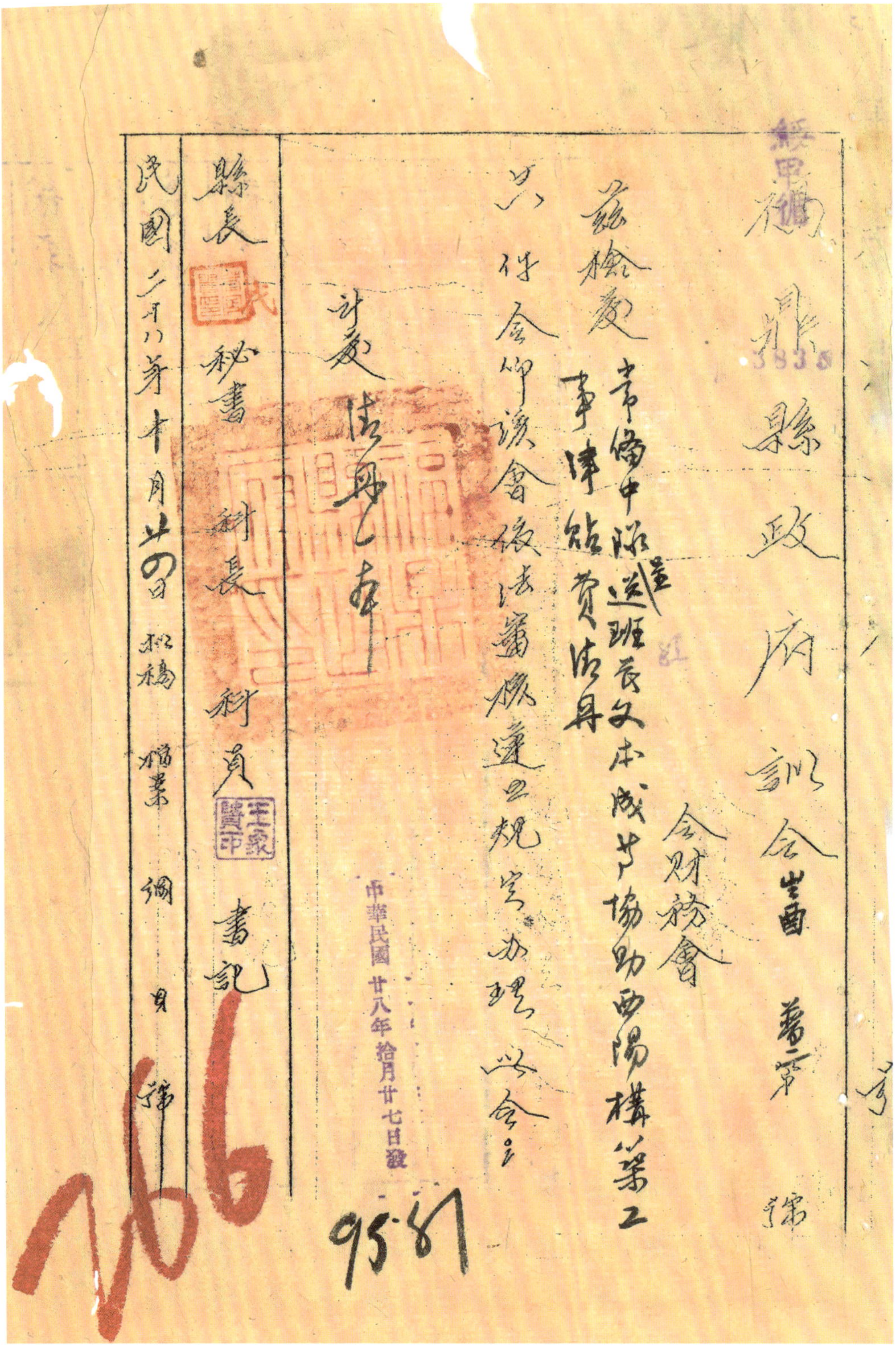

福鼎縣政府訓令 字第 號

令財務會

茲檢發常備中隊送呈班長文本成等協助西陽構築工事津貼費清冊

乙件，令仰該會依法審核遵照規定辦理。此令。

計發清冊乙本

縣長 秘書 科長 科員 書記

民國二十八年十月廿四日 擬稿 繕

中華民國廿八年拾月廿七日發

福鼎县政府财务委员会关于常备队队兵出差人数超过一班以上依照规定不得开支津贴费致该县县长的呈（一九三九年十月三十日）

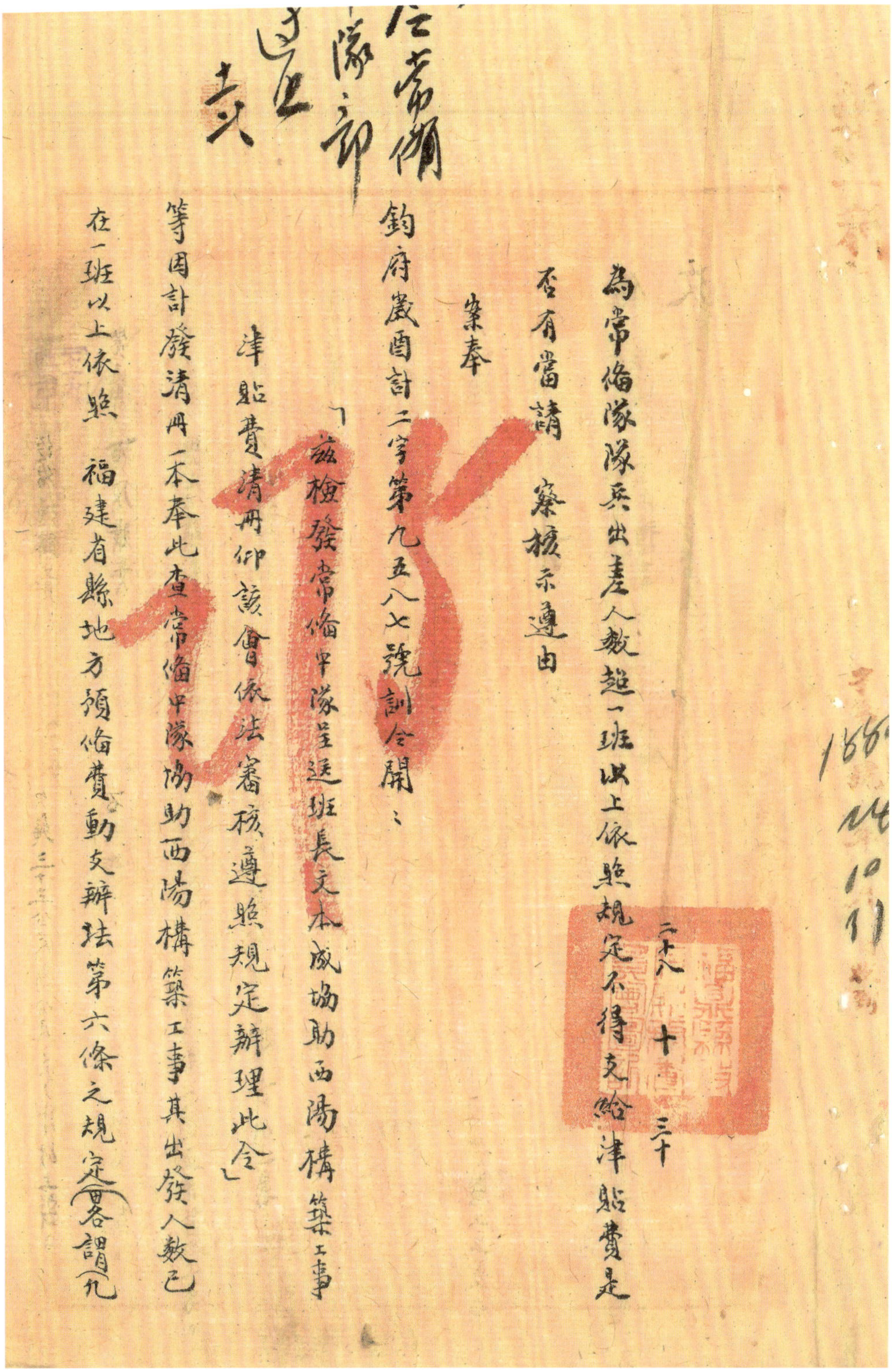

为常备队队兵出差人数超一班以上依照规定不得支给津贴费是

否有当请　察核示遵由

二十八　十　三十

案奉

钧府岁酉字第九五八七号训令开：

「兹据发常备中队呈送班长文本成协助西阳构筑工事

津贴费清册仰该会依法审核遵照规定办理此令」

等因计发清册一本奉此查常备中队协助西阳构筑工事其出发人数已

在一班以上依照　福建省县地方预备费动支办法第六条之规定（丑吝謂（九

士兵出差人数在一班以上時應自帶伙食不得支給口粮）自應隨帶伙食不得列報津貼費是否有當理合具文呈請

察核指令祇遵

謹呈

縣長陳

財務委員會首席委員梁鏡寰

梁鏡寰印

276

福鼎县管阳警察分驻所巡官郭正梁关于造具管阳行署修缮费预算表致该县县长的报告
（一九三九年十月三十日）

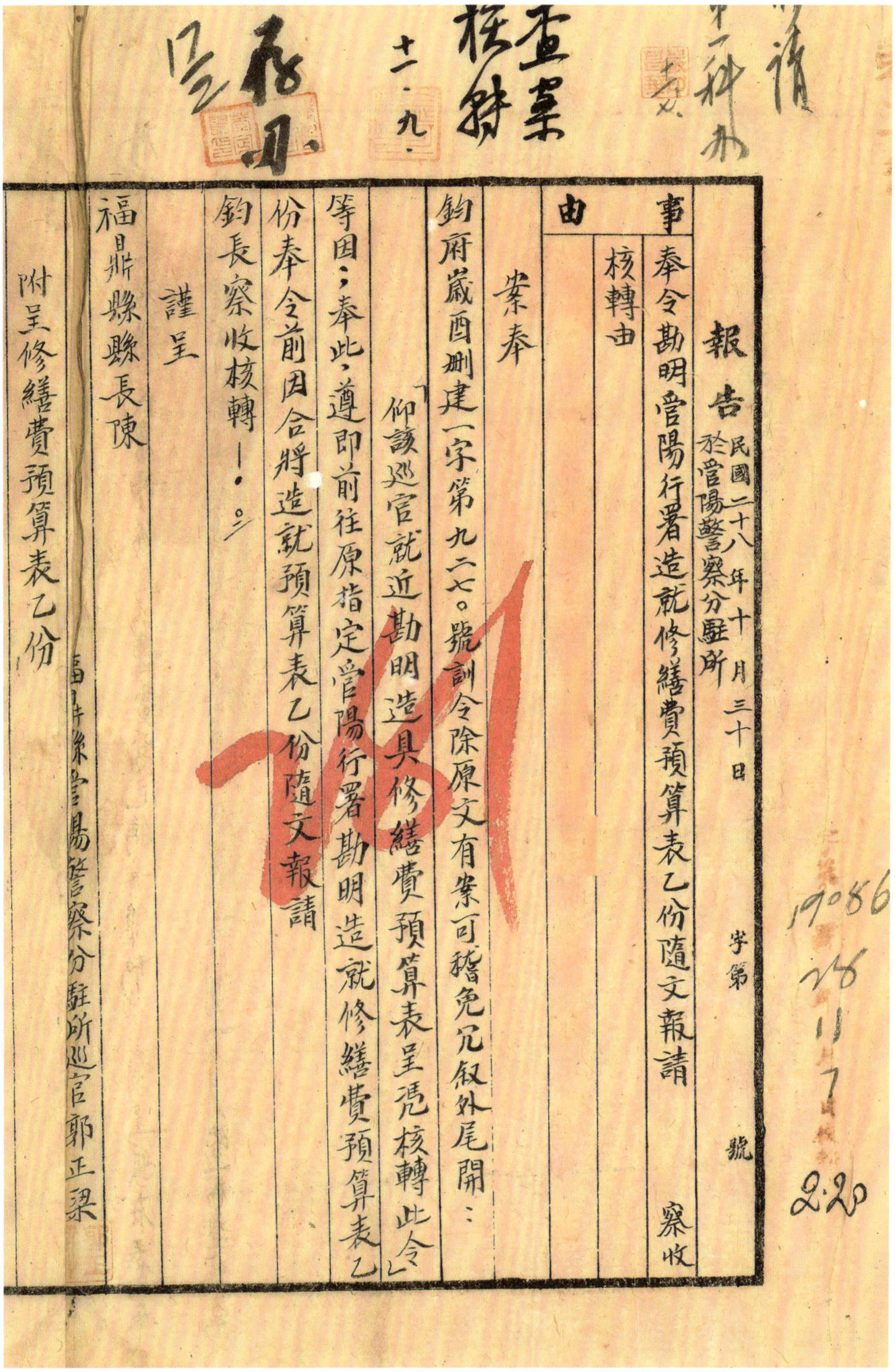
查案核辦
十一.九.

報告 民國二十八年十月三十日 於管陽警察分駐所 字第 號

事由：奉令勘明管陽行署造就修繕費預算表乙份隨文報請 核轉由

察收

案奉
鈞府歲酉删建一字第九二七〇號訓令：除原文有案可稽免冗叙外，尾開：「仰該巡官就近勘明造具修繕費預算表呈凴核轉，此令。」等因；奉此，遵即前往原指定管陽行署勘明造就修繕費預算表乙份，奉令前因，合將造就預算表乙份隨文報請
鈞長察收核轉！

謹呈
福鼎縣縣長陳

附呈修繕費預算表乙份

福鼎縣管陽警察分駐所巡官郭正梁

19086
28
11
7
2:20

附：福鼎县政府管阳行署修缮费预算表

福鼎縣政府管陽行署修繕費預算表

科目		修繕費預算數	備考
第一款	修繕費	二三四二〇	
第一項	修繕費	二三四二〇	
第一目	材料	一三五二〇	
第一節	木材	三六〇〇	新構造辦公廳寢室地板及修理棟樑等共需杉木三十枝每枝價一元二角合計如上數
第二節	木板	八五〇〇	辦公廳寢室隔板地板及修理破壞板壁等處共需木板五十丈每丈價一元七角合計如上數
第三節	竹料	四二〇	竹篷用裝設兩邊走廊及廚房等處共需竹七百斤每百斤價六角合計如上數
第二目	瓦灰料	二五五〇	
第一節	瓦料	一〇五〇	添補瓦片約需六仟張每仟張價一元七角五分合計如上數

第二節 蜊灰	一二五〇	新放天窗厨房棟瓦及修理破壞磚牆等處共需灰料五百斤每百斤價二元五角合計如上數
第三節 雜料	二五〇	紙筋水膠等料價額約計如上數
第三目 鉄釘	一〇〇〇	
第一節 鉄釘	一〇〇〇	購用鉄釘約計二十五斤每斤價四角計如上數
第四目 玻璃	一〇〇〇	
第一節 玻璃	一〇〇〇	購用天窗玻璃拾張每張一元計如上數
第五目 工薪	五三五〇	
第一節 木工	三五〇〇	木匠共需七十天每天工資五角合計如上數
第二節 竹工	三五〇	打竹篷及紮釘等共需七天每天工資五角合計如上數
第三節 泥工	一五〇〇	土匠共需三十天每天工資五角合計如上數

福鼎县政府关于重编预算书并绘制阵地配备详图随文呈报致驻闽绥靖公署主任兼二十五集团军总司令陈仪的代电（一九三九年十月三十一日）

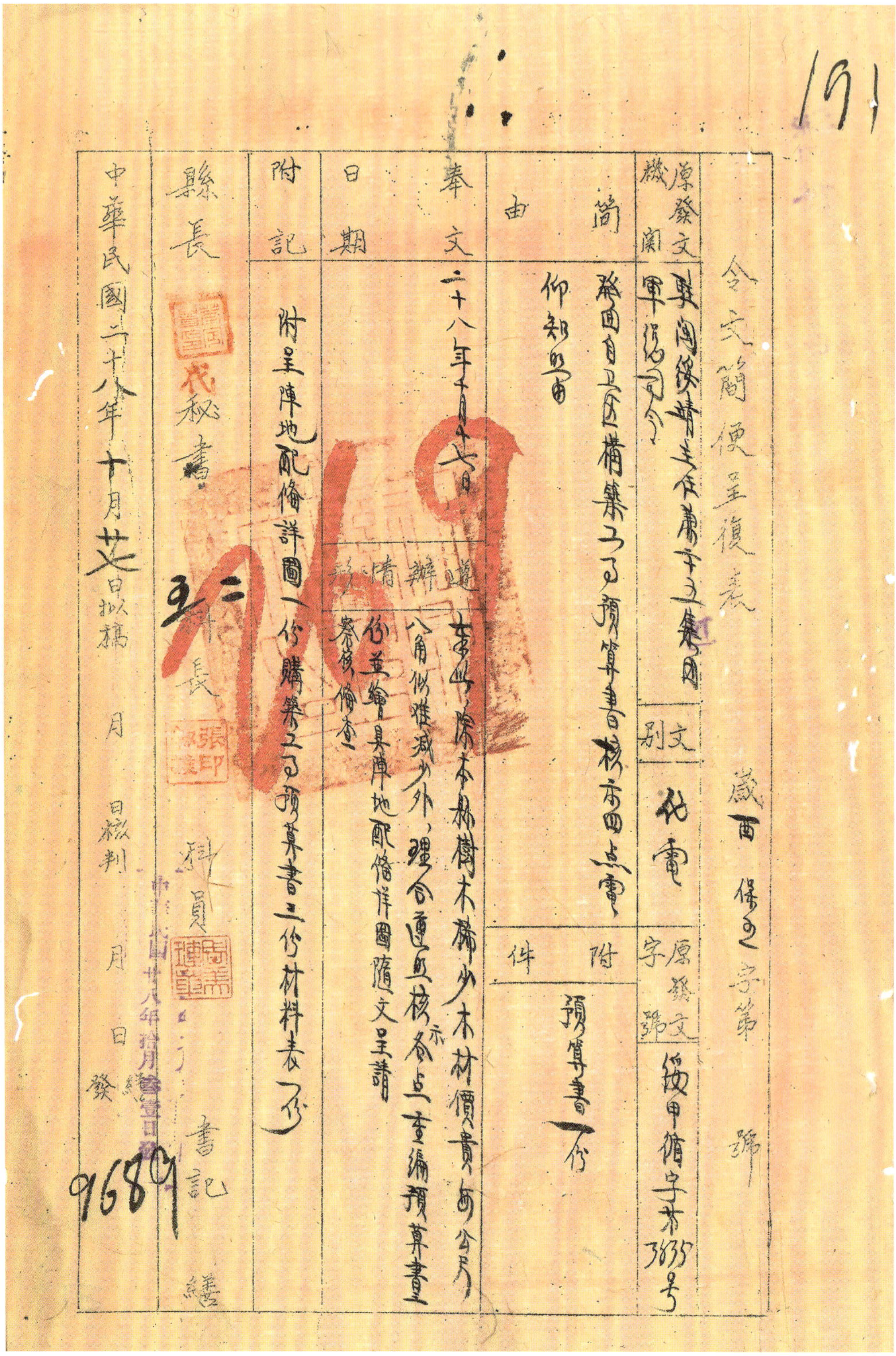

令文簡便呈復表

原發文機關：駐閩綏靖主任兼第二十五集團軍總司令

文別：代電

原發文字號：綏甲循字第7635號

簡由：飭由自卫队構築工事預算書核示由点電仰知照由

附件：預算書一份

奉文日期：二十八年十月十七日

遵辦情形：奉此，除本縣樹木稀少，木材價貴，每公尺八角，似难減少外，理合遵照核示各点重編預算書二份，並繪具陣地配備詳圖隨文呈請察核備查。

附記：附呈陣地配備詳圖一份、購築工事預算書三份、材料表一份

縣長　代秘書　科長　科員　書記　繕

中華民國二十八年十月廿日擬稿　月　日核判　月　日發

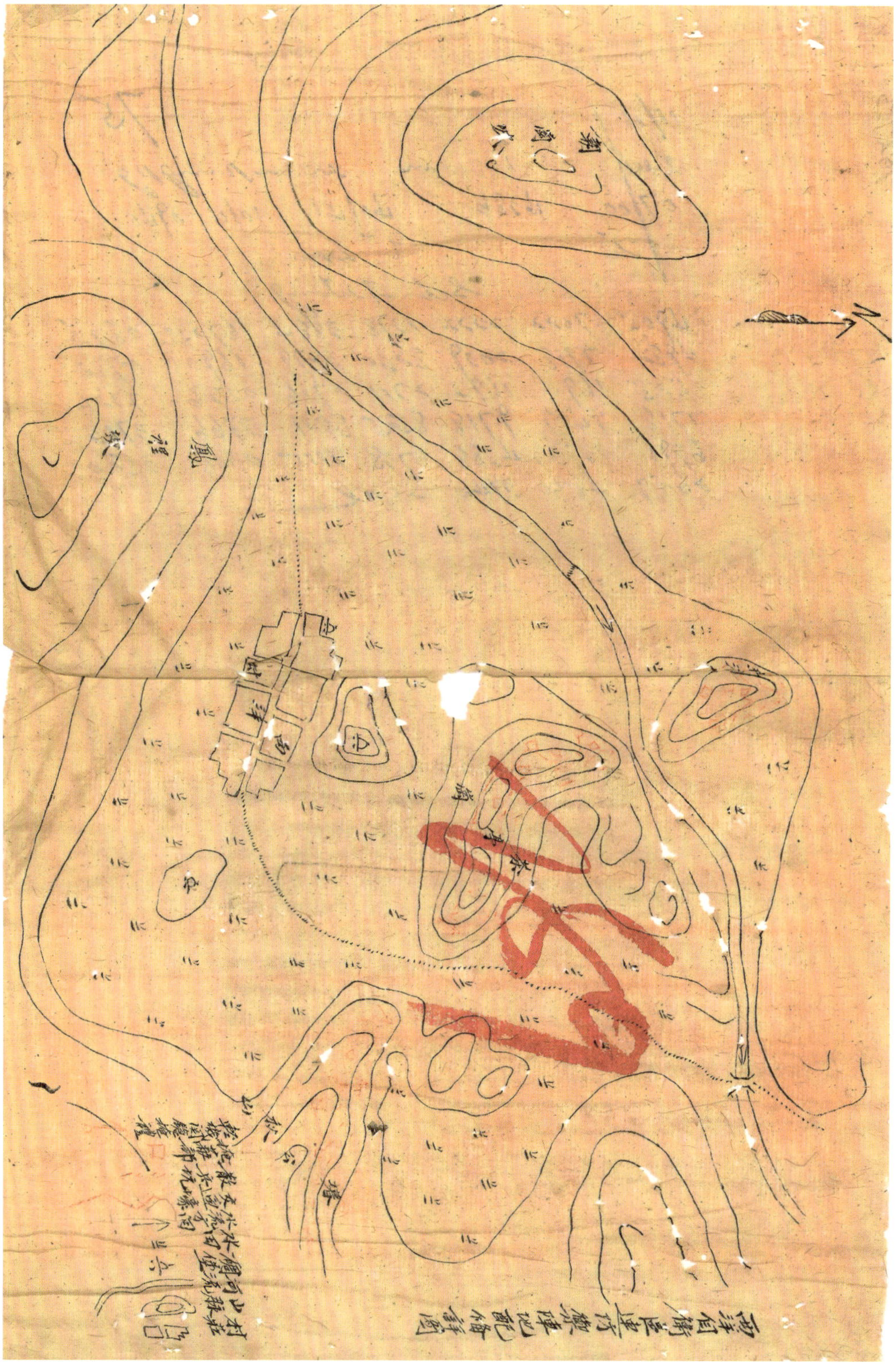

附（一）福鼎县西阳自卫区连防御阵地配备详图

附（二）福鼎县西阳自卫区平面掩蔽部所需材料表

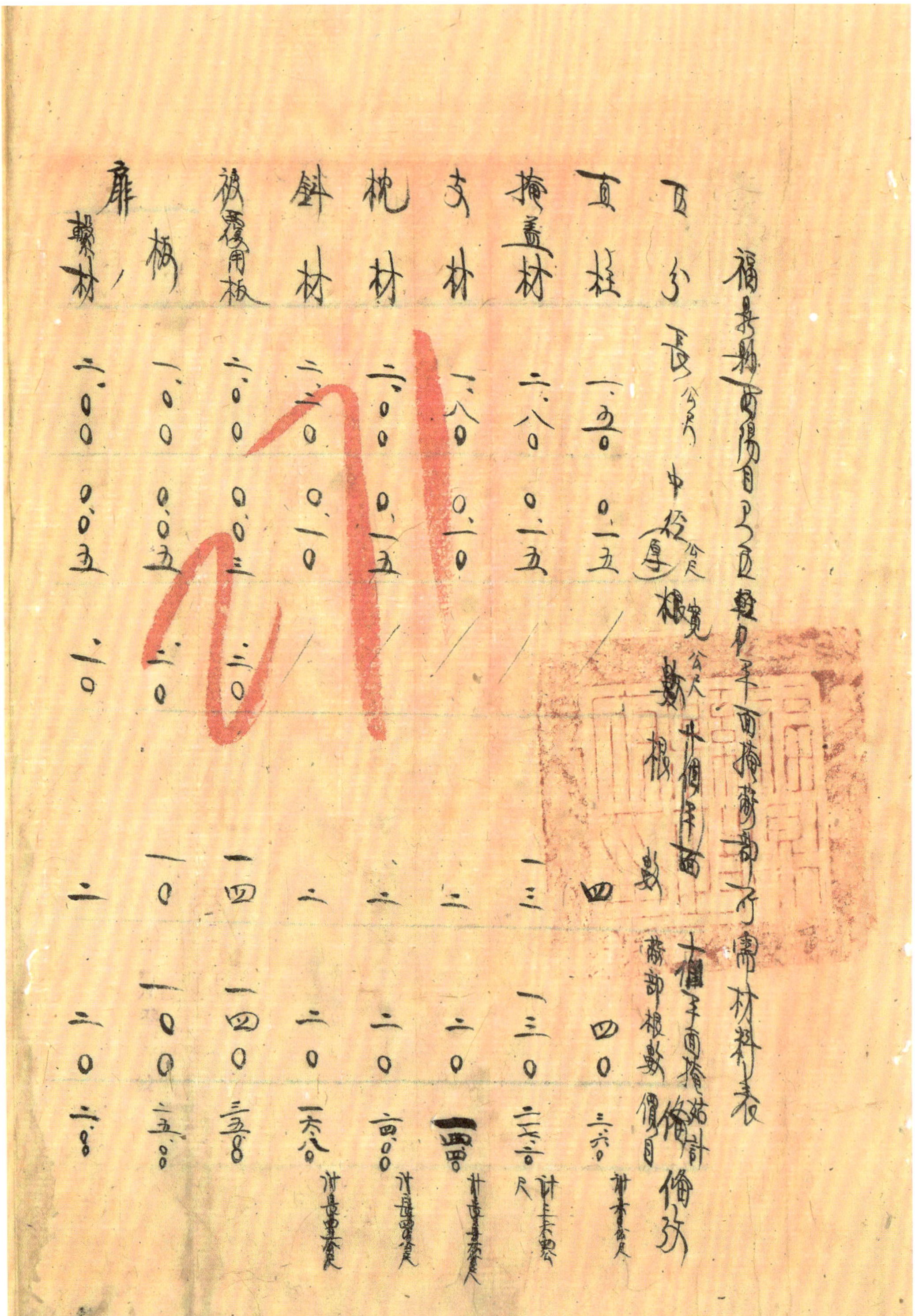

福鼎县西阳自卫区平面掩蔽部所需材料表

区分	长（公尺）	中径（厚）（公尺）	宽（公尺）	根数	十个平面掩蔽部根数	估计价目	备考
直柱	一.五0	0.一五		四	四0	三.六0	[illegible]
掩盖材	二.八0	0.一五		一三	一三0	[illegible] 尺	[illegible]
支材	一.八0	0.一0		二	二0	[illegible]	[illegible]
枕材	二.00	0.一五		二	二0	[illegible]	[illegible]
斜材	二.00	0.一0		二	二0	[illegible]	[illegible]
被覆用板	二.00	0.0三	二.0	一四	一四0	[illegible]	
板	一.00	0.0五	二.0	一0	一00	[illegible]	
扉横材	二.00	0.0五	一.0	二	二0	[illegible]	

防水板　二·二〇　〇·〇三　·一五　一　一〇　二·〇〇

銹釘　五寸　二八　二八〇　二·〇〇

合計共需國幣叁百五十二元正。

附

記

附（三）福鼎县西阳自卫区轻机关枪掩蔽部所需材料表

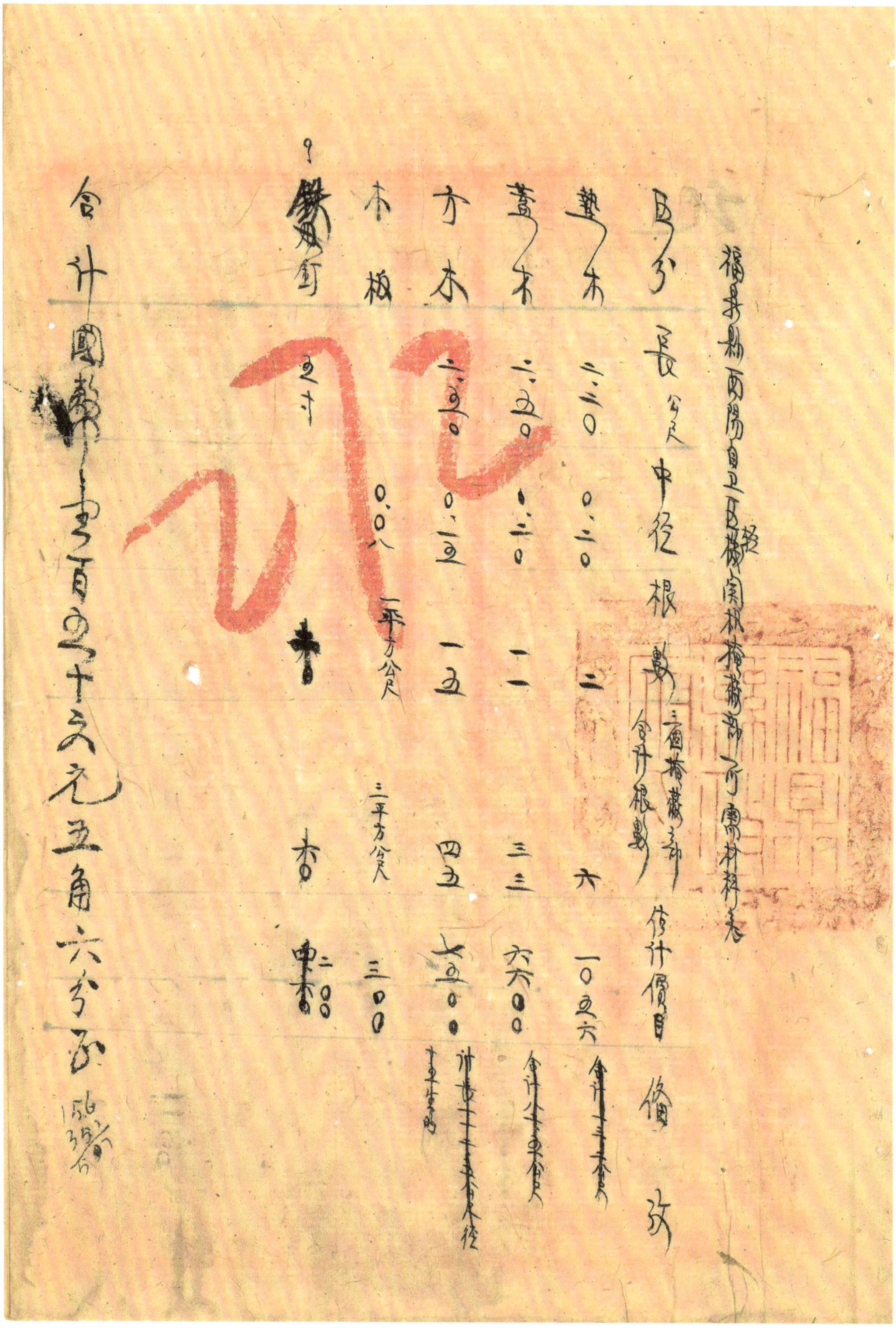

福鼎县西阳自卫区轻机关枪掩蔽部所需材料表

品名	长（公尺）	中径	根数	二个掩蔽部合计根数	价计价目	备考
垫木	二.二〇	〇.二〇	二	六	一〇五六	[illegible]
盖木	二.五〇	〇.二〇	一一	三三	六六〇〇	[illegible]
方木	二.五〇	〇.一五	一五	四五	七五〇〇	[illegible]
木板	五寸	〇.〇八	一平方公尺	三平方公尺	三〇〇	
铁钉			十	[illegible]	[illegible]	

合计国币壹百五十六元五角六分正

附（四）福鼎县西阳自卫区五六人用斜面掩蔽部所需材料表

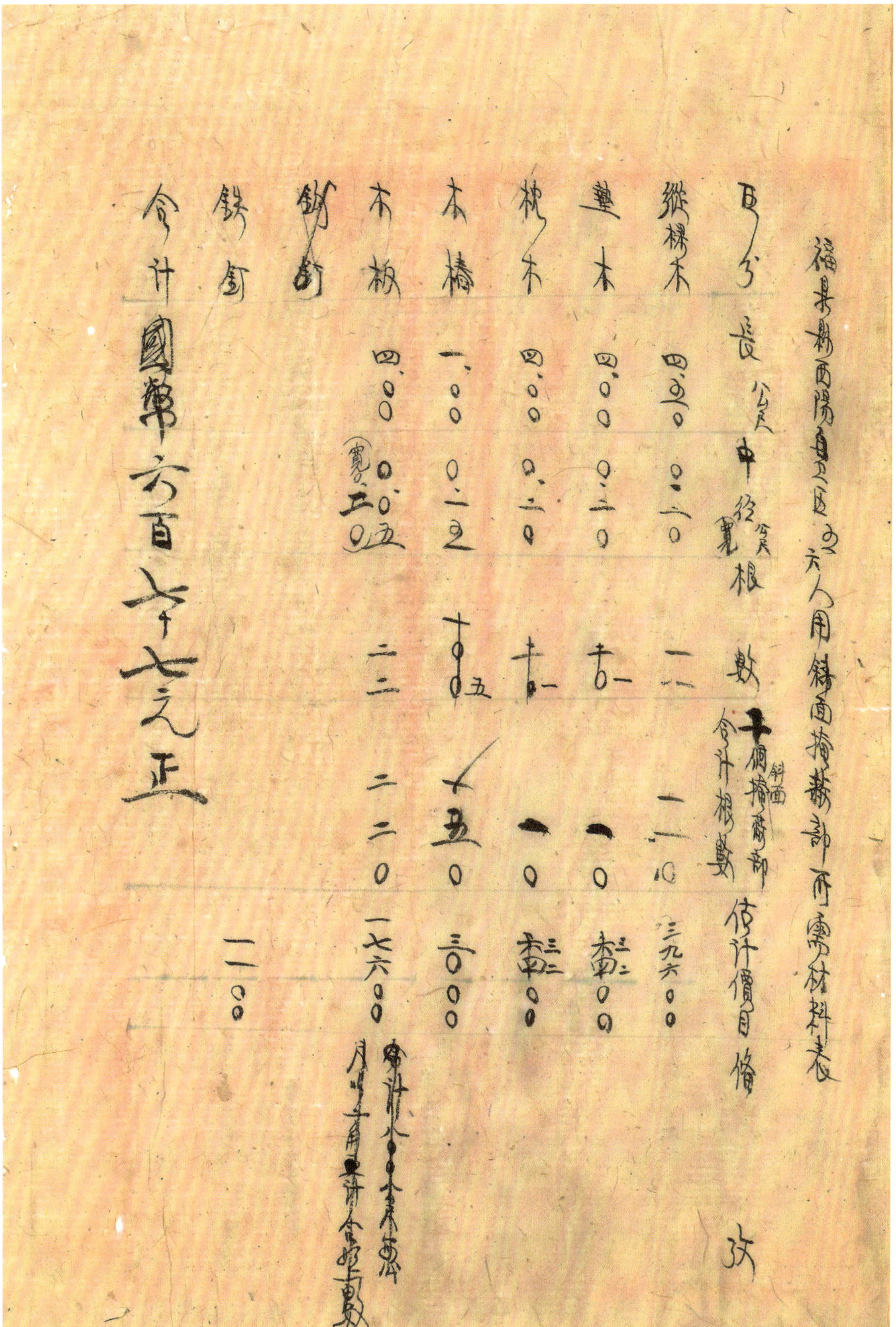

福鼎縣西陽自衛區五六人用斜面掩蔽部所需材料表

[illegible]	長（公尺）	中徑（公尺）寬	根數	十個斜面掩蔽部合計根數	估計價目	備考
縱樑木	四.五〇	〇.二〇	一一	一一〇	三九六〇〇	
墊木	四.〇〇	〇.二〇	十一	一〇〇	[illegible]	
枕木	四.〇〇	〇.二〇	十一	一〇〇	[illegible]	
木樁	一.〇〇	〇.二五	十五	一五〇	[illegible]	
木板	四.〇〇	〇.〇五（寬〇.二〇）	二二	二二〇	一七六〇〇	
鐵釘					二〇〇	

合計 國幣六百[illegible]元正

次

附（五）福鼎县自卫区构筑防御阵地材料费预算书（一九三九年九月）

福鼎縣自衛區構築防禦陣地材料費預算書

二十八年九月　日

項目	工料費	說明
第一款自衛區購築工事材料費	一三七〇〇	
第一項材料費	一〇七〇八〇	
第一目木材費	八〇〇〇	
第一節木材購費	八〇〇〇〇	共須二十生的直徑松木一千公尺每公尺價值八角合計如上数
第二目鐵料費	二五四八〇	
第一節兩爪釘購費	二〇八〇	長六市寸二六〇個每個價值八分合計如上数
第二節鐵絲購費	一三〇〇〇	十二號鉄絲一三〇斤每斤價值一元合計如上数
第三節鐵皮購費	八〇〇〇	四公分闊〇.〇〇五公尺厚一六〇公尺每公尺價值五角合計如上数

核

免

第四節鐵釘購費	二四〇〇	大號洋釘四〇斤每斤價值六角合計如上数
第三目經始器材費	一六〇〇	
第一節米達尺購費	二〇〇	四公分闊一公尺長〇.〇二五公尺厚木製米達尺十條每條價值二角合計如上数
第二節經始繩購費	一〇〇	長五公尺麻繩二十條每條價值五分合計如上数
第三節石炭購費	四〇〇	一百斤每國幣一元購二十五斤合計如上数
第四節標旗購費	〧〇〇	十四面各色布質製成每面價值五角合計如上数
第五節木樁購費	二〇〇	十個每個價值二角合計如上数
第二項其他費	三〇〇〇	
第一目其他費	三〇〇〇	
第一節其他費	三〇〇〇	木料搬運費民工茶水費及其他各種特别用費等臨時動支之

附（六）福鼎县自卫区构筑防御阵地材料费预算书（一九三九年九月）

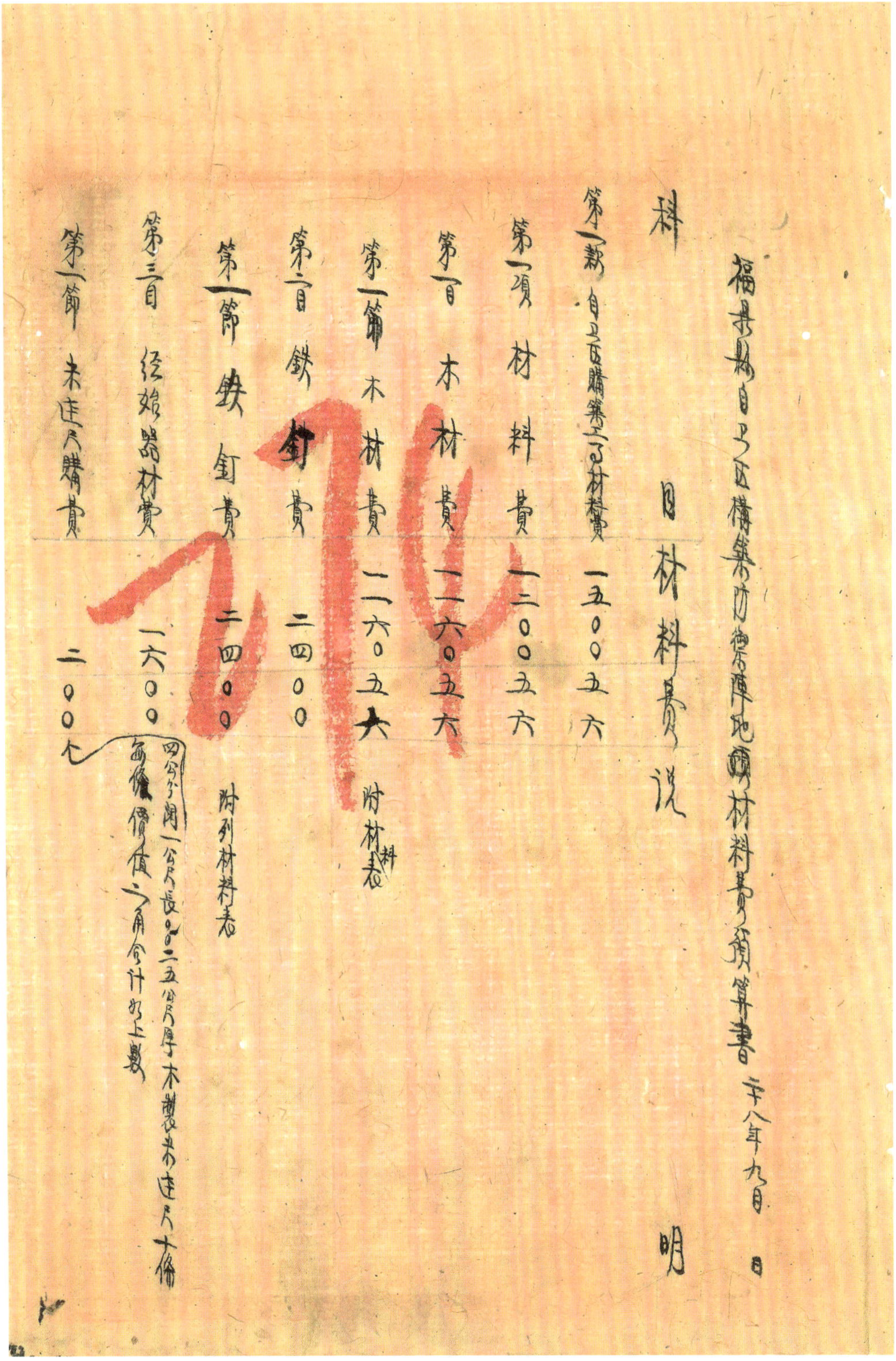
福鼎縣自卫區構築防禦陣地需材料費預算書　廿八年九月　日

科目	材料費	説明
第一款　自卫區購築工事材料費	一五〇〇五六	
第一項　材料費	一三〇〇五六	
第一目　木材費	一一六〇五六	
第一節　木材費	一一六〇五六	附材料表
第二目　鉄釘費	二四〇〇	
第一節　鉄釘費	二四〇〇	附列材料表
第三目　絞線器材費	一六〇〇	
第一節　未連尺購費	二〇〇七	四公分闊一公尺長〇〇二五公尺厚木製未連尺十條　每條價值二角合計如上數

第二節 竹繩購費	一〇〇	竹繩三十三公尺每公尺三分計如上數。
第三節 石灰購費	四〇〇	石灰百斤每元以五十斤計如上數。
第四節 標旗購費	七〇〇	白面各色布質製成每面五角計如上數。
第五節 木樁購費	二〇〇	木樁十個每個以二角計如上數
第二項 其他費	三〇〇〇	
第一目 其他費	三〇〇〇	
第一節 其他費	三〇〇〇	購集工司民工茶水費雇佐監工出差旅費等支用之
合計		

備考 本部于仙浦壹石岛吴羊山三處構各築一連每掩蔽國部之連防禦陣地於本預算第三目節中多列。

文

福建省第一区行政督察专员公署关于筹设行署计划书准予存转致福鼎县县长的指令

（一九三九年十一月三日）

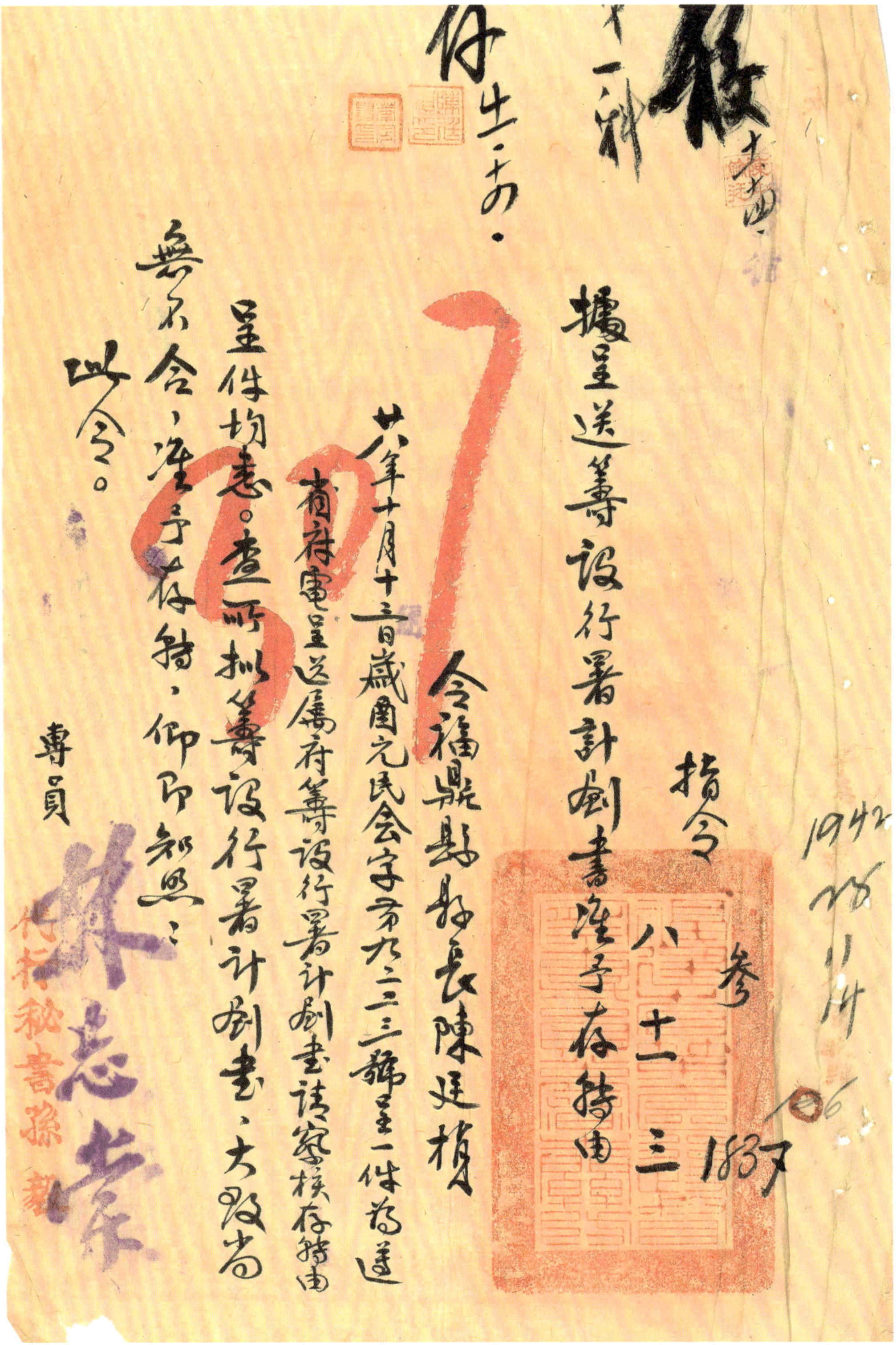

指令 參 八十二三 1837

據呈送籌設行署計劃書准予存轉由

令福鼎縣縣長陳廷楨

廿八年十月十六日歲密元民公字第九二三號呈一件爲送賫府電呈送屬府籌設行署計劃書請察核存轉由

呈件均悉。查所擬籌設行署計劃書，大致尚無不合，准予存轉，仰即知照。

此令。

專員 林志[illegible]

代行秘書孫[illegible]

福鼎县政府关于士兵出差人数一班以上不得列报津贴等致该县国民兵义勇壮丁常备中队的训令（一九三九年十一月四日）

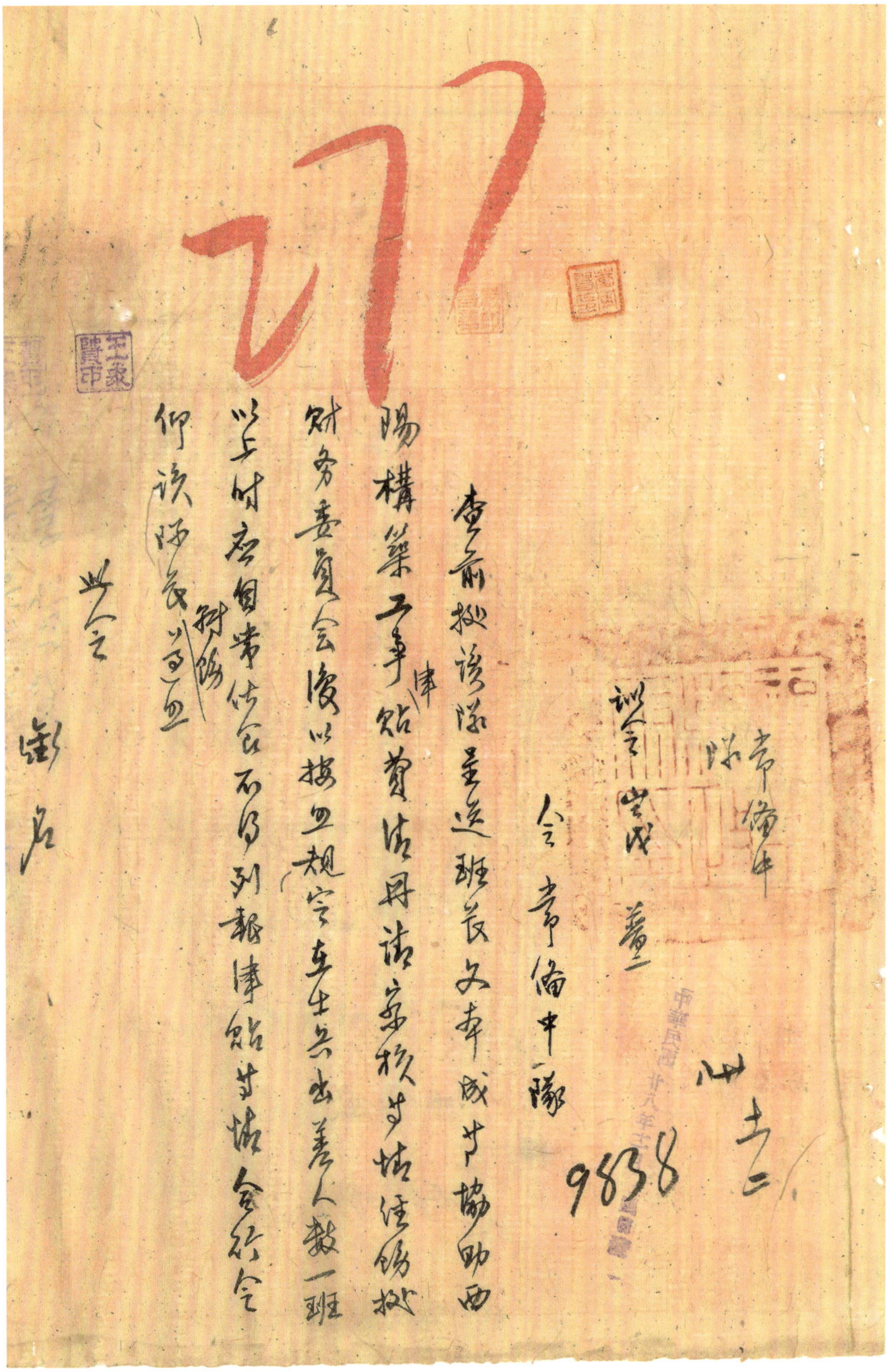
訓令　常備中隊隊長　董
令常備中隊
查前擬該隊呈送班長文書成立協助西
陽構築工事津貼費請再請另核支結經飭擬
財務委員會復以按照規定在士兵出差人數一班
以上財應自帶伙食不得列報津貼等語合行令
仰該隊長特飭以為照
此令
縣長
9838

福鼎县政府第五科科员周美琏关于呈核前往西阳自卫区构筑防御工事工作日记及出差旅费报告表致该县县长的报告（一九三九年十一月十一日）

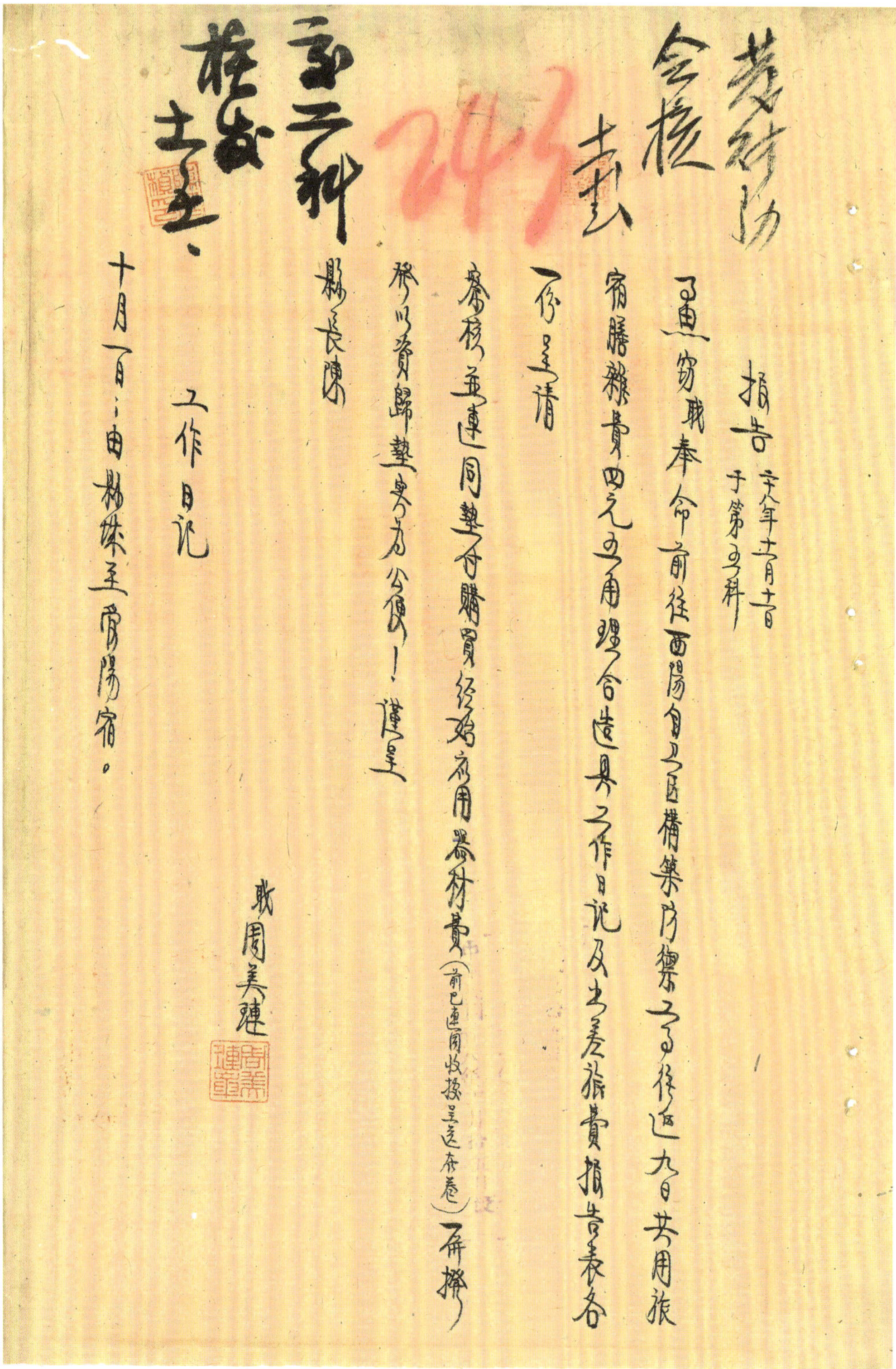

報告 廿八年十一月十一日 于第五科

查職奉命前往西陽自衛區構築防禦工事，往返九日，共用旅宿膳雜費四元五角，理合造具工作日記及出差旅費報告表各一份，呈請

審核，並連同墊付購買紀錄所用器材費（前已連同收據呈送存卷）一併撥發，以資歸墊，實為公便！謹呈

縣長陳

職 周美璉

工作日記

十月一日：由縣城至西陽宿。

十月二日　上午由貴陽至西陽　下午視察地形。

十月三日　監督民工構築工事。

十月四日　仝右。

十月五日　仝右。

十月六日　仝右。

十月七日　仝右。

十月八日　仝右。

十月九日　由西陽回株洲。

福鼎县政府关于周美琏出差旅费表依照规定办理致该县财务委员会的训令（一九三九年十一月十九日）

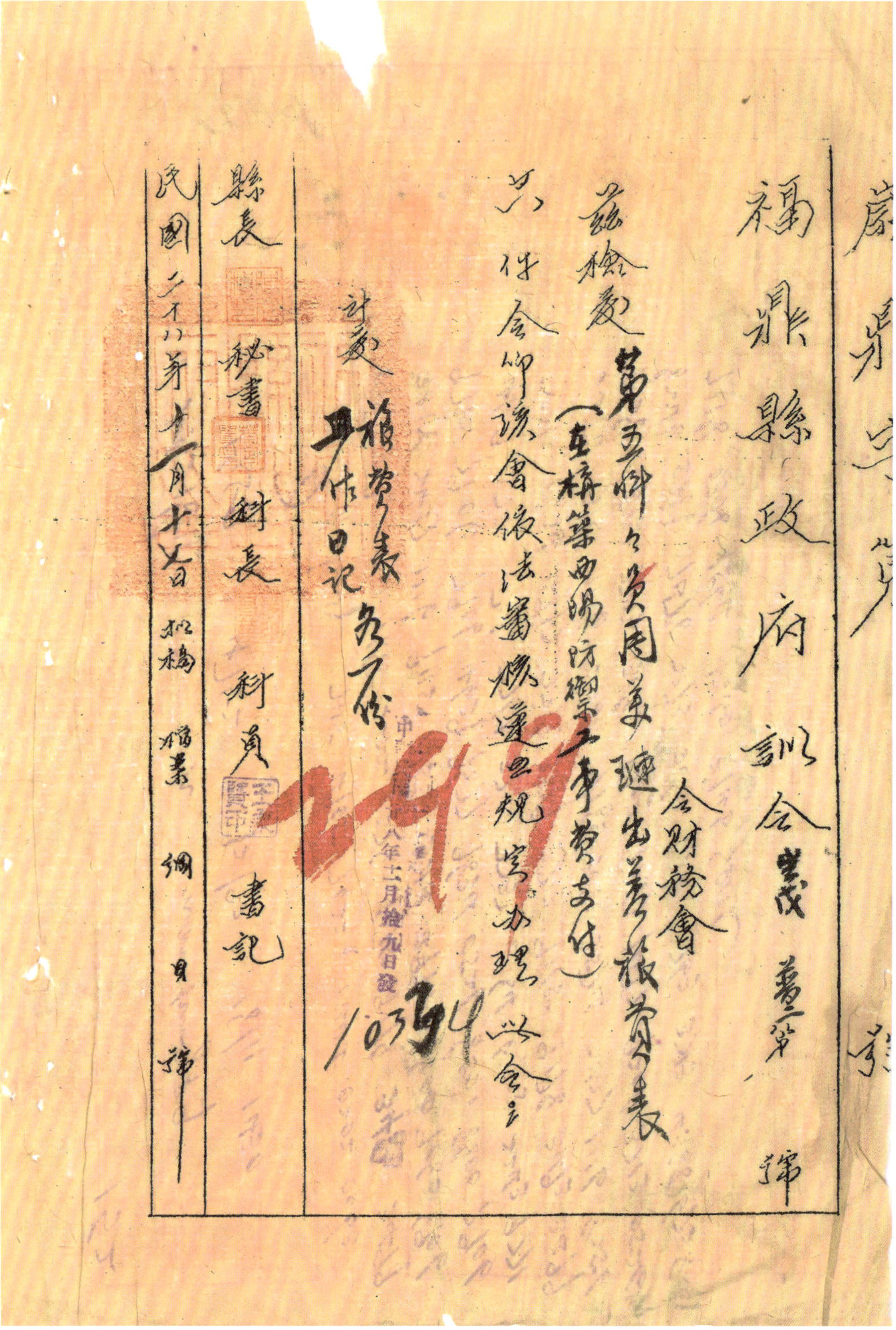
福鼎縣政府訓令 建字第 號

令財務會

茲檢發第五科科員周美璉出差旅費表（赴桐葉西陽防禦工事費支付）一份，合仰該會依法審核，遵照規定辦理。此令。

計發 旅費表 工作日記 各一份

縣長 秘書 科長 科員 書記

民國二十八年十一月十九日 擬稿 檔案 編目 號

中華民國二十八年十一月拾九日發

249

10354

驻闽绥靖主任兼二十五集团军总司令关于核准自卫区构筑工事材料预算书及赶筑具报事致福鼎县县长的快邮代电（一九三九年十一月二十一日）

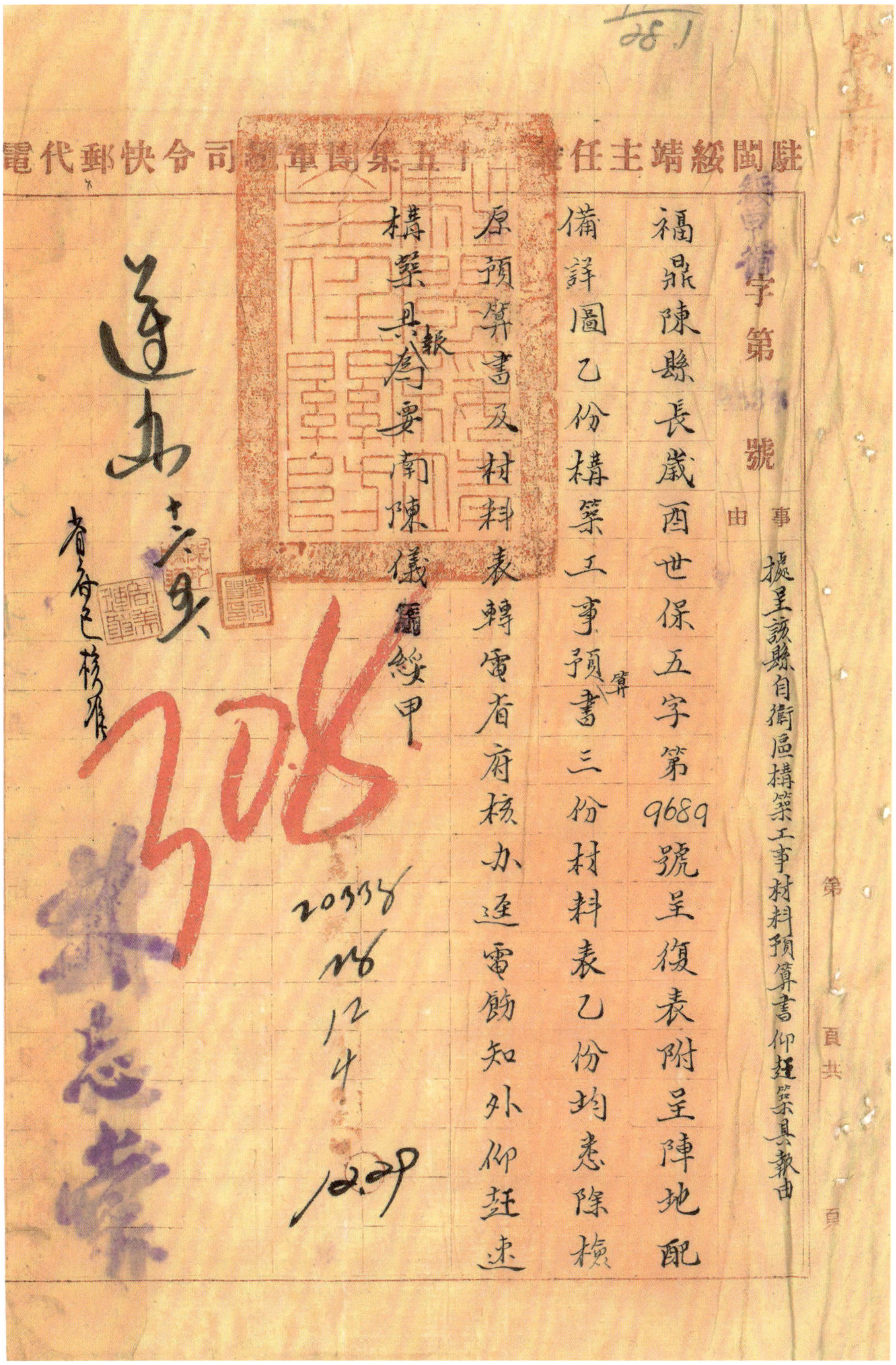
駐閩綏靖主任兼二十五集團軍總司令快郵代電

綏字第　號

事由：據呈該縣自衛區構築工事材料預算書仰趕築具報由

福鼎陳縣長歲酉世保五字第9689號呈復表附呈陣地配備詳圖乙份構築工事預算書三份材料表乙份均悉除檢原預算書及材料表轉電省府核办逐電飭知外仰趕速構築具報為要南陳儀綏甲

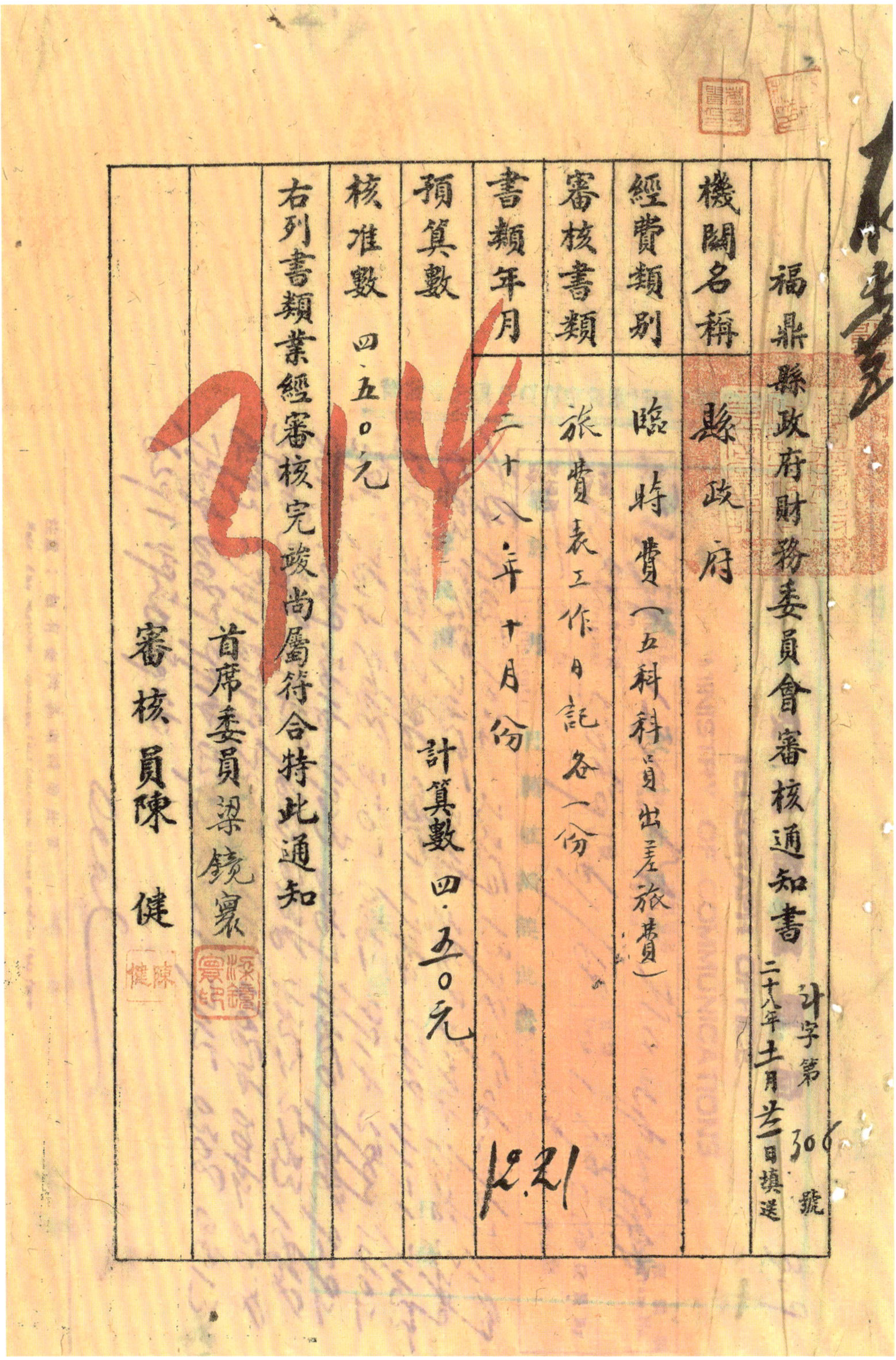

福鼎縣政府財務委員會審核通知書

計字第306號

二十八年十一月廿二日填送

機關名稱	縣政府
經費類別	臨時費（五科科員出差旅費）
審核書類	旅費表工作日記各一份
書類年月	二十八年十月份
預算數	
計算數	四.五〇元
核准數	四.五〇元

右列書類業經審核完竣尚屬符合特此通知

首席委員梁鏡寰

審核員陳健

福鼎县政府财务委员会关于第五科科员出差旅费经审核符合规定致该县政府的审核通知书（一九三九年十一月二十二日）

驻闽绥靖主任公署关于树立游击根据地所需各项经费限期报送致福鼎县政府的电（一九三九年十一月二十四日）

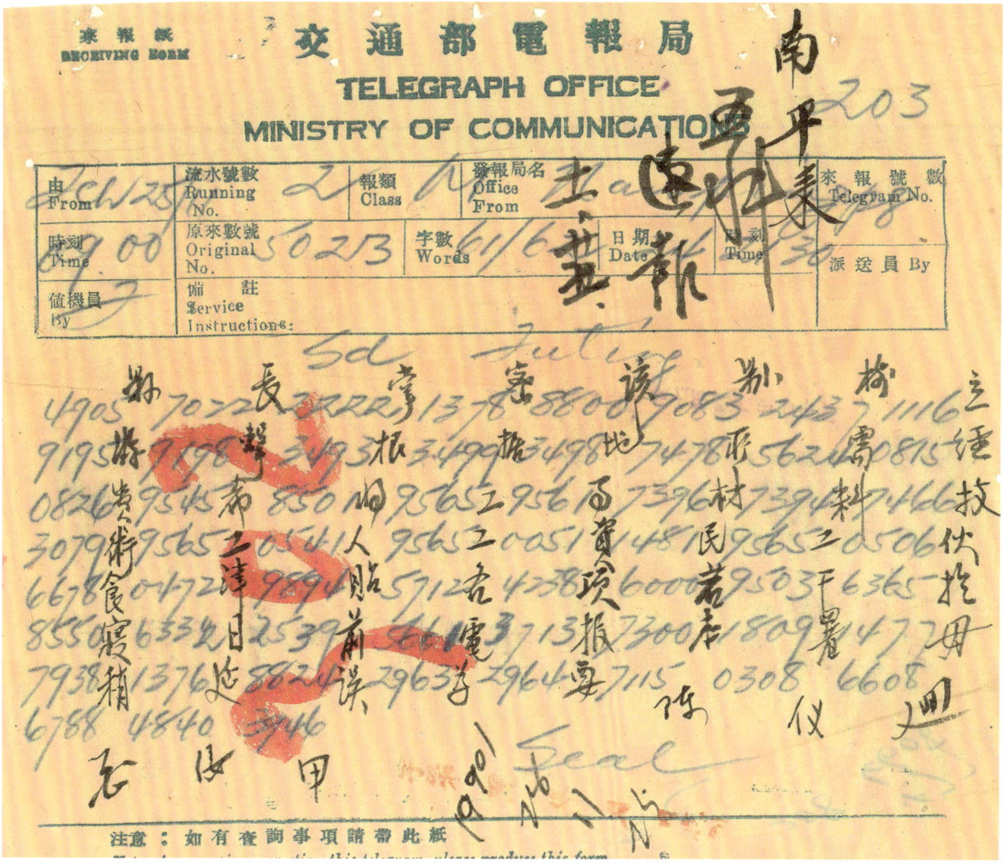
來報紙 RECEIVING FORM

交通部電報局

TELEGRAPH OFFICE

MINISTRY OF COMMUNICATIONS

由 From	流水號數 Running No.	報類 Class	發報局名 Office From	來報號數 Telegram No.
時刻 Time	原來數號 Original No.	字數 Words	日期 Date	時刻 Time
值機員 By	備註 Service Instructions:			派送員 By

注意：如有查詢事項請帶此紙

福鼎县政府关于树立游击根据地所用各项经费致驻闽绥靖主任公署的电（一九三九年十一月二十七日）

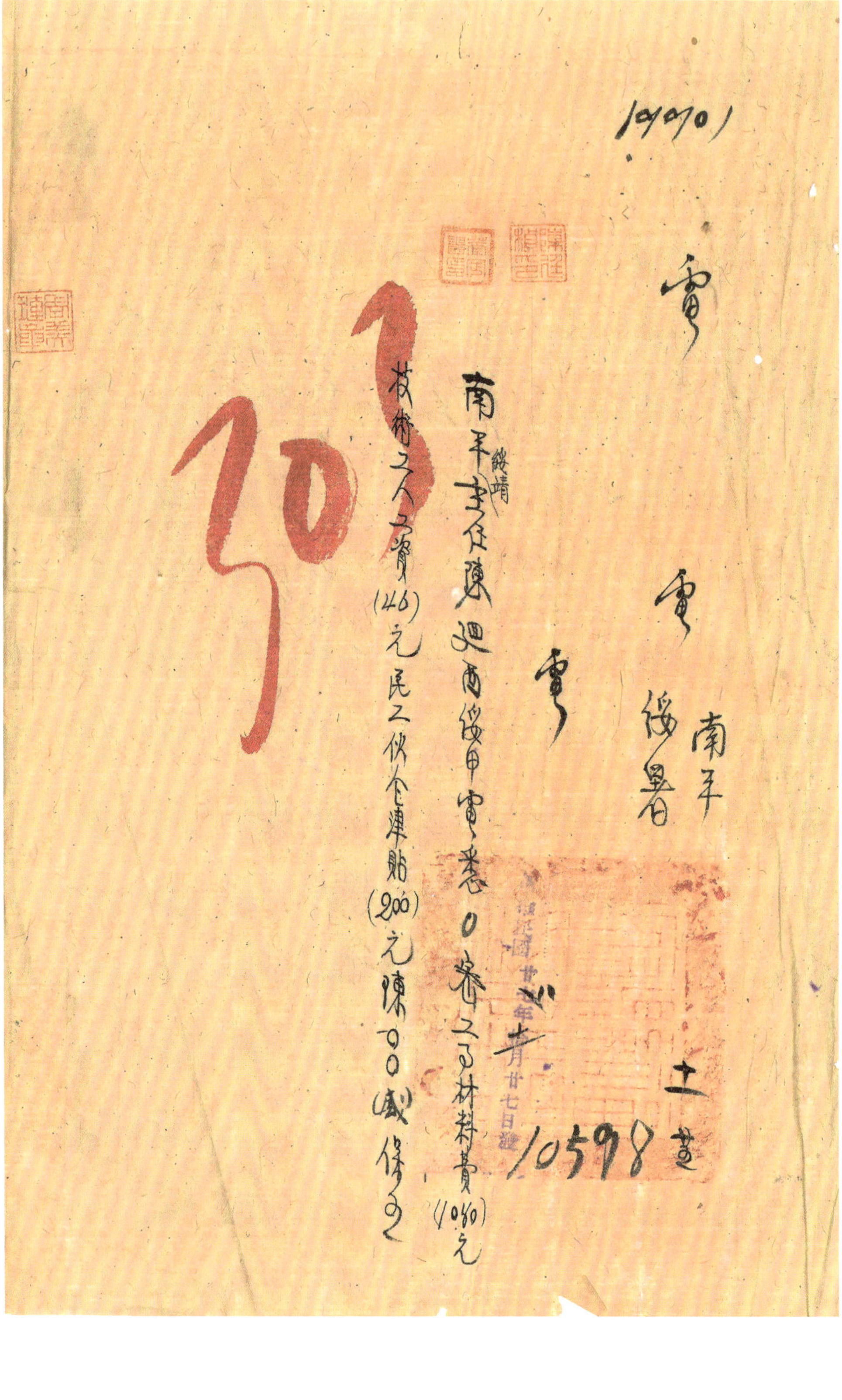

10701

南平绥署

電

南平绥靖主任陳　迴西後甲電悉○寨工事材料費(1080)元技術工人工資(140)元民工伙食津貼(200)元陳○○感

10598

福建省第一区行政督察专员公署关于筹设行署计划书经省府指令准予备查致福鼎县政府的训令（一九三九年十一月三十日）

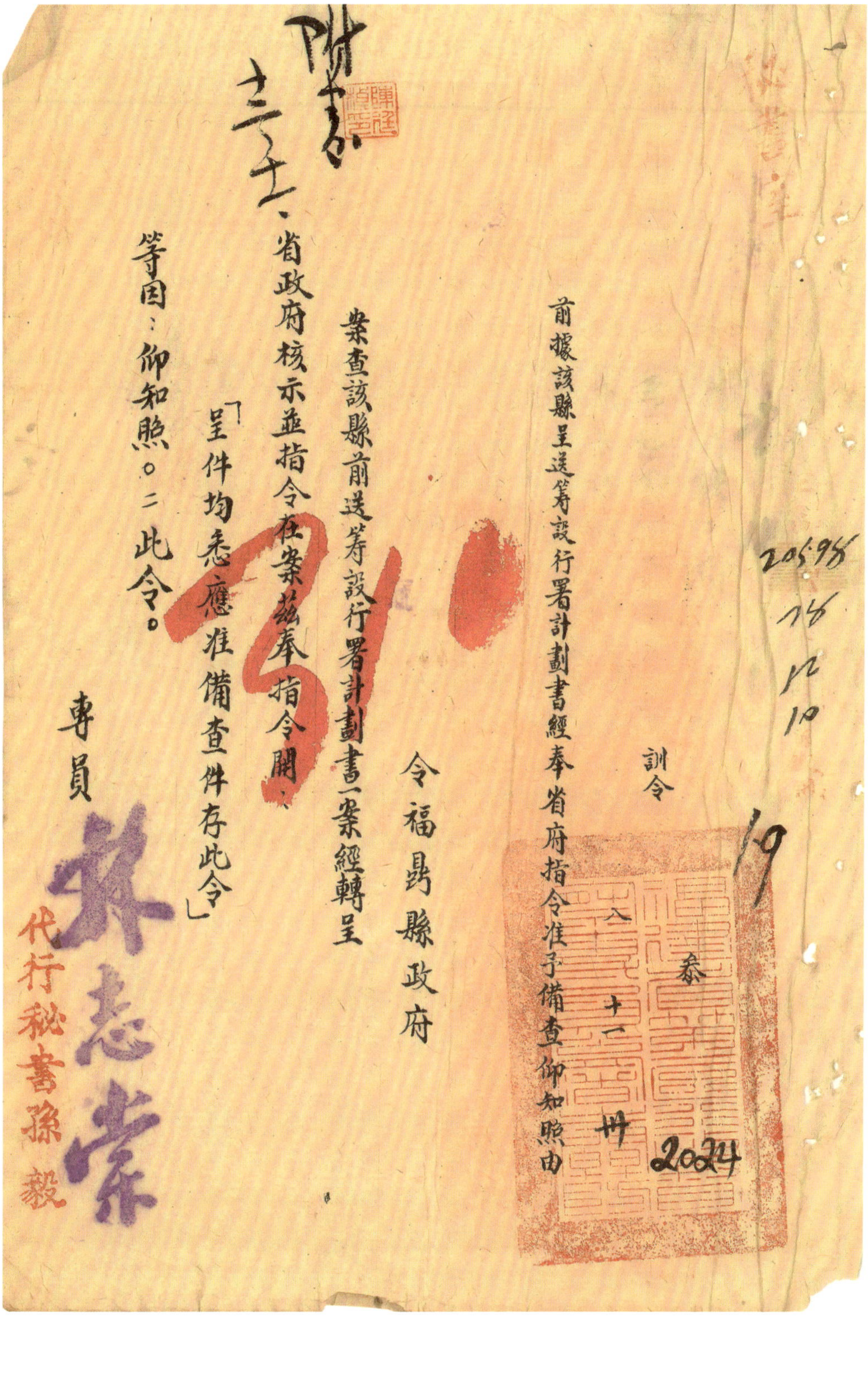

訓令　泰

八　十二　卅

前據該縣呈送筹設行署計劃書經奉省府指令准予備查仰知照由

令福鼎縣政府

案查該縣前送筹設行署計劃書一案經轉呈

省政府核示並指令在案茲奉指令開：

「呈件均悉應准備查件存此令」

等因：仰知照。二此令。

專員　林志崇

代行秘書孫毅

福建省第一区行政督察专员公署参谋室关于第一〇七五四号呈及附件游击根据地树立情形调查表照收无误致福鼎县政府的公文收条（一九三九年十二月十四日）

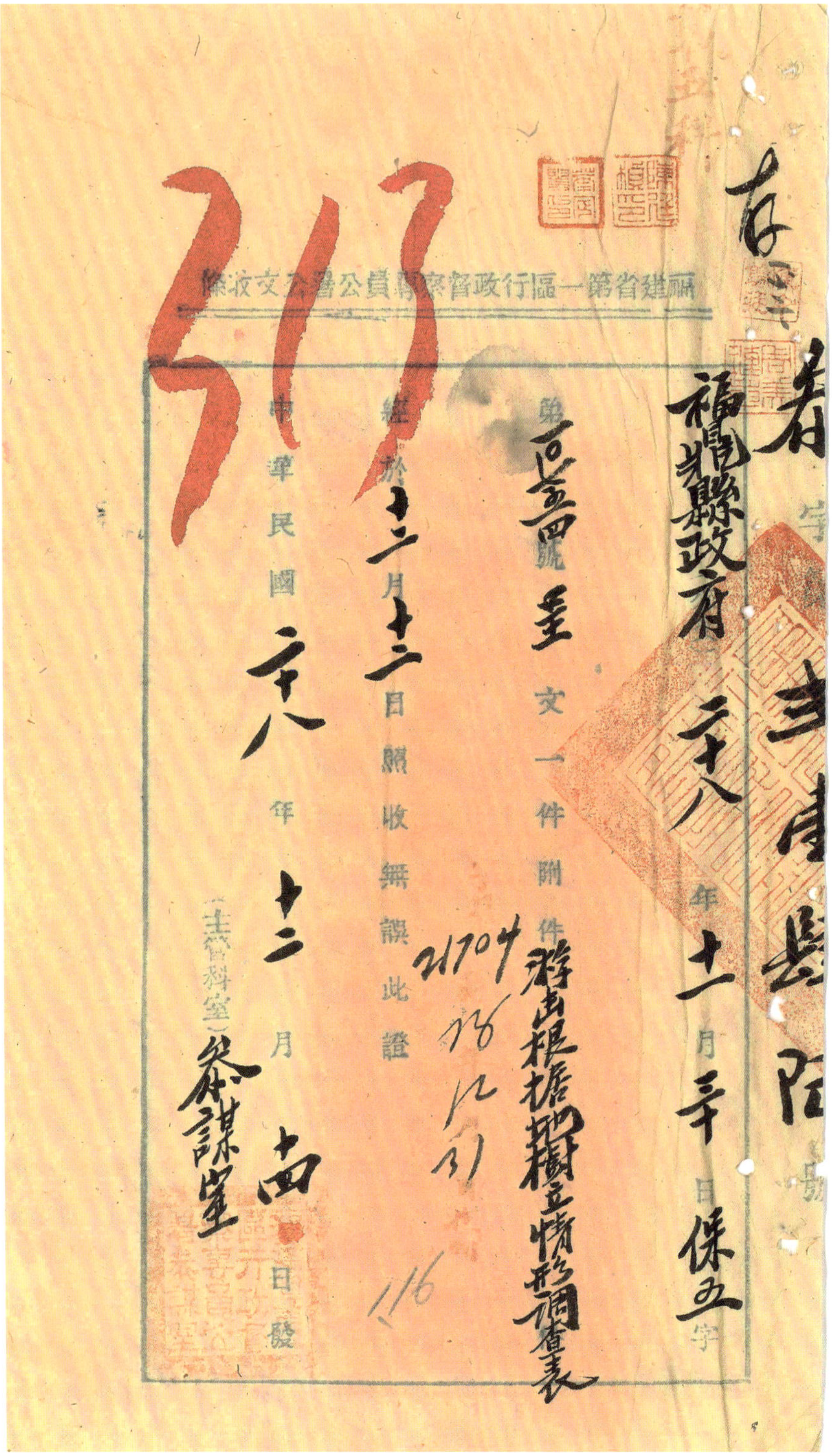
福建省第一區行政督察專員公署公文收條

福鼎縣政府 二十八 年 十二 月 十 日 保五 字 第 一〇七五四 號呈 文一件附件 游擊根據地樹立情形調查表

經於 十二 月 十二 日照收無誤此證

中華民國 二十八 年 十二 月 十四 日發

（主管科室）參謀室

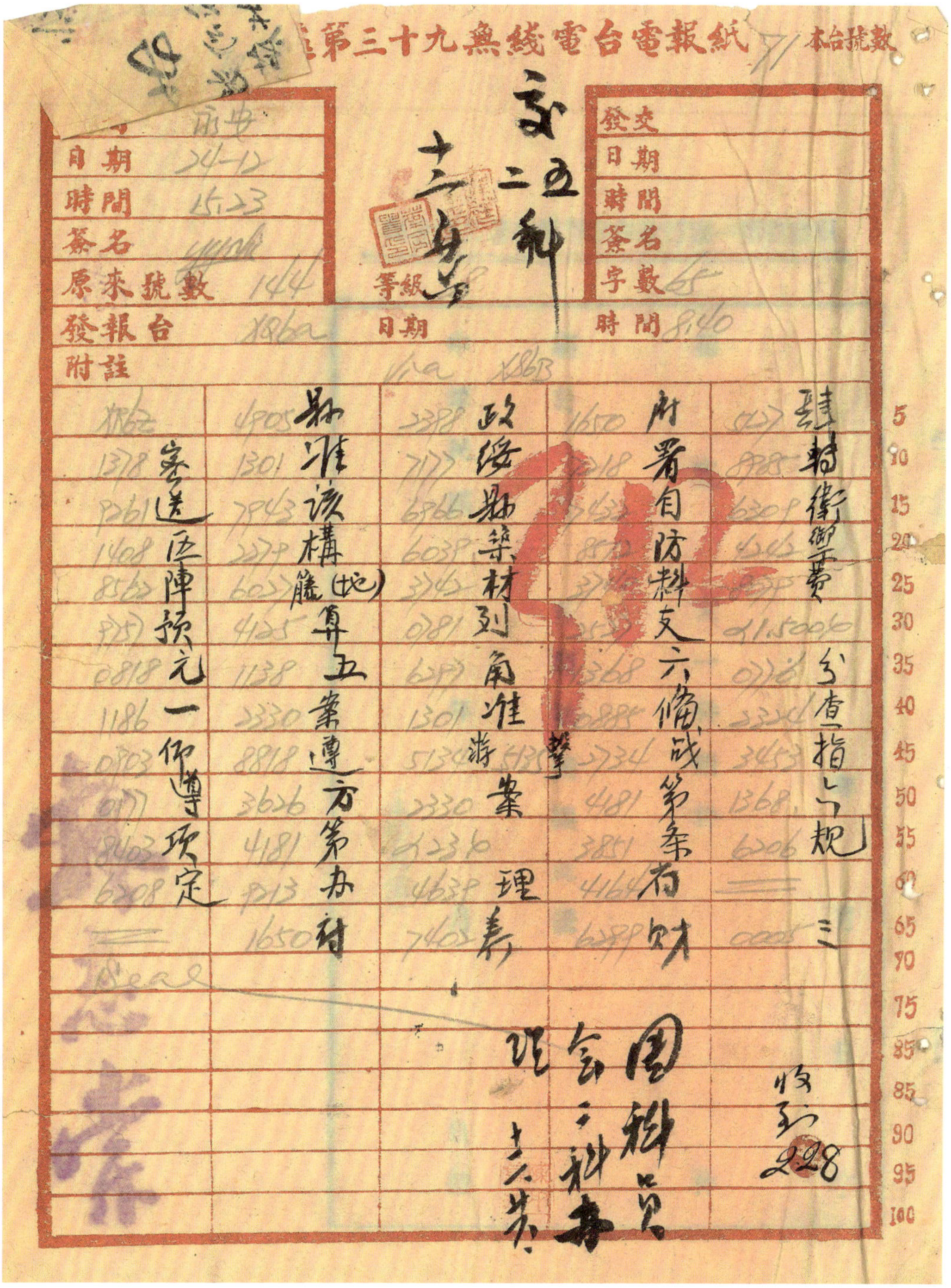

福建省政府关于自卫区构筑防御阵地材料费预算方案准予备查致福鼎县政府的电（一九三九年十二月二十二日）

驻闽绥靖主任兼二十五集团军总司令部关于本部定于四月指派人员视察检阅游击根据地及游击队情形致福鼎县政府的电（一九四〇年三月三十一日）

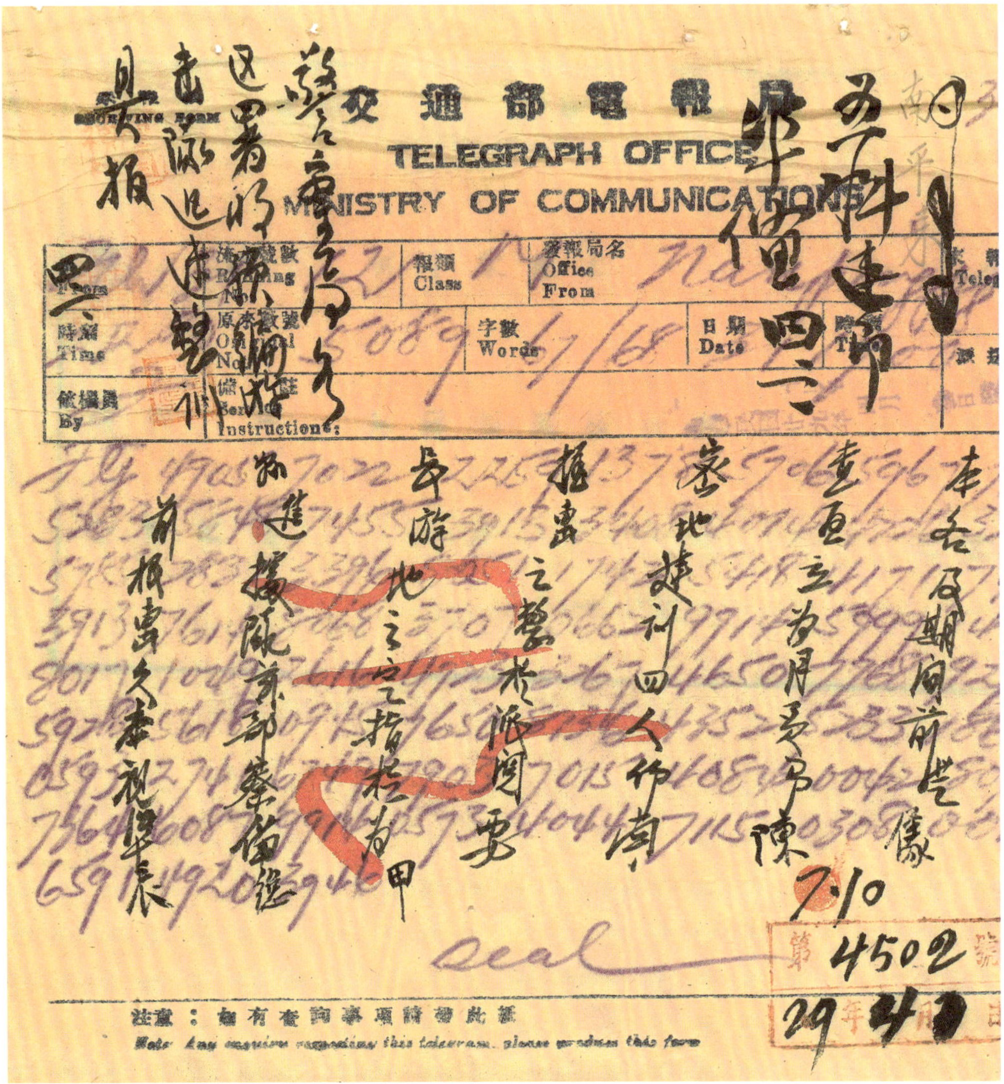
交通部電報局

TELEGRAPH OFFICE

MINISTRY OF COMMUNICATIONS

注意：如有查詢事項請帶此紙

Note: Any enquiry regarding this telegram, please produce this form

福鼎县政府关于派人构筑吴羊山防御工事致该县第三区区长的训令（一九四〇年四月三日）

316

令仰派工構築吳羊山防禦工事由

三區

訓令 律卯江保字第 號

令第三區區長 吳雯

四二

318

民國廿九年四月

查本縣游擊自衛區構立計劃第五條之規定于登石仙蒲吳羊山等處為前進游擊預備地區迭奉
飭令催構築具報在卷茲特規定于四月十日起在
吳羊山先行開工構築連防禦陣地計需民工六百工除
應由本府派員指導監築外合行令仰該區長
迅行依照之後法每日派工百名由各該鄉鎮公

可派員率領於上午七時前到達工作區聽候監工委員分派工作毋得違誤

為要

此令

縣長陳[illegible]

廿九年四月四日

福鼎县政府关于迅速具报保管西阳自卫区防御工事情形致该县第三区区长的代电（一九四〇年四月四日）

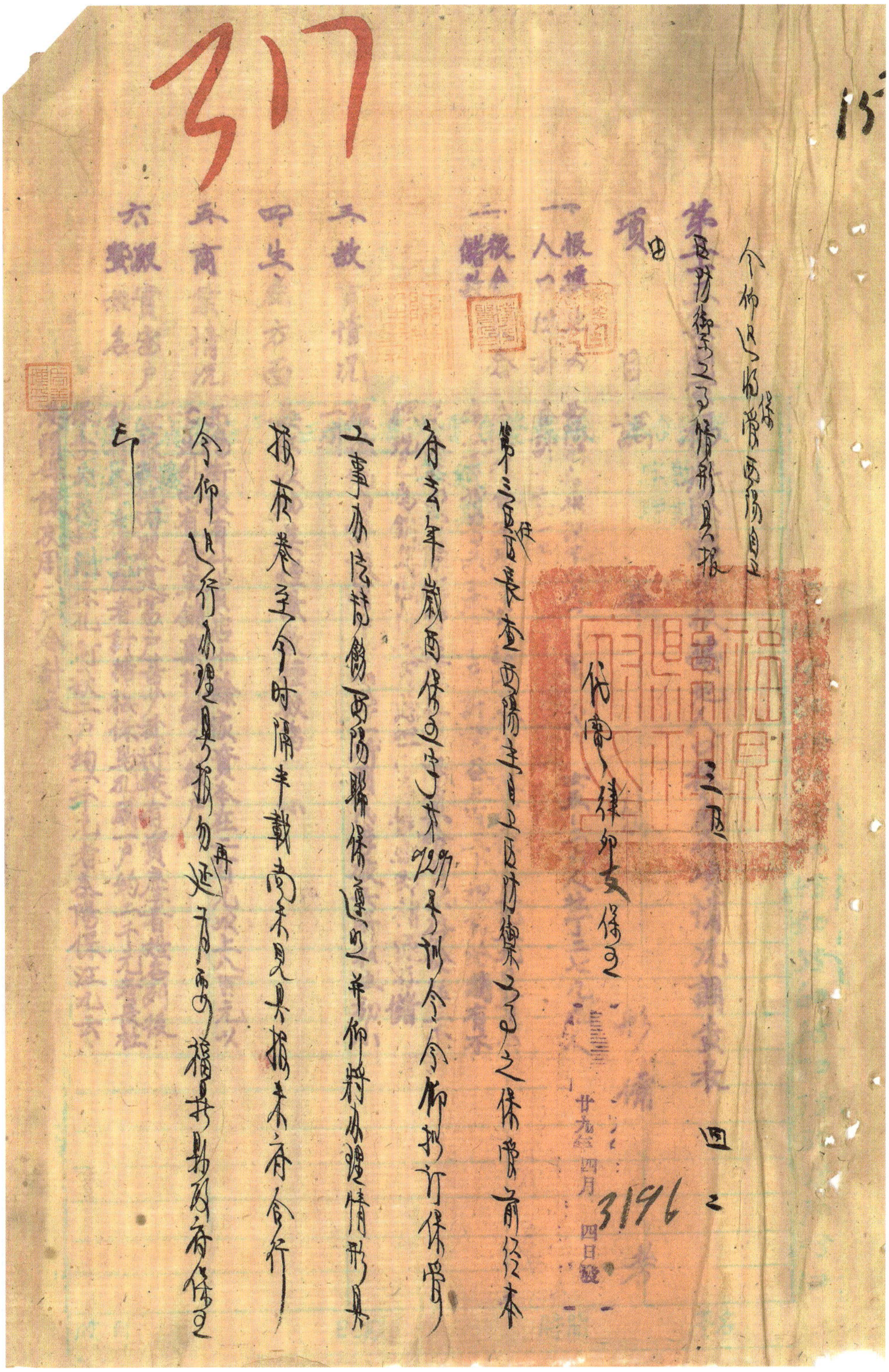
317

令仰迅将保管西阳自卫区防御工事之情形具报

第三区区长

代电 律卯支 保之

三区

第三区区长任：查西阳自卫区防御工事之保管，前经本府去年岁西保返字第四二九七号训令，令仰拟订保管工事办法，并饬西阳联保连同，并仰将办理情形具报在卷。迄今时隔半载，尚未见具报来府，合行令仰迅行办理具报，勿再延为要。福鼎县政府 保卯之

印

廿九年四月四日发

3196

福建省第一区保安司令部关于派人视察游击根据地树立情形致福鼎县政府的电（一九四〇年五月十七日）

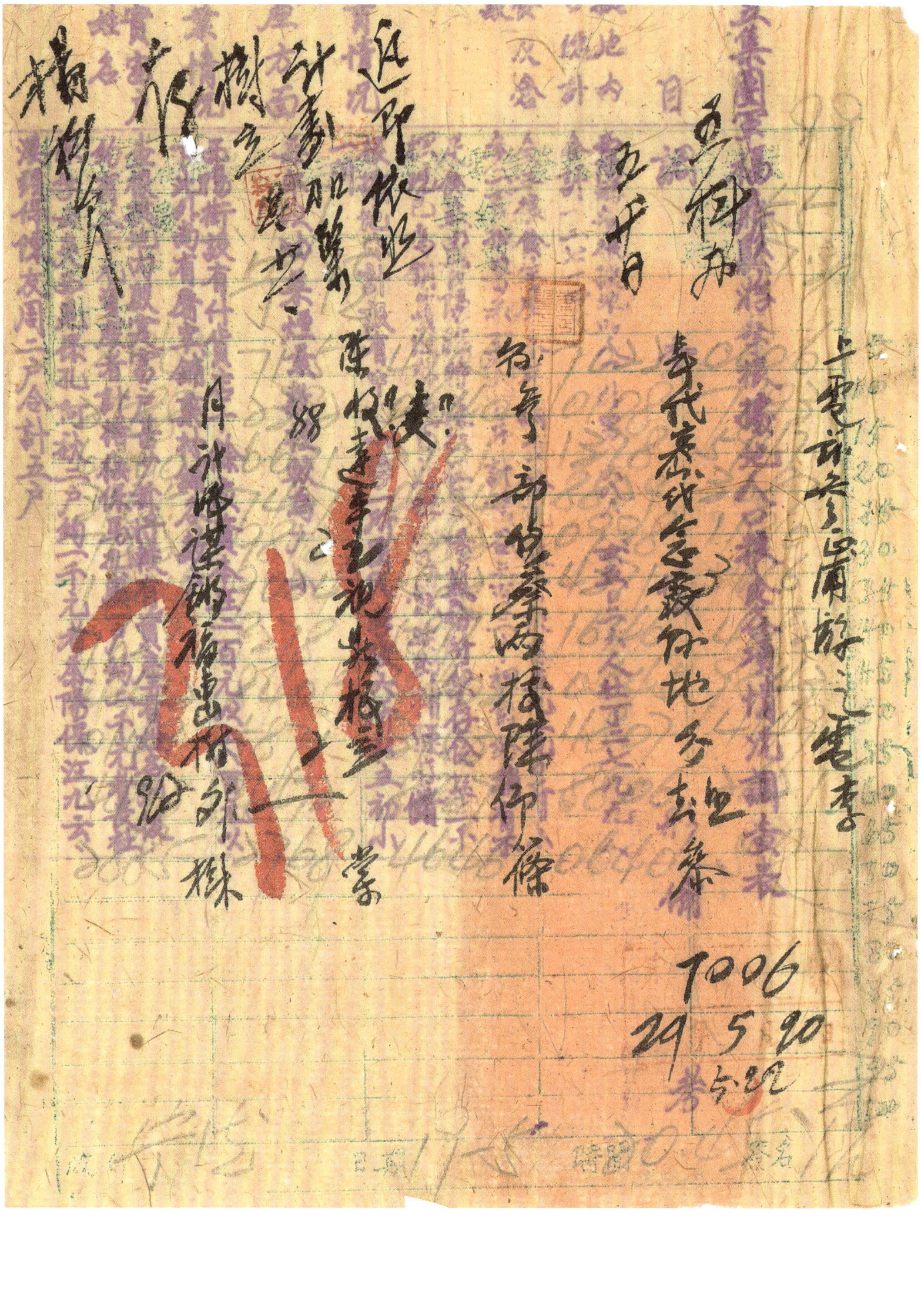

阮国英关于调查西阳、管阳两地治安情形及视察意见致福鼎县县长的报告（一九四一年五月二日）

6.6.

報告（秘）三〇、五、二、於本府

奉

鈞座密手令派往西陽管陽兩地籌備辦法地點臨時監所倉庫宿舍並沿途之交通站及調查社會治安情形隨時電報核奪等因當於前月二十五日會同縣執委會幹事陳海亮本府科員葉松齡並隨帶学警一名前往工作除令覓各處所列表呈核外理合將調查治安情形及視察意見臚列如下：

(一)管西陽兩處治安情形尚見穩定惟平陽一帶饑民入境覓食者為數頗多難免有不良份子混入乘機生事似應飭鄉鎮公所及保甲長隨時嚴密盤查並妥為遣送出境

(二)管西陽兩處米荒情形均見嚴重而管陽尤甚論產米西陽實逊管陽所以

[illegible]

已分別知照矣 此件存 [illegible]

照辦

然者係由人事臧否問係又証以各客棧食米均能供應足見食米雖缺乏但非絕無似應飭各鄉鎮公所妥為調劑於境內粮食自由買賣原則之下仍應着餘粮之户以合理價格供應當地公務人員及民中食米不得任意高抬圖利弗恤民食致影响地方治安

(三)論管西陽形勢則管陽交通較便東面金沙溪一嶺險峻可守惟地處閩浙交通孔道過於突露而西陽則地較深藏原為本縣游擊根據地且地方民衆對政府較為信仰將來本府如果遷移似以西陽為妥

(四)安仁鄉公所尚具規模各職員亦多能認真辦公鄉長朱國寶對地方輿情尤洽似應傳令嘉獎鄉內各校富有競爭心故辦理尚較各鄉鎮為切實管陽鄉公所地點離本鄉街市過遠接洽公務殊有未便應擇地移設鄉長吳家本來回任所

朱鄉長辦公認真已另案核給一次獎金十五元并府令嘉獎

管陽鄉公所擇地移設

已令知辦

已办 五.八

正在办理
尚未完成

應促同鄉主持鄉政已於視導記載表內加以記明該鄉中心校々舍工程尚未完
成遽行遷入上課及因食米問題成績遠遜上期婦女班雖已上課成人班尚未開學應予
扣發三四月份油火費以示薄懲當經召集各教員談話加以訓勉並召開校舍籌建
委員会討論繼續籌建工程嚴爲遵照議案執行金沙溪國校々長曾守坡不假離
校六七日應予扣薪半個月並記大過一次以觀後效
（五）營西陽兩處電話尚未通話應設法即日疏通以免遲誤時周章
以上各点爲管見所及是否有當理合檢同令覓處所調查表三份報請
鑒核
謹呈
縣長鄧

附调查表三份

职 沈国英

王靖远关于勘查主游击根据地工事并绘制略图致福鼎县县长的签呈（一九四二年三月二十日）

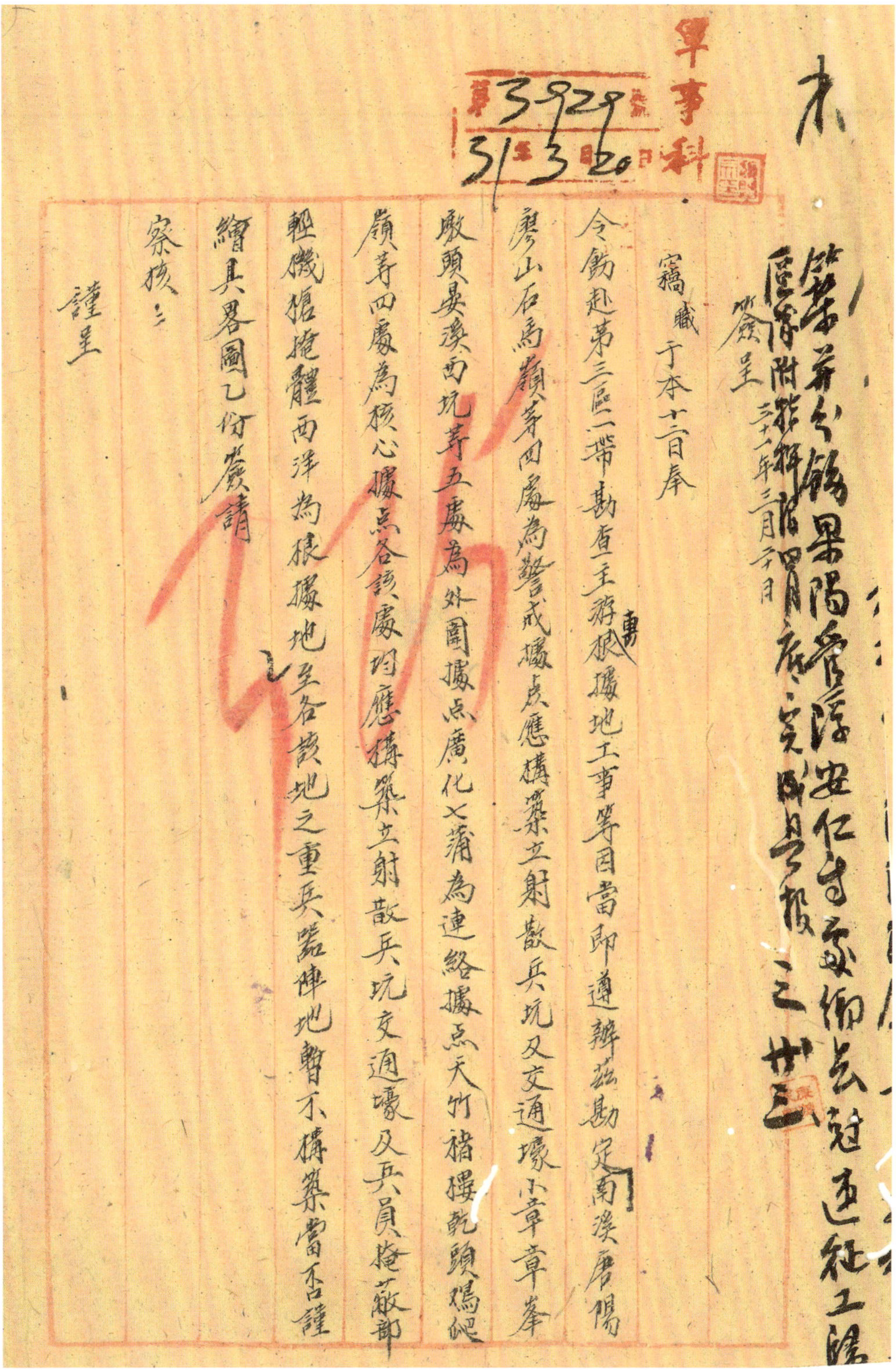

簽呈 三十一年三月二十日

竊職于本十二日奉

令飭赴第三區一帶勘查主游擊根據地工事等因，當即遵辦，茲勘定南溪、唐陽、廖山、石馬嶺等四處為警戒據點，應構築立射散兵坑及交通壕；小章、章峰、墩頭、晏溪、西坑等五處為外圍據點；廣化、七蒲為連絡據點；天竹、楮坪、乾頭、鳩爬嶺等四處為核心據點，各該處均應構築立射散兵坑、交通壕及兵員掩蔽部、輕機掩體；西洋為根據地，至各該地之重兵器陣地暫不構築，當否，謹

繪具略圖乙份，賫請

察核。

謹呈

縣長鄭

附呈王游擊根據地略圖乙份

職王靖遠

王靖逵印

附：福鼎县主游击根据地略图

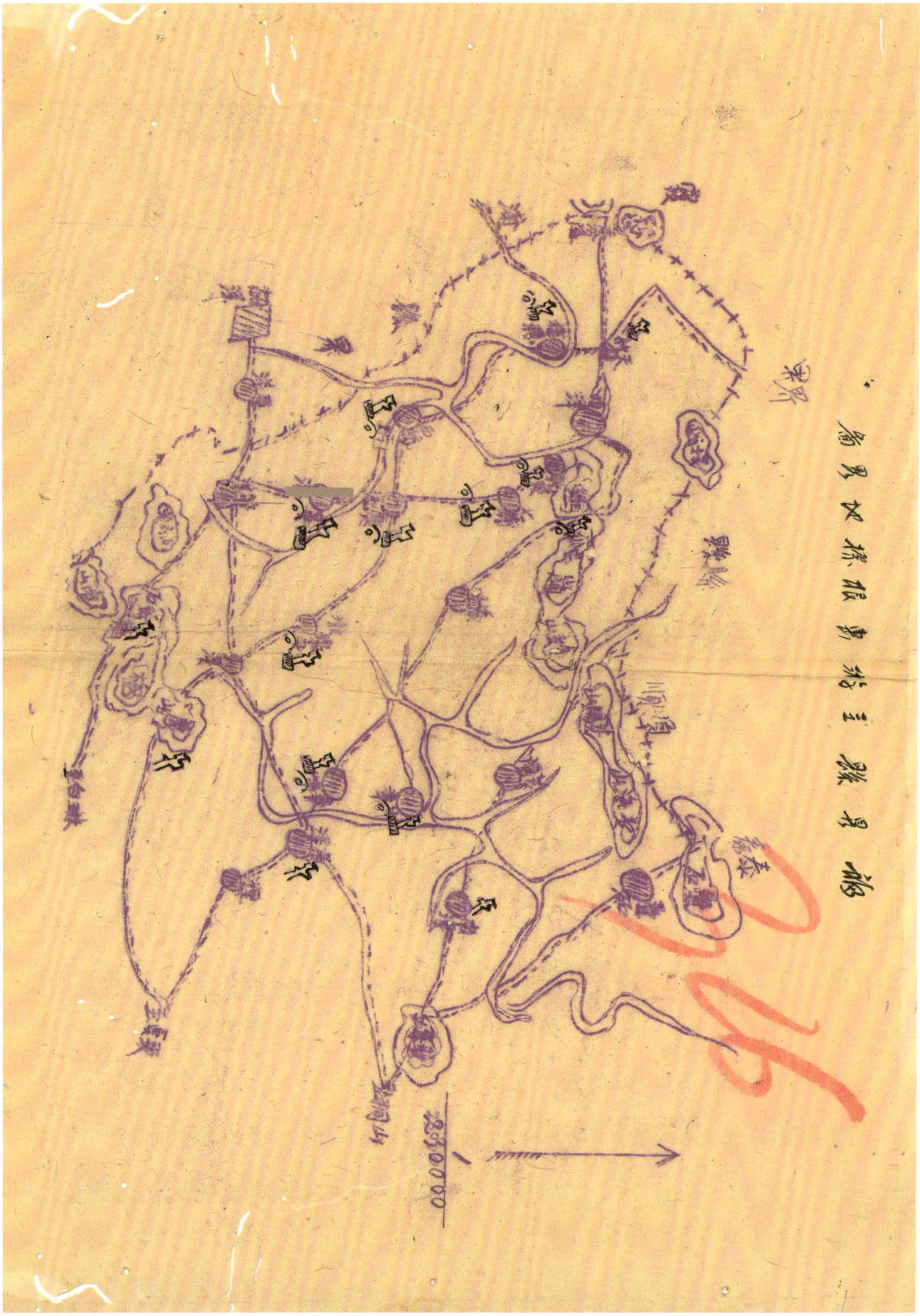

福鼎县政府关于派区队附负责指挥民工构筑工事限期完成具报致该县第三区署的训令（一九四二年三月二十五日）

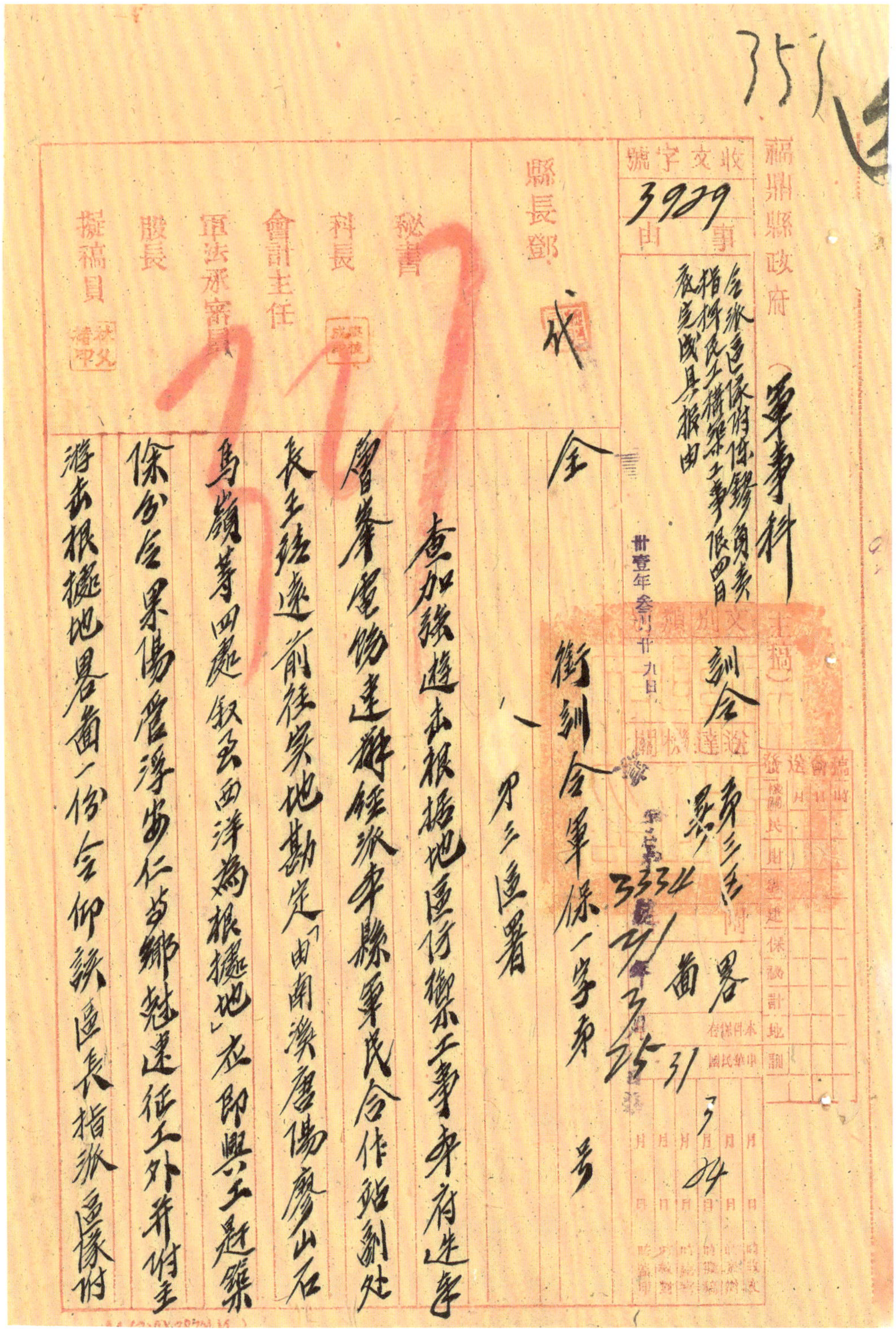
福鼎縣政府（軍事科）主稿
收文字號 3929
事由：令派區隊附保錫勇負責指揮民工構築工事限四月底完成具報由
縣長鄧 代
秘書
科長
會計主任
軍法承審員
股長
擬稿員
令 第三區署
衛訓令軍保一字第 號
查加強游擊根據地區防禦工事本府迭奉
專署電飭速辦經派本縣軍民合作站副站長王結遠前往實地勘定「由南溪唐陽廖山石馬嶺等四處叙至西洋為根據地」在即興工趕築除分令果陽營浮安仁等鄉趕速征工外并附送
游擊根據地略圖一份令仰該區長指派區隊附

俾修負責依照指定地區指揮民工趕築限四月底完成（每築）具
報切切

此令。

附五游擊根據地略圖 份

銜名

又訓令

福鼎县政府关于征派民工构筑根据地工事限期完成具报致该县果阳、管浮等乡乡长的训令

（一九四二年三月二十五日）

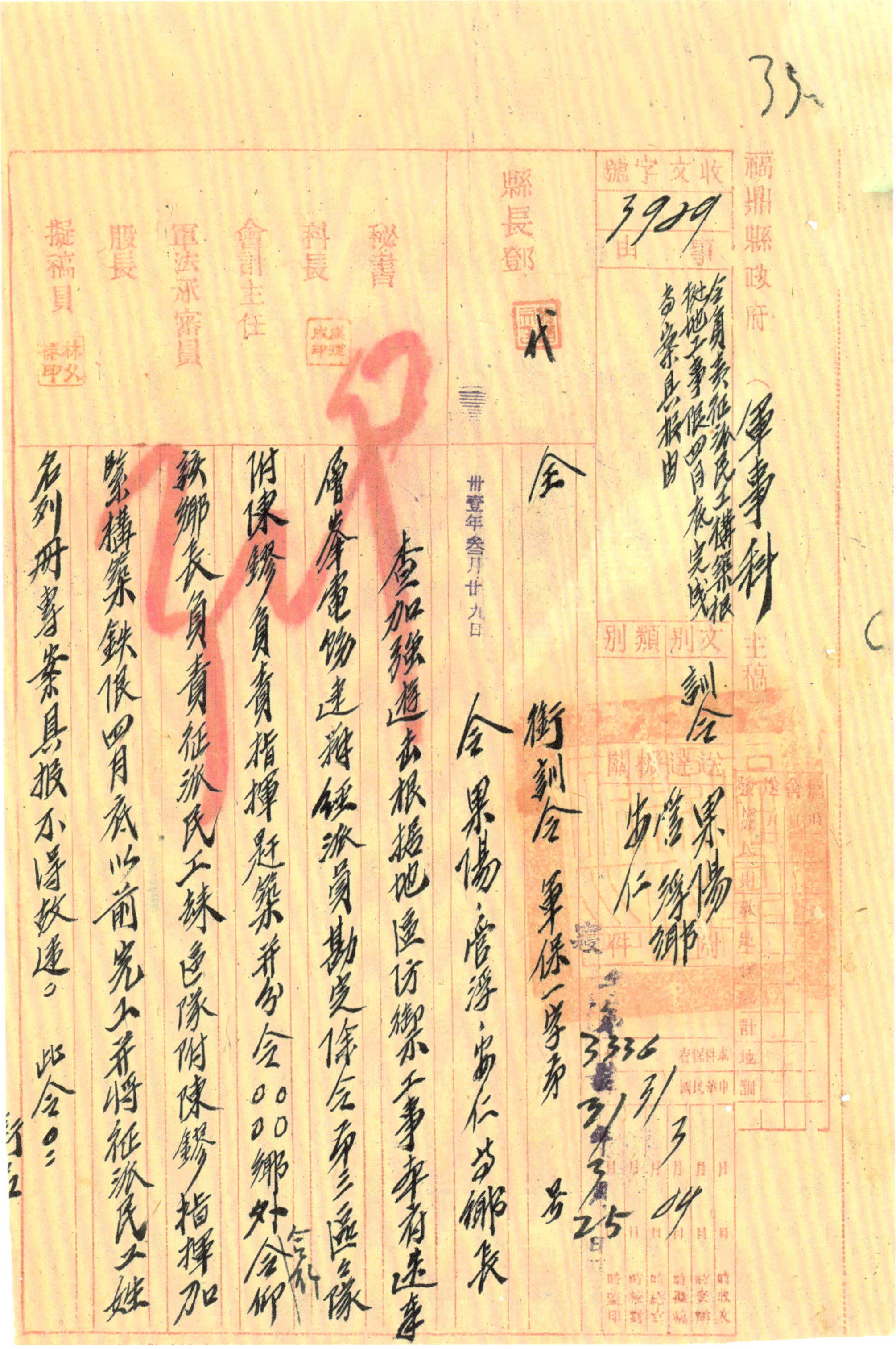

福鼎縣政府（軍事科主稿）

收文字號 3989

事由 令負責征派民工構築根據地工事限四月底完成名冊彙案具報由

文別 訓令

送達機關 果陽、管浮、安仁

縣長鄧　秘書　科長　會計主任　軍法承審員　股長　擬稿員

卅壹年叁月廿九日

衔訓令　軍保一字第　號

令果陽、管浮、安仁等鄉長

查加強邊區根據地區防禦工事，本府遠奉層峯電飭速辦，經派員勘定，除令第三區區隊附陳鏐負責指揮趕築，并分令〇〇〇〇鄉外，合仰該鄉長負責征派民工，隸區隊附陳鏐指揮，加緊構築，統限四月底以前完工，并將征派民工姓名列冊彙案具報，不得故違。此令。

福建省政府关于抄发战区各县县政府组织纲要致福鼎县政府的密训令（一九四二年六月二十二日）

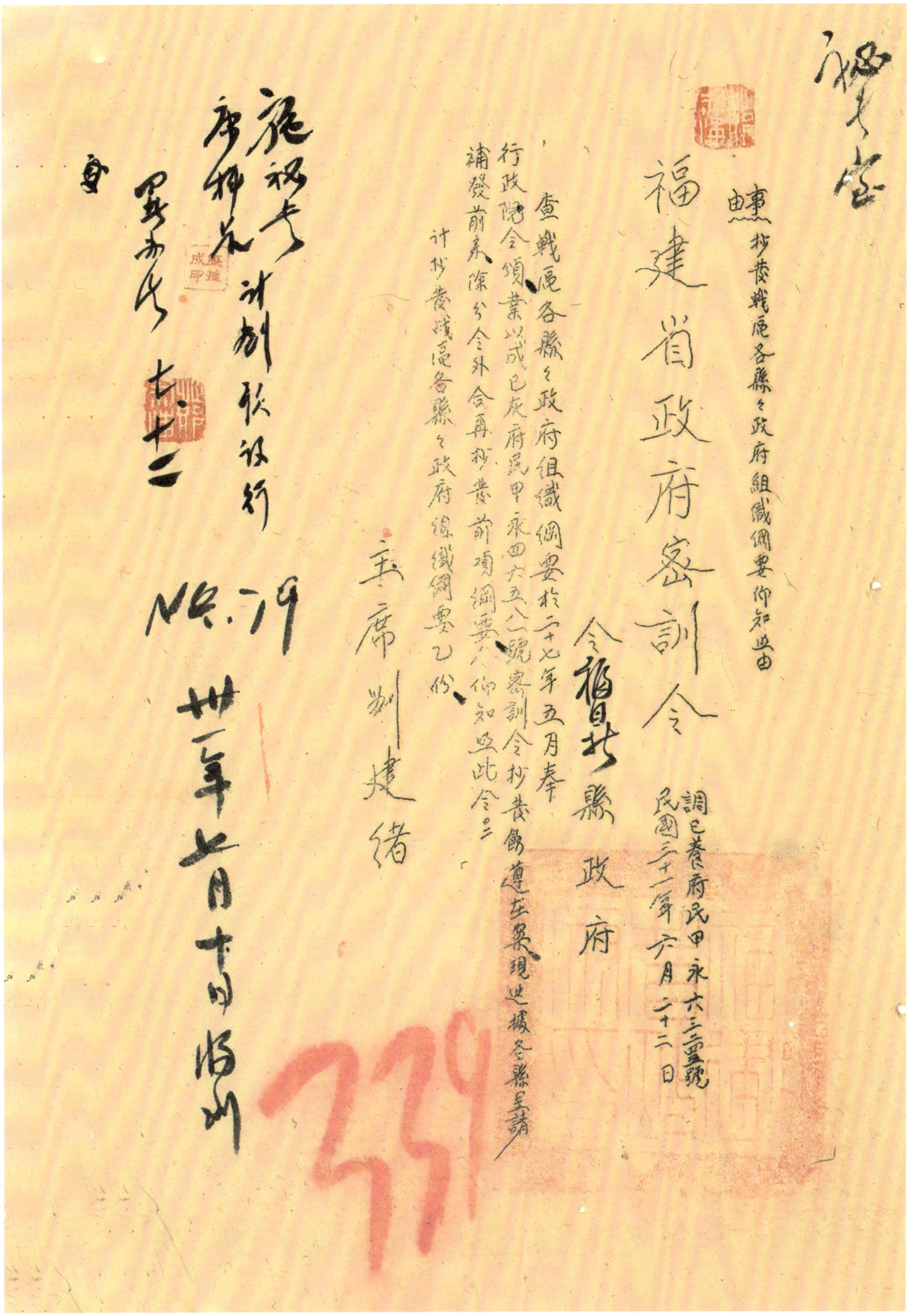
秘密

事由：抄發戰區各縣〻政府組織綱要仰知照由

福建省政府密訓令

調已叁府民甲永六三叁號
民國三十一年六月二十二日

令福鼎縣政府

查戰區各縣〻政府組織綱要於二十七年五月奉
行政院令頒，業以成巳灰府民甲永四六五八〇號密訓令抄發飭遵在案。現迭據各縣呈請
補發前來，除分令外，合再抄發前項綱要，仰知照。此令。
計抄發戰區各縣〻政府組織綱要乙份。

主席 劉建緒

No. 79

卅一年七月十四日收

339

附：战区各县县政府组织纲要（一九三八年五月）

戰區各縣縣政府組織綱要

第一章　總則

一、戰區各縣縣政府之組織，依本綱要之規定。本綱要所未規定者，仍依現行法令辦理之。

二、戰區各縣如與省政府隔離時，得由該管行政督察專員公署逕行指揮監督；如與原管行政督察專員公署隔離時，得由鄰近之行政督察專員公署指揮監督；如與上級機關完全隔離時，得由縣長便宜行事。

三、戰區各縣於有遭受敵軍侵入之危害時，縣政府得事先就本縣轄境內選定適宜地點，呈請該管行政督察專員公署核准籌設行署。如遇敵軍進犯，因戰事關係不能在原縣治行使職權時，得呈請該管軍政長官核准遷至行署辦公。如轄境內無法行使職權時，得於其邊境或鄰縣境內設置臨時辦事處，補報該管軍政長官核定，但當地有駐軍時，應事先徵得駐軍主官之同意。

第二章　縣政府組織之調整

四、戰區各縣原設之專管人員，應由縣長斟酌情形，呈准裁減或分別歸併於縣政府各科內。

五、凡與抗戰無關之機關或事業，得由縣長斟酌情形，呈准裁撤或歸併之。

六、凡原辦之公文表冊，非最緊要者，應儘量減免。一切上行下行公文，得以軍用式之簡單報告及命令行之。

七、戰區各縣縣長以富有軍事學識及縣政經驗之幹員充任為原則。縣政府兵役科科長由縣長遴選富有軍事學識經驗者呈請委任之。

八、戰區各縣原有之壯丁隊、警察、保安警察隊及一切民眾自衛團隊，應集中編為國民抗敵自衛團由縣長兼任司令。

九、凡有關抗戰之重要事務遇事機緊急時，得由縣長先办後報；如須動用預備費，並得提交縣財務委員會追認，先行動用，補報備案。

十、戰區各縣區鄉鎮長得由縣長就訓練合格人員或當地公正士紳之年富力強者遴選充任，呈報備案。

第三章 縣政府行署

十一、戰區各縣縣政府籌設行署時，應按照左列各款擬具計劃，呈經該管行政督察專員公署核准，並轉報省政府備案：

子、行署之組織及人員。

丑、原縣治之防守。

寅、國民抗敵自衛團之調度。

卯、壯丁之召集及補充。

辰、老弱婦孺之遷移及救濟。

巳、被佔區域內之秘密留守人員。

午、縣政府所屬各機關職員之疏散及集合。

未、地方公款及錢糧之保管。

申、縣政府印信與有關財政簿冊串票及其重要文卷之移置與保管。

酉、有關軍事設備及可供軍用物資之處置。

戌、監獄囚犯之處置。

亥、文化教育機關之處置。

[illegible]搜集[illegible]有關材料[illegible]擬定[illegible]提出作戰計劃[illegible]補充子項[illegible]要為整理[illegible]與計劃送核

十二、縣政府遷移時，應與當地指揮作戰之部隊取得密切連繫，隨同進退，並應儘量招致縣治及失陷區域之士紳、商人、壯丁，隨同移動，其老弱婦孺應於事前指定避難區域，儘量遷移。

十三、縣政府遷移時，應將不及遷運之粮食以最迅速方法散放與當地人民。

十四、縣政府行署經費如因收入短絀無法維持時，得呈請由省庫撥款補助之。

十五、縣政府行署應以編組國民抗敵自衛團，驅逐敵人，恢復失地為主要任務。

十六、國民抗敵自衛團之經費，由縣長就地方原有公款統籌撥用，其彈药得呈請上級軍政机関酌量補助之。

十七、縣治收復後，縣政府應即遷回原治办公。

第四章 縣政府臨時办事處

十八、戰區各縣於有本綱要第三條後段所列情事時，縣長應統率國民抗敵自衛團並所屬机関及職員，與隨同遷移之士紳、商人、壯丁，移至本縣边境或鄰縣境內，擇定適當地點，呈准設置縣政府臨時办事處。

十九、設置縣政府臨時办事處之縣長，應以監督指揮所屬各机関及自衛團從事左列工作為其主要任務。

子、在敵人後方發動游擊戰。

丑、協助軍隊擔任築路、挖戰壕及運輸等工作。

寅、偵探敵情，破獲漢奸組織。

卯、救護傷兵及安撫被難人民。

辰、編訓壯丁，補充國軍。

巳、其他有關抗敵宣傳及政治推進事項。

二十、縣政府臨時办事處，經費由縣長編具預算，呈請上級机関核定撥發。

二十一、縣政府臨時办事處，於縣治收復或能於轄境內行使職權時，應即遷回原治办公，或在本縣境內適宜地點改設縣政府行署。

第五章　附則

二十二、本綱要於鄰近戰區各縣遇有必要情形時準用之。

福建省政府关于核准筹设行署致福鼎县政府的电（一九四二年七月二十三日）

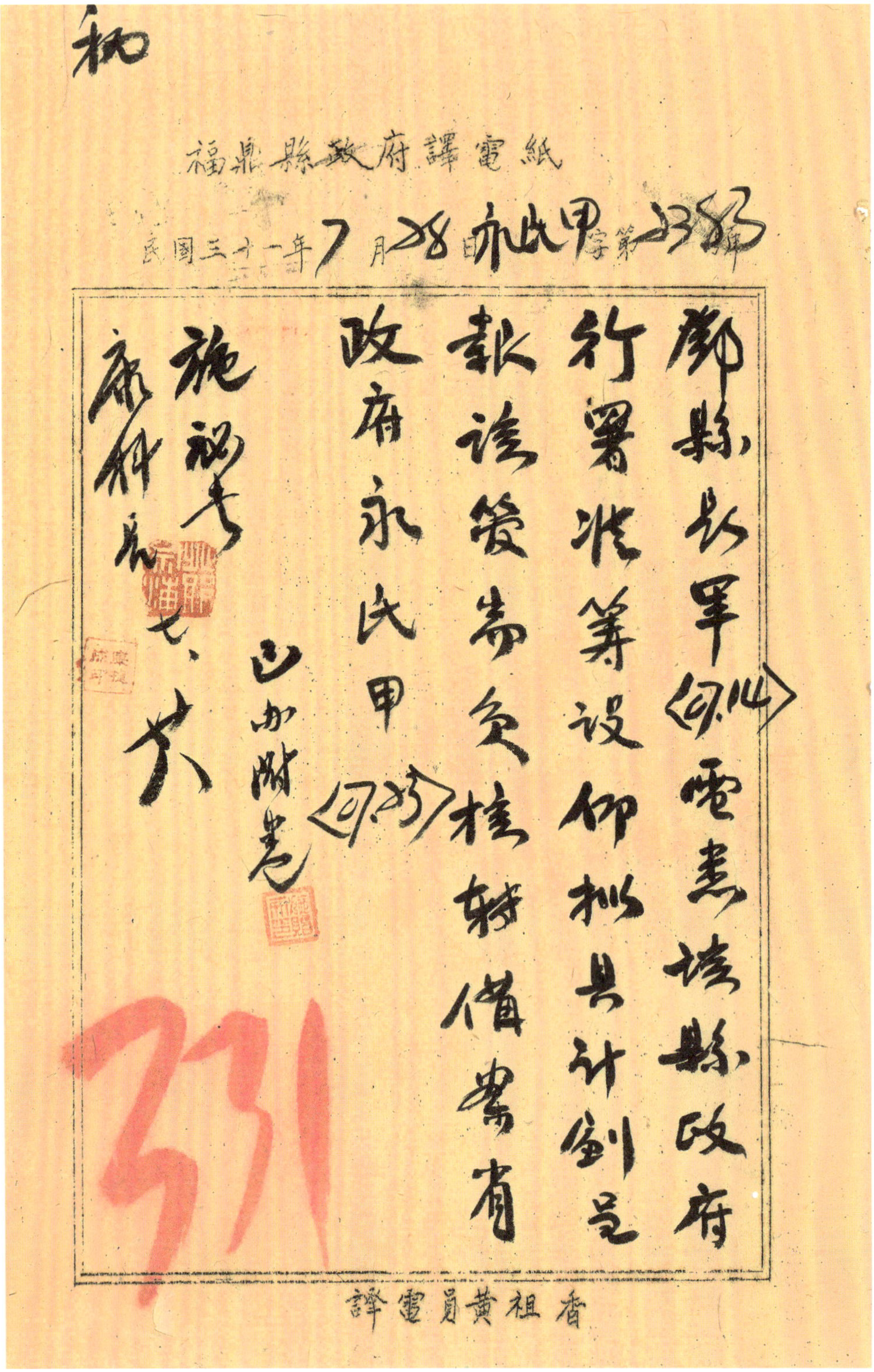
秘

福鼎縣政府譯電紙

民國三十一年7月28日亦收甲字第2383號

鼎縣長覃〈印〉電悉。該縣政府行署准筹設，仰擬具計劃呈報該管專員核轉備案。省政府永民甲〈印〉

譯電員黄祖香

331

福鼎县政府关于拟订筹设行署计划及游击队编组办法致福建省第一区行政督察专员兼保安司令公署的密呈及致该县警察局、卫生院、国民兵团等的代电（一九四二年七月二十七日）

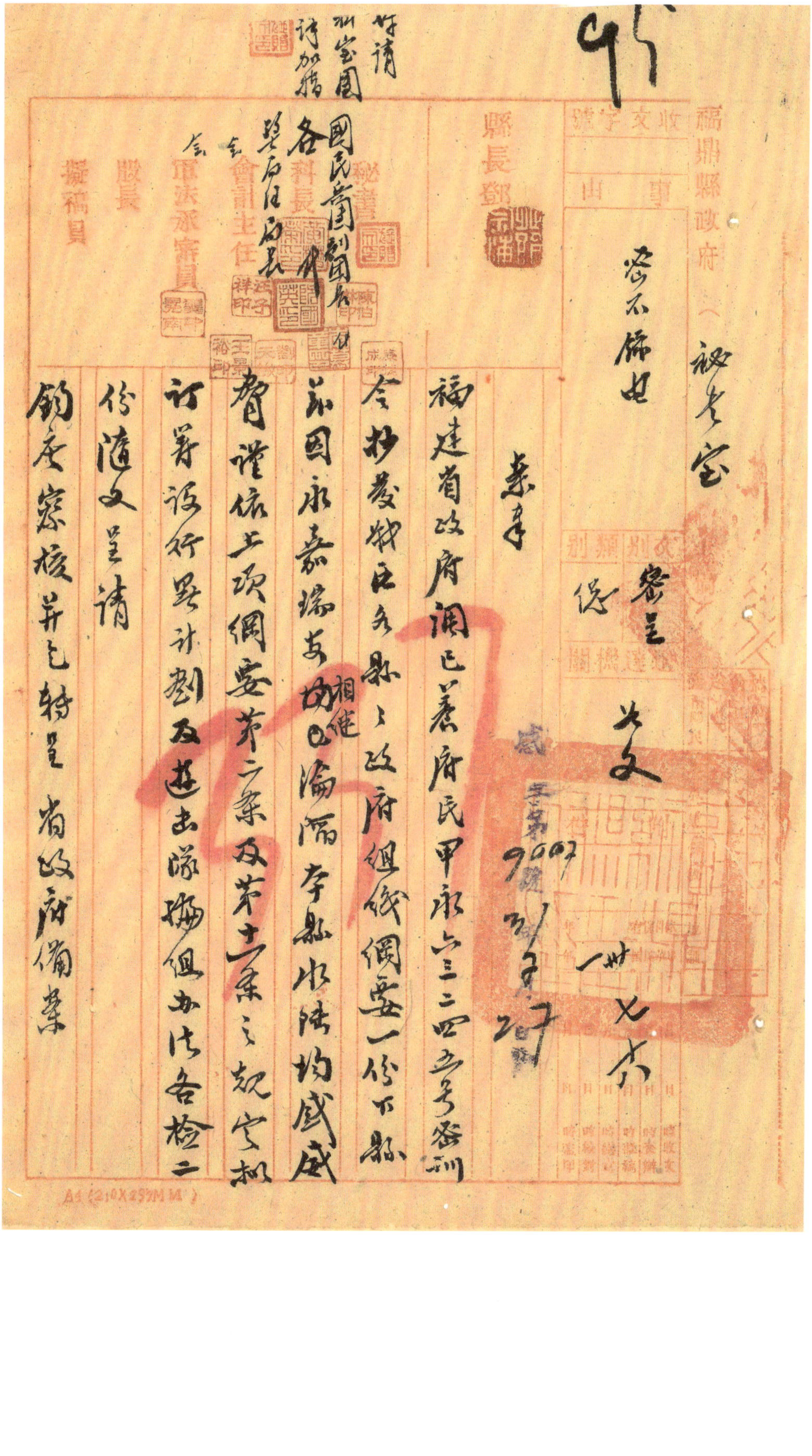

謹呈

福建省第二區行政督察專員兼保安司令 何

附呈本府籌設行動計劃及游擊隊組織條例各一份

又代電

本府各科室、警察局、衛生院、國民兵團、秦嶼區署、各鄉鎮長勛鑒：現值抗戰益緊，茲依照本府欲擬定

縣政府組織綱要第[illegible]之規定，並參酌本縣實際情形，擬訂

籌設行動計劃及游擊隊編組辦法，除呈報省府並令飭外，合

檢發計劃等各一份，電仰查收，嚴密保存，妥為準備，俾遵機宜，

緊要，務望切實遵照辦理為要。縣長〇〇秘

附發計劃及組……

送存一份

福鼎縣政府籌設行署計劃

一、本府遵照戰區各縣各政府組織綱要第十一条之規定訂定本計劃

二、本府行署設置于西洋附近其組織依照縣政府原編制設置各科室惟員額從量裁減（附表（一））編餘人員均調派指揮所及遊擊大隊部服務仍支各薪並保留其原職

三、本府遷進行署辦公時即于桐山（原縣治）設置指揮所指揮作戰防守縣治指揮所編制系統如附表二、三

四、本府遷進行署辦公後為便利指揮監督所屬各機關切實控制政權動員民眾打擊敵人恢復失地起見除以主遊擊地區之安仁、管陽、南溪、果陽等鄉由行署直接指揮及第二前進遊擊地區之秦嶼、嵐亭、店下、溪尾、巽城、蹤虎、硤門、蔣吳等鄉鎮仍歸秦嶼區署管轄外其餘各鄉鎮劃為兩個遊擊區以桐山、玉塘、秀嶺、橋亭、前岐、佳陽、沙埕為第一前進遊擊區以琳江、點頭、翠郊、礁溪等鄉鎮為預備遊擊區每區設一遊擊大隊部受行署及指揮所之指揮督監統率所轄各鄉鎮辦理戰時工作遊擊大隊之編組辦法另定之

五、加強各鄉鎮國民兵隊所屬各種任務班隊之組織訓練戰時由各遊擊大隊召集服役或補充正規部隊

六、老弱婦孺之遷移及救濟除依本縣空室清野実施細則辦理外戰時應招聘地方熱心人士擴充振濟會組織于内地普設收容所收容救濟其詳細辦法由振濟會擬定之

七、被佔地域内之秘密留守人員由党政秘密會議選定專案呈核備

八、縣政府所屬各機關職員之疏散與集合規定如下：

1. 警察局所職員長警除抽調一部派在遊擊大隊部服務外餘均集中警察局隨本府遷進行署担任警衛任務
2. 國民兵團督練員調派在指揮所遊擊大隊部及區署服務其餘人員隨同本府遷進行署辦公
3. 衛生院戰時遷入遊擊根據地設立後方醫院並應徵集民医擴充救護隊組織配屬各遊擊大隊担任

救護工作暨衛生各院由該地區署指[illegible]任救護工作

4、各經征處應于該管區域內選定安全[illegible]先呈報本府核准籌設臨時辦事處必要時遷移辦事處[illegible]征收員擇其忠實可靠者在[illegible]派往各鄉鎮督征提解縣款并可酌量裁撤各征收所員丁戰時並受鄉鎮長指揮監督共同[illegible]

5、各鄉鎮公所應於轄地內事先選定避匿[illegible]地[illegible]報本府核准籌設臨時辦事處必要時遷移辦事處辦公如因戰時關係在轄境無法行使職權時得呈請避匿大隊長核准[illegible]長延境或鄰鄉境內設辦事處仍應補報行署核備將[illegible]及各項任務[illegible]非經奉准不得[illegible]擅離職守

6、粮食公倉應隨本府內移抽調一部收購[illegible]派[illegible]避匿大隊部及區署辦理征粮事宜

九、各項稅款捐款嚴飭各征收機關隨收隨解縣府庫戰時因交通困難除縣款[illegible]由各經征處派員督征提解外鄉鎮收入得就地劃撥其成法另定之

四[illegible]征實及公積谷均赶速內移避匿根據地各鄉保儲藏妥為保管

十、本府印信與財政簿冊串票及重要文卷均移至[illegible]行署保管指揮所併發命令文告蓋用縣長官章或國民兵團關防

十一、有關軍事設備及可供軍事物資之處置悉依本縣空室清野實施細則之規定辦理

十二、于行署所在地修建臨時監獄一所凡已判決刑期在五年以上者及未決之重要盜匪奸偽等犯均移置臨時監獄看管其餘保釋交保釋放

十三、文化教育機關之處置規定于下：

1、縣立初中就[illegible]事先于避匿根據地內選定適當地址必要時全部內移

2、圖書館體育場藏書器物必要時飭其內移保存

3.中心及國民學校其在内地者應照常教學接近戰區者應分班疏散上課若無法實施教學時應將校具妥爲寄藏教職員即向該管區署或游擊大隊部報到另派工作

十四、戰時各級行政機關應以組織民衆武力打擊敵人保衛鄉民爲主要任務凡原辦之公文表冊非最緊要者應儘量減免一切上下行公文得以軍用式之簡單報告及命令行之行署每週將重要政務彙編簡明週報分發所屬各機關知照各機關每週亦應將重要公文處理情形彙編簡明報告呈由該管區署或游擊大隊部核轉行署核備

十五、本計劃未規定事項悉依戰區各縣縣政府組織綱要及其他法定辦理本府前訂之作戰服務補充事項其與本計劃有抵觸部份以本計劃爲準

十六、本計劃呈報　專員兼保安司令核准後施行各機關奉到本計劃時應就其主管事務妥行準備

附表一

福鼎縣政府行署編制表

職別	員額	備考
縣長	一	
秘書	一	
助理秘書	一	兼出納
科長	六	
會計主任	一	
軍法承審員	一	
兵役股主任	一	
技士	一	
督學	二	
科員	一二	民政一財政二教育一建設一軍事一兵役一統計一人事一糧政二
會計員	三	
事務員	八	秘書室五　財政一　糧政一　軍法一
雇員	八	
公役	一二	傳達六名在内

附註：縣政府編餘人員調派指揮部及遊擊大隊部服務仍支原薪

附（二）福鼎县战时行政及军事组织系统表

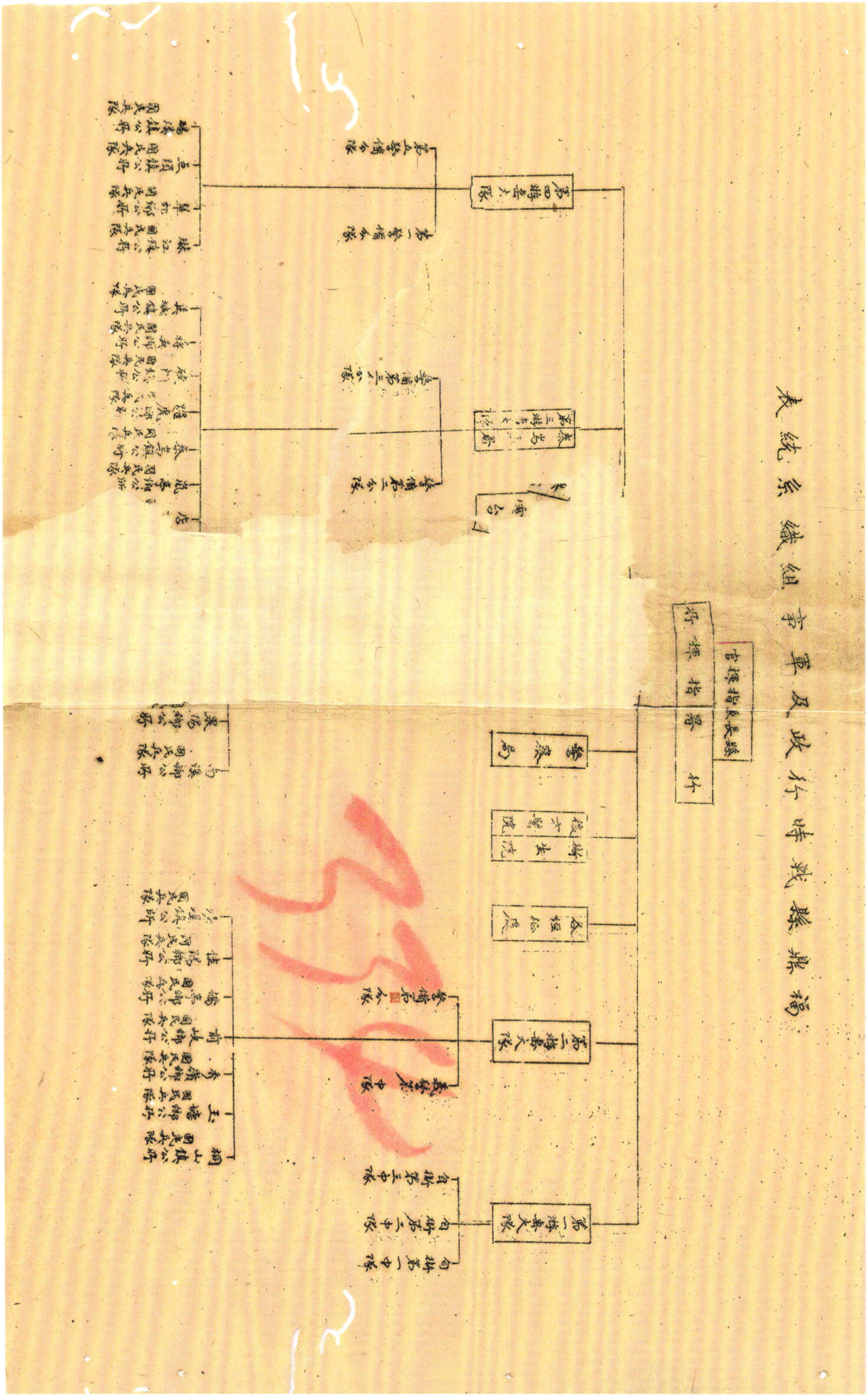

福鼎縣游擊隊編組辦法

（一）本縣游擊隊遵照前廿五集團軍卅一年二月總字習頒發修正福建省游擊戰指導及游擊根據地建立方案並參照廿八年頒發計劃案編之要領暨本縣行署計劃第四條之規定訂定之

（二）本縣游擊隊之編組按照現有之兵力及地方民衆武力編為四大隊第一大隊以本縣自衛三個中隊編成之第二大隊以第四警備任務分隊義勇警察隊及秀嶺館亭前岐佳陽沙埕桐山玉塘七鄉鎮國民兵隊編成之第三大隊以第二三警備任務分隊及秦嶼硤門嵐亭店下溪美巽城蹲虎蔣洋八鄉鎮國民兵隊編成之第四大隊以第一五警備任務分隊及蔣洋琳江點頭磻溪巣郊五鄉鎮國民兵隊編成之（大隊部編制另附表）

（三）各大中隊之級官佐統由縣長兼指揮官委充就縣政府及所屬之機關職員中遴委兼任並報層峯核備

（四）本縣游擊隊官兵平時管理訓練仍照原有各該部隊固定規則戰時再照本辦法第二條之規定編組之但得事先舉行演習

（五）游擊隊經費平時仍以各該部隊原有經費供給轉入游擊戰時由指揮部統籌辦理之（預算另附表）

（六）游擊隊活動地區之劃分第一大隊配置主游擊地區第二大隊配置第一前進游擊地區第三大隊配置第二前進游擊地區第四大隊配置預備游擊地區

（七）本辦法第二條指定之各部隊轉進游擊戰之時機及其任務如下：

甲、敵開始登陸或登陸成功繼續進犯時期：（1）應將原已編就建制番號配合守備部隊極力拒止敵偽登陸或已登陸乘其立足未穩時予以最嚴重的打擊加強火力一舉殲滅之（2）倘被敵偽強行登陸突進時應向敵之側背轉進節節抵抗處處牽制使其蒙受重大損失打消其侵入企圖

乙、敵攻佔縣城後時期：各部隊應照第二條編組之規定切實掌握分別轉移第六條規定游擊地區施行游擊戰

（八）指定編為游擊隊之各部隊應事先編組完竣並造具官兵花名冊武器彈藥被服裝具統計表各一份報府備查（格式另附表）

福鼎縣特務大隊部編制表

職別	階級	員(名)額	備攷
大隊長	中(少)校	一	調兼
副大隊長	上(中)尉	一	〃
政治指導員	少校 社尉	一	〃
醫官	上尉	一	調兼或聘内民醫
副官	中尉	一	調兼
軍需	中尉	一	〃
書記	中尉	一	〃
司書	准尉	一(三)	〃
看護	上士	一	調兼或聘用民醫
號目	中士	一	調充
傳令	上等	三	
伙事	一等	二	僱用
合計	官佐 士兵	九 八	

附記

福[illegible]縣游擊指揮部編制表

職別	階級	員(名)額	備考
指揮官	上校	一	縣長兼
參謀主任	中校	一	軍事科長兼
參謀	少校 上尉	一 二	調兼
政訓主任	中校	一	〃
政治指導員	上尉 中尉	一 二	〃
諜報股長	上尉	一	
諜報股員	中尉 少尉	一 一	〃
副官	上尉 中尉	一 一	〃
書記	中尉 少尉	一 一	〃
文書	准尉	一	〃
傳令軍士	中士	一	調充
傳令兵	上等傳令兵	五	〃
炊事	一等兵	二	雇用
合計	官佐 士兵	一七 八	
附記			

福鼎县政府关于拟订筹设行署计划书致该县国民党党部的公函（一九四二年七月二十八日）

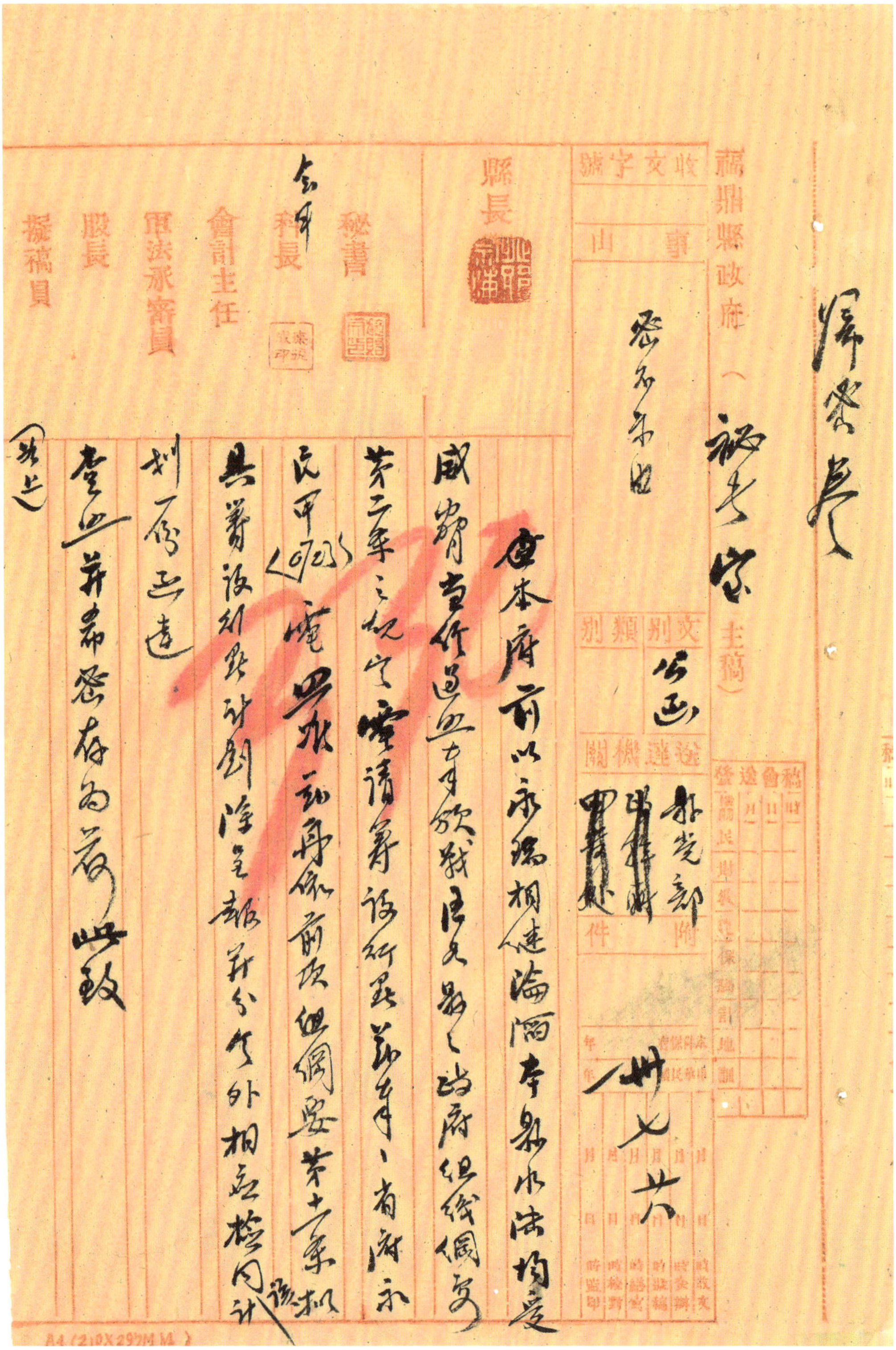
福鼎縣政府（秘書室 主稿）

文別：公函

送達機關：縣黨部

查本府前以福州相继沦陷，本县水陆均受
威胁，当经遵照本年颁发战时各县政府组织纲要
第二条之规定，电请筹设行署，藉资补救，当奉
民甲[illegible]电准照办。兹再依前项组织纲要第十条拟
具筹设行署计划，除呈报并分行外，相应检同该计
划函送
查照，并希发存备查为荷。此致

任廷雯关于奉令前往西阳办理疏散等事致福鼎县县长的签呈（一九四二年八月一日）

暫存籌設引署卷

簽呈 八月一日 于本府

案奉

鈞府調午銑秘字第八六零四號訓令開：

「茲派該指導員尅日前往西陽辦理下列各事項（1）選定各機關於必
要時疏散後方之辦公地點及職員宿舍簽報核奪（2）督同李技士赶修臨時
監所（3）督同征實倉庫管理員勘租實物倉俾便大量征實內移至現儲該
地征實保管情形如何管理人是否負責謹慎併仰實地勘查報核並予指
導以上各項限一星期內報竣毋誤此令」
等因附發調查表二份奉此遵即前往辦理茲將經辦情形分陳如下：（1）各機關辦
公地點及職員宿舍依據前表列報繳有變更（其變更詳複查表）（2）赶修臨時監所其

工程截至七月廿七日已達七成以上所需材料工資計山仟四百元之則〈了〉征實倉庫原表

列報均係借用民房殊嫌單位過多儲量又少不如選擇廣化寺正座二大房略加修理可容乾

谷弍仟餘担而且無須給付租金管理亦感容易同時復能讓出西陽原定之倉位撥充公務

員眷屬內遷住所可謂兩得其宜至管倉員董興源能力雖差確能盡職謹慎總上所陳、

理合檢齊附件三紙隨文簽請

鑒核

謹呈

縣長鄭

計呈送調查表三紙

職 任廷燮

修理酉陽後方監獄估計表

工料	需用數量	價值	備攷
大松木	二五支	貳百伍拾元	用在地下及上横樑每支拾元合計如上數
小松木	一五〇支	叁百元	用在木柵每支二元合計如上數
椽木	五〇〇丈	壹百貳伍元	用在天網每元四丈合計如上數
鐵釘	七〇斤	叁百壹伍元	每斤四元伍角合計如上數
灰	一〇〇斤	貳伍元	挑工應拾叁元灰價拾貳元合計如上數
泥工	五工	叁拾元	每工陸元合計如上數
木工	一五〇工	柒百伍拾元	每工五元合計如上數
木板	二一丈	壹百捌玖元	監獄官等床鋪及犯人床鋪用每丈玖元合計如上數

小工　五工　贰伍元　往霞界購椽木每工五元合計如上數

毛竹　拾伍担　陆〇元　每担四元合計如上數

合計　一〇六九元

工程單價

會計包核　交　院科長呈

梅園

措勤工程專此正　七、七、八

查工程未附送土木匠估價單亦未經技士估成需要材料數量
條件不足郤寓核殊感困難既經派有院科長督工
仰即簽其少并需經院科長逐件驗收至工程完方面

附（二）福鼎县所属各机关临时内迁办公处所及职员宿舍复查表

福鼎縣所屬各機關臨時內遷辦公處所及職員宿舍複查表

鄉鎮別	保別	地址名稱	棟數	用途	公或私有	所有人	備攷
安仁鄉	西陽	中心校吳氏祠	三座十餘棟	正座擬為總辦公廳，兩傍一為警察局，一為會計室	公		
		中心校門口碉堡	三層	擬為看守所	公		可容三十人
		馬陽張祠	二座	已修為臨時監獄	公		可容八十人
		岩兜庵佛堂	二座六棟	後座現為倉庫，前座擬為党部辦公處	公		
		岩兜庵頂碉堡	三層	擬為營房	公		可容三十人
	東村	六甲一戶房屋	二層四大棟	擬為縣商會及職員眷屬宿舍	私	吳鑾邦	
		六甲二戶房屋	仝	擬為省銀行分理處	私	吳立倫	可容四十人
		青坪崗碉堡	三層	擬為營房	公		可容三十人
	天竹	大街大帝宮	二座	擬為衛生院	公		可容六十人 距西陽四里

緡陽	董祠	二座	擬為國民兵團及壯丁招待所	公		距西陽二里許
徐陳	象山寺	二座	擬辦公處	公		
乾頭	李祠	二座八欄	擬撥充西陽中心校	公		
	三仙宮	一座	擬營房	公		
	曹祠	一座	擬營房	公		
	鄉農會	二座八欄	擬為安仁鄉公所	私	李筱白	
廣化	廣化寺	二座十餘欄	擬為征实總庫倉	公		可儲二千餘担距曾陽十里西陽二十里
西崑	孔祠	二座八欄	擬為稅務机關辦處	公		
曾陽錦棚三籮六房			擬為初中校舍	私	張寅成	
碧峯	張祠	二座	擬為郵電辦公處	公		
魚池溪	卓祠	二座	擬為營房			

附送山根拾七表

辦公處所及職員宿舍調查表

鄉鎮別	保別	地址	名稱	桐數	用途	公有或私有	所有人	備攷
安仁鄉	西陽	中心校	吳祠	三座十餘桐	擬總辦公廳及直屬各机關	公		
		中心校門口	碉堡	三層	擬作看守所	公		可容三十人
		馬陽	張祠	二座	擬辦公處所	公		
		岩兜庵	佛堂	二座四桐	擬黨部辦公處	公		
		岩兜庵頂	碉堡	三層	擬營房或看守所	公		
	東村	六甲一戶	房屋	二層四大桐	樓上擬宿舍 樓下擬倉庫	私	吳鑾邦	可容二十人 可儲五百担
		六甲二戶	仝	仝	擬職員宿舍	私	吳立倫	可容四十人
		青坪崗	碉堡	三層	擬看守所	公		可容三十人
	天竹	大街	大帝宮	二座	擬辦公處	公		距西陽四里

	緡陽		董祠	二座	擬兵團連壯丁招待所	公		距西陽二里
	徐陳		象山寺	二座	擬辦公處	公		
	乾頭	國校	李祠	二座八間	擬作西陽中心校及乾頭國校	公		
			三仙宮	一座	擬營房	公		
			曹祠	一座	擬警察分駐所	公		
			農會	二座八間	擬倉庫或宿舍	私	李佼白	
管陽	錦棚	三籮六	房屋	二十間	擬倉庫連宿舍	私	張寅成	
	碧峰		張祠	二座	擬辦公處所	公		
		中心校		二座	仝	公		

倉庫調查表

鄉鎮別	保別	地址名稱	棟數	用途	公有或私有	所有人	備攷
安仁	西陽	一甲六户 屋	一	擬倉庫	私	吴立馥	五十担
		一甲十二户 〃	〃	〃	〃	吴建惪	五十担
		五甲九户 〃	〃	〃	〃	吴步英	五十担
		六甲二户 〃	〃	〃	〃	吴立光	四十担
		七甲十一户 〃	〃	〃	〃	鄭培邦	一百担
		九甲十四户 〃	〃	〃	〃	陳士七	五百担
		九甲八户 〃	〃	〃	〃	陳士才	三百担
	東村	一甲六户 〃	〃	〃	〃	吴立孝	六十担
		二甲十三户 〃	〃	〃	〃	吴立希	六十担
		三甲十户 〃	〃	〃	〃		

		四甲九户	〃	〃			吴立图	六
		四甲四户	〃	〃	〃	〃	吴立敏	六十担
		四甲七户	〃	〃	〃	〃	吴礼邦	六十担
		五甲四户	〃	〃	〃	〃	吴立支	五十担
		五甲一户	〃	〃	〃	〃	吴立蒲	五十担
		五甲五户	〃	〃	〃	〃	吴立文	五十担
		六甲九户	〃	〃	〃	〃	翁吉桥	一百担
		七甲一二户	〃	〃	〃	〃	孙志永	一百担
		八甲四户	〃	〃	〃	〃	孙志香	一百担
		十甲四户	〃	〃	〃	〃	吴振速	一百担

第二十五集团军福鼎县游击根据地人口粮食各项情况调查表（时间不详）

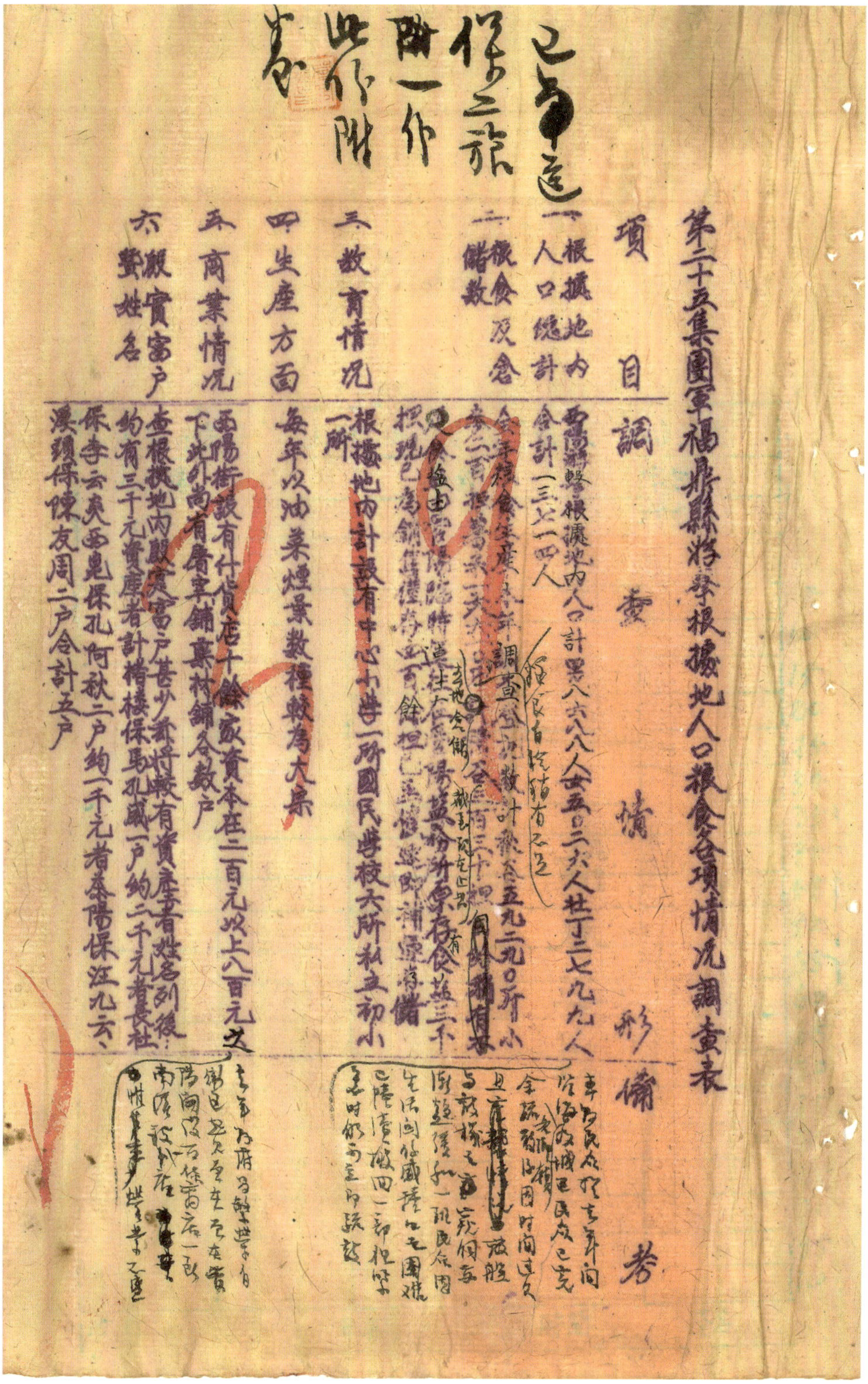
第二十五集團軍福鼎縣游擊根據地人口糧食各項情況調查表

項目	調查情形	備考
一、根據地內人口總計	[illegible]根據地內人口計男八六八八人女五〇二六人壯丁二七九九人合計[illegible]人	
二、糧食及倉儲數	[illegible]	
三、教育情況	根據地內計設有中心小學一所國民學校六所私立初小一所	
四、生產方面	每年以油菜煙葉數種較為大宗	
五、商業情況	西陽街設有什貨店十餘家資本在二百元以上八百元之下此外尚有[illegible]舖[illegible]村舖各數戶	
六、殷實富戶姓名	查根據地內殷實富戶甚少[illegible]將較有資產者姓名列後約有三千元資產者計[illegible]保馬孔威一戶約二千元者[illegible]保寺云[illegible]保孔向秋二戶約一千元者[illegible]保陳友周二戶合計五戶	

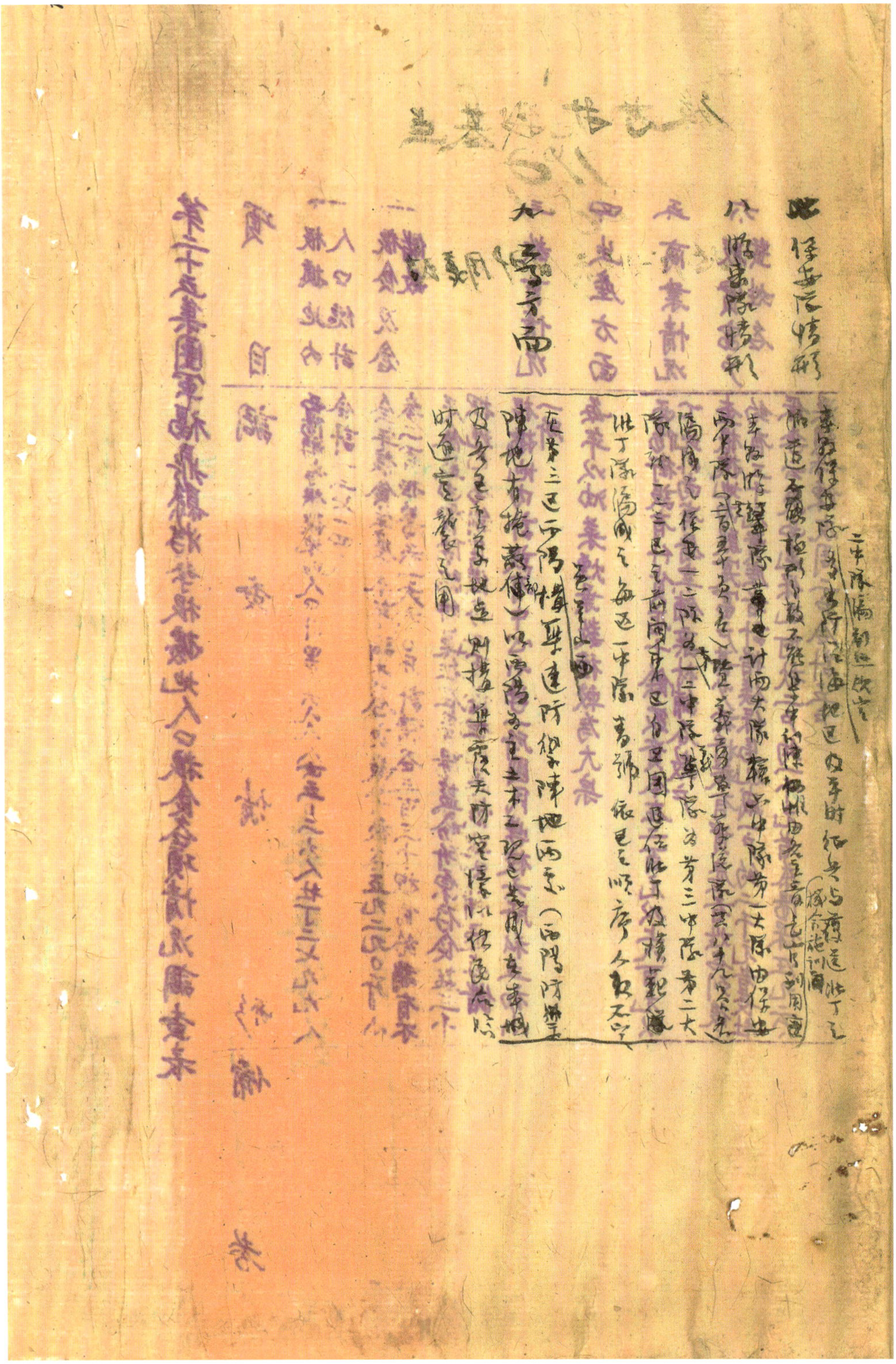

福鼎县吴羊山前进自卫区工事预备构筑配备略图（时间不详）

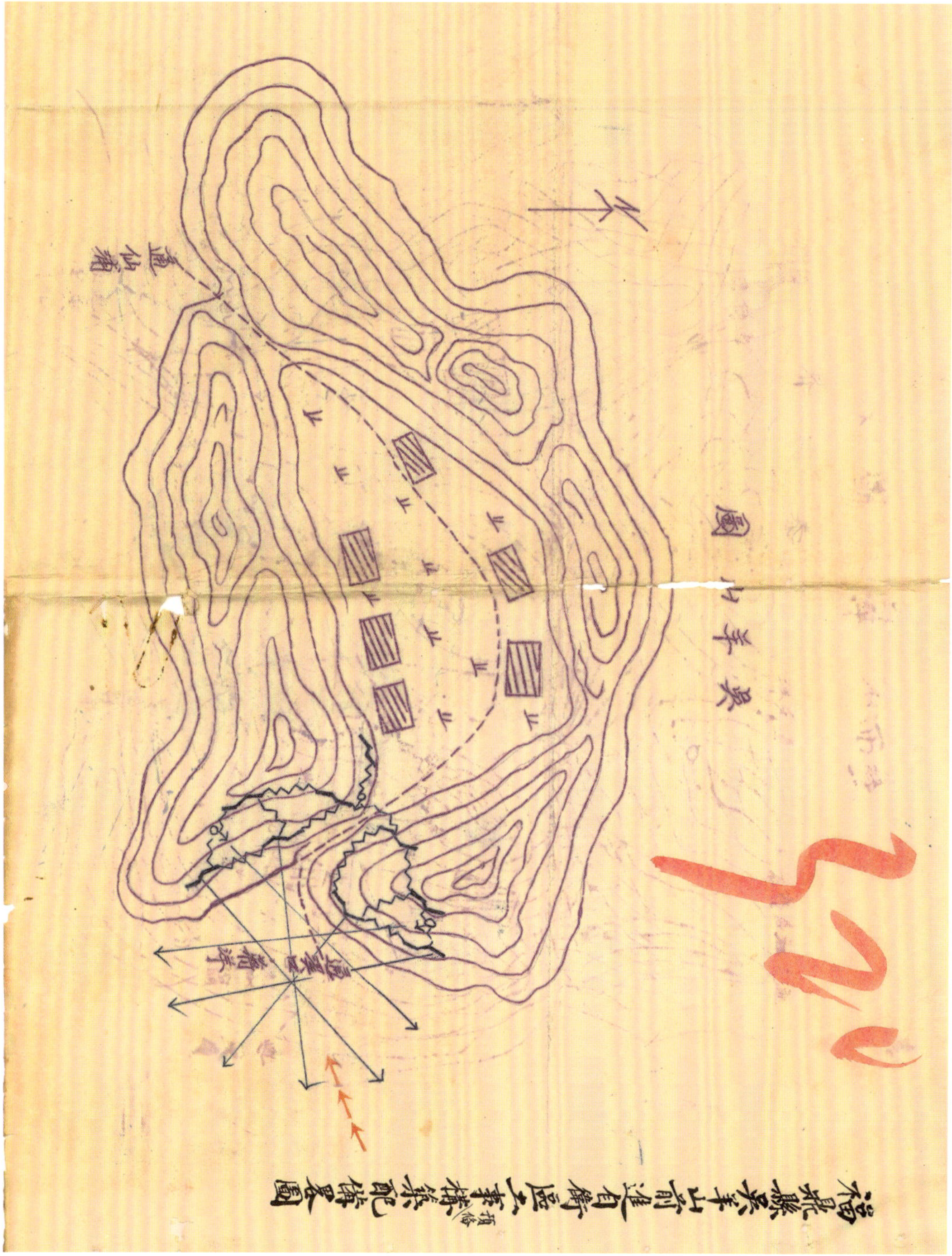

福鼎县西阳主自卫区工事预备构筑配备略图（时间不详）

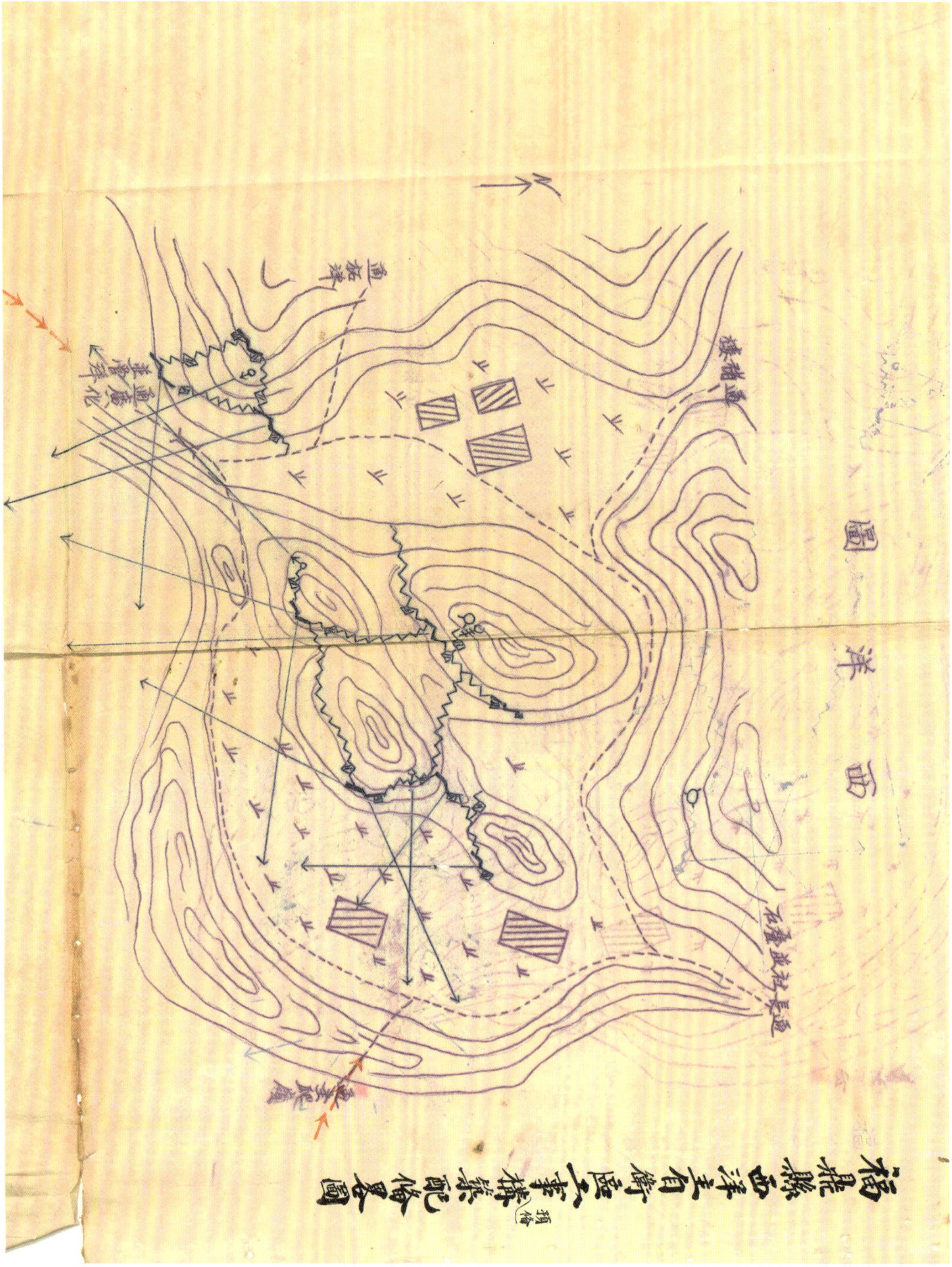

福鼎县仙蒲前进自卫区工事预备构筑配备略图（时间不详）

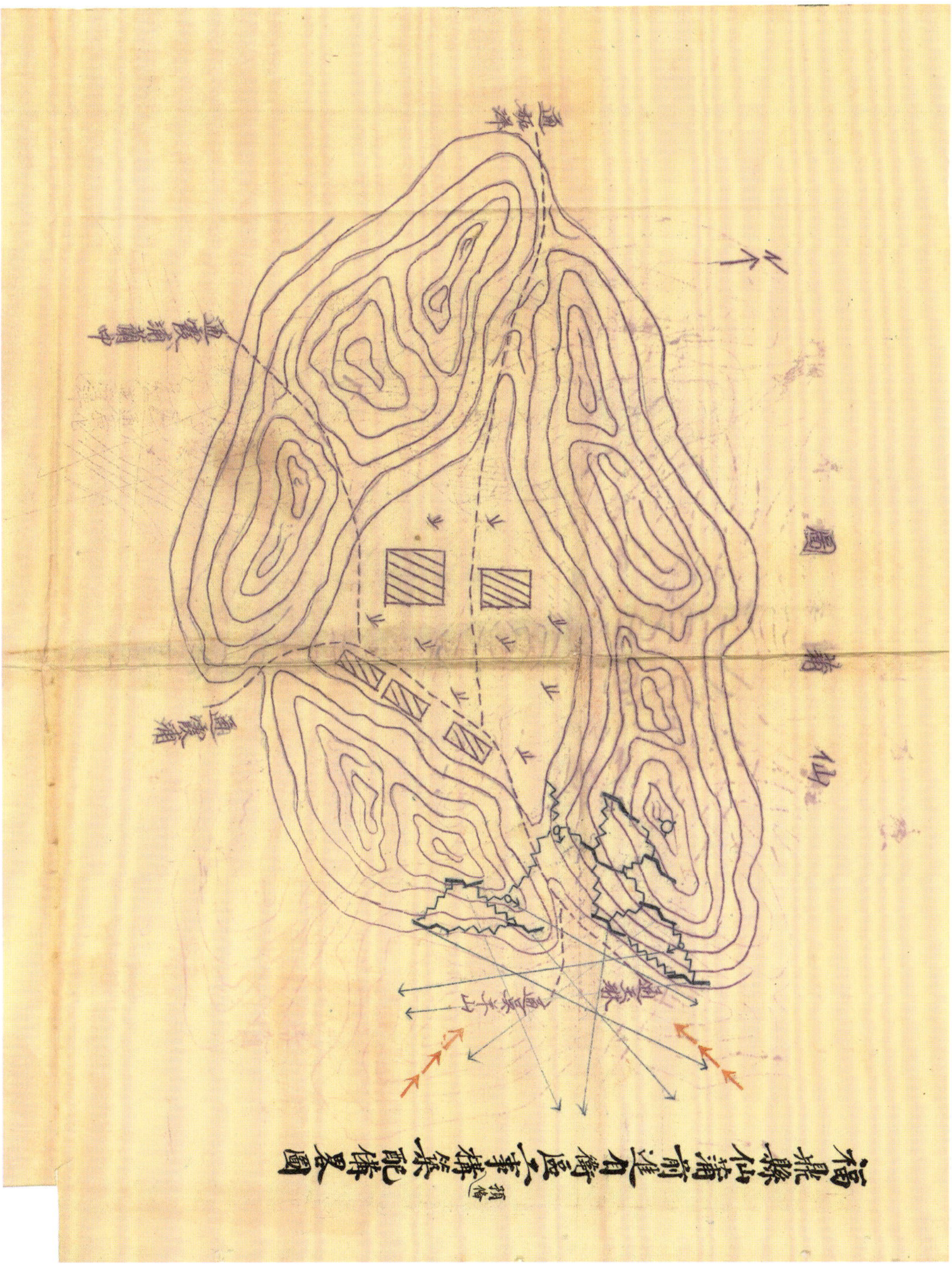

福鼎县叠石山预备自卫区工事预备构筑配备略图（时间不详）

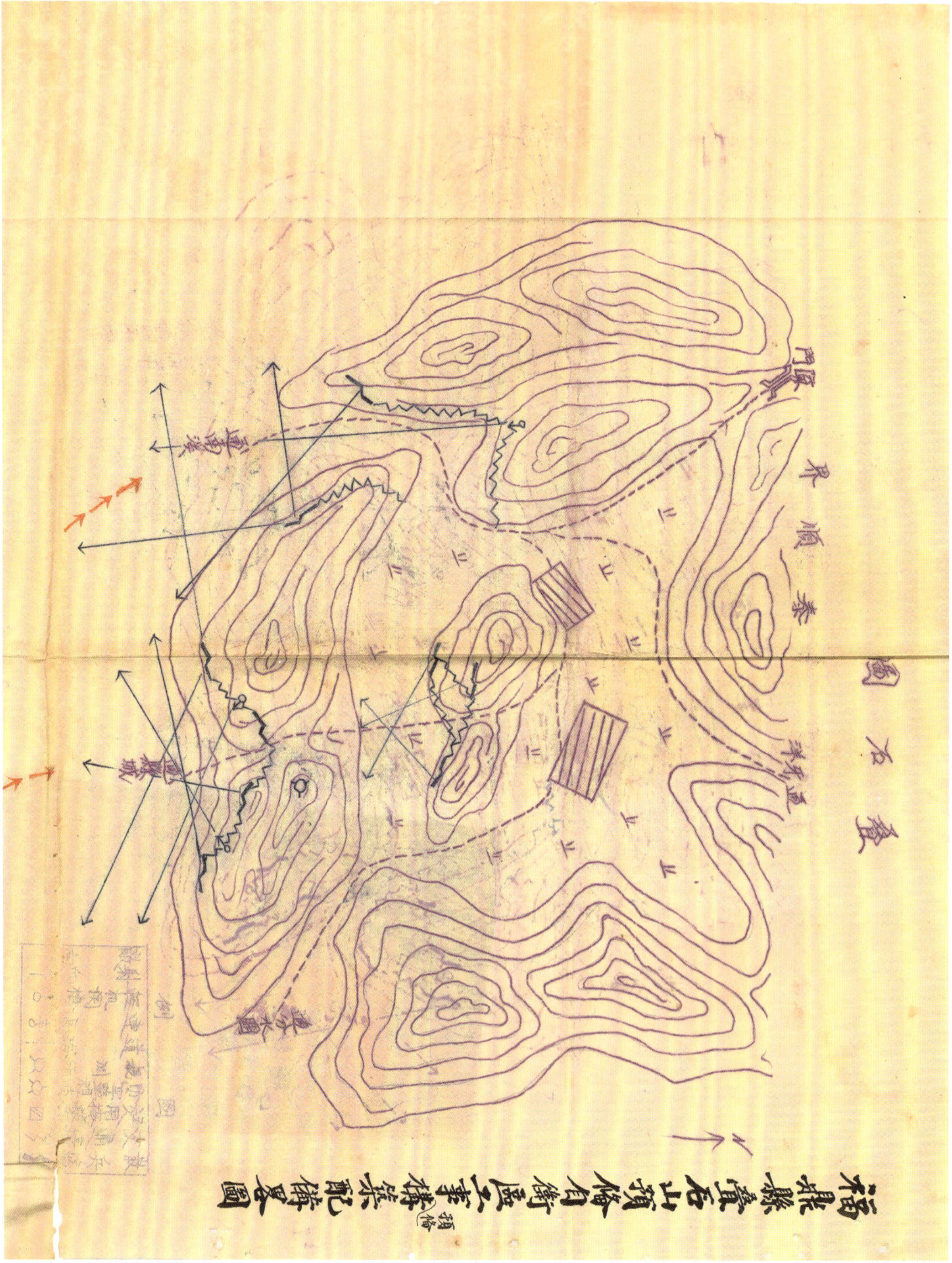

后记

本书编纂工作在《抗日战争档案汇编》编纂出版工作领导小组和编纂委员会的具体领导下进行。

二〇一六年，福鼎市档案局（馆）组织人员对馆藏抗战档案进行了全面清查。二〇一七年在陈承纯副局长的带领下，马红杰、张纯清同志再次筛选、补充档案数字化副本，按照编纂规则编写目录，并征求宁德市档案局（馆）的意见。本书编纂过程中得到宁德市档案局姚锡青局长、郑伟副局长，厦门大学李小平教授等相关人员的支持和帮助，中华书局对本书的编纂出版工作给予了鼎力支持，谨向上述单位和同志致以诚挚的感谢！

编　者

二〇一九年八月十五日